t s e e
Halbinsel Hela
Putziger Wiek
Hela
Danziger Bucht
Frische Nehrung
Gdingen
(Gdynia)
Zoppot
Westerplatte
DANZIG
Oliva
Bohnsack
Neufähr
Vogelsang
Steegen
Nickelswalde
Frisches Haff
Braunsberg
n. Königsberg
Frauenburg
Talkemit
St. Albrecht
Mottlau
Gottswalde
Praust
Gr. Zünder
Schöneberg
Tiegenhof
Trunz
Mühlhausen
Einlage
Elbing
Hohenstein
Neuteich
Gr. Lesewitz
Grunau
Drausensee
Weeske
Pr.-Holland
Altfelde
Dirschau
(Tczew)
Simonsdorf
Nogat
Marienburg
Sorge
Dollstädt
DEUTSCHES REICH
Christburg
Miswalde
Pr. Sargard
Pieckel
Stuhm
Saalfeld
Nikolaiken
Ostpreußen
Weichsel
Mewe
Skurz
Liebe
Riesenburg
Schmentau
Marienwerder
Rosenberg
Generichsee
n. Warschau

rororo

Elf Tage vor Ausbruch des Zweiten Weltkriegs am 1. September 1939 treten Hitlers Kriegsvorbereitungen in die entscheidende Phase: Der Nichtangriffspakt mit der Sowjetunion sichert den Einmarsch der Wehrmacht in Polen ab. Von da an laufen die Drähte zwischen Diplomaten, Politikern und Militärs heiß.
An wechselnden Schauplätzen – Berlin, Danzig, London, Paris, Warschau, Rom, Washington und Moskau – spürt Manfred Vasold Stunde um Stunde den Ereignissen dieser Tage der Entscheidung nach. Meisterhaft versteht er es, die latente Spannung und Ungewißheit nachzuzeichnen, in der viele Menschen lebten: Kommt der Krieg oder kommt er nicht?
Gleichzeitig liefen in der Reichskanzlei und im Auswärtigen Amt generalstabsmäßige Vorbereitungen für den Überfall auf Polen. Kaltblütig wirkte Hitler auf den Krieg hin: Von der Verständigung mit Stalin über seine Rede vor den Oberbefehlshabern der Wehrmacht auf dem Obersalzberg bis zu der Nachricht des 1. September 1939, seit dem Morgengrauen werde »zurückgeschossen«.
Noch nie ist über die Entfesselung des Zweiten Weltkriegs so spannend und detailreich geschrieben worden.

Der Autor Dr. phil. Manfred Vasold, geboren 1943, studierte Geschichte, Politikwissenschaft und Philosophie in den USA und in Frankreich; 1978 promovierte er über ein diplomatiegeschichtliches Thema. Er veröffentlichte mehrere Bücher zu historischen Themen und zahlreiche wissenschaftliche Aufsätze. Manfred Vasold, der als freier Publizist und Übersetzer in Süddeutschland lebt, arbeitet u. a. für verschiedene Rundfunkanstalten sowie für *Die Zeit* und die *Frankfurter Allgemeine Zeitung*.

Manfred Vasold

August 1939

Die letzten elf Tage vor Ausbruch des Zweiten Weltkriegs

Rowohlt Taschenbuch Verlag

Veröffentlicht im Rowohlt Taschenbuch Verlag
GmbH, Reinbek bei Hamburg, Februar 2001

Umschlaggestaltung Ingrid Albrecht
(Foto: Straßenszene in Danzig von Hanns Hubmann,
1937 / © Bildarchiv Preußischer Kulturbesitz, Berlin)
Gesamtherstellung Clausen & Bosse, Leck
Printed in Germany
ISBN 3 499 61135 X

Inhalt

Einleitung

»Ich sehe im Kampf das Schicksal aller Wesen«, schrieb Adolf Hitler. Krieg und Kampf maß er ungeheuer große Bedeutung zu. Der »Kampf ums Dasein« lasse das besser angepaßte Lebewesen gedeihen und beschere ihm mehr »Lebensraum«, das war einer seiner vulgärdarwinistischen Glaubenssätze. Vermutlich wäre Hitler trotzdem ganz zufrieden gewesen, wenn er seine außenpolitischen Ziele 1939, nach sechs Jahren Kanzlerschaft, auch ohne Krieg erreicht hätte. Aber für ihn sprach auch nichts dagegen, für diese Ziele Krieg zu führen. Von Beginn seiner Herrschaft an bereitete er Deutschland auf einen Krieg vor, nur so erklärt sich das Ausmaß der Aufrüstung: 1938 gab das Deutsche Reich für Rüstung fast zehnmal soviel Gelder aus wie 1934. Hitler rüstete auf, und er wollte die deutsche Wehrmacht einsetzen. Zunächst dachte er an einen Krieg erst für die Jahre nach 1940; aber nach einigen außenpolitischen Erfolgen seit 1936, besonders aber 1938 und im Frühjahr 1939 – und vielleicht auch, weil er jetzt gerade fünfzig Jahre alt geworden war –, drängte sich ihm der Eindruck auf, Deutschland könne nicht länger warten, er müsse zuschlagen, die Zeit arbeite gegen ihn. Der Krieg sei unausweichlich, meinte er, da würde man ihn besser bald beginnen, solange er – Hitler dachte dabei nur an sich! – noch auf dem Höhepunkt seiner Schaffenskraft stand. Auch andere Staatsmänner haben Kriege begonnen, soviel ist richtig; aber keiner hat ihn so geplant und so unsinnig und rücksichtslos vom Zaun gebrochen wie er.

Im Spätsommer 1939 war es soweit. Hitler drängte auf die Zerschlagung Polens, und zwar sofort. Natürlich wußte vorläufig niemand, ob nicht Polen und die Westmächte nachgeben würden wie schon mehrmals zuvor und ob Deutschland vielleicht nicht auch ohne einen Krieg an seine Ziele gelangte. Zeitweise sah es immer wieder so aus, als ob die Gegenseite Hitler einräumen würde, was er forderte. Erst in den elf letzten Tagen im August 1939 zeigte sich, daß Deutschland seine Ziele nicht im Frieden bekommen würde – also entschied sich Hitler für Krieg.

Dieses Buch behandelt diese elf letzten Augusttage. Es beginnt mit Montag, dem 21. August 1939 – an diesem Tag erfuhr Hitler, daß Stalin mit ihm einen Pakt eingehen würde, der nach außen als Nichtangriffspakt deklariert wurde, in Wahrheit aber für Hitler den Weg nach Polen öffnete. Beiden Vertragsschließenden war klar – wie auch den aufmerksamen Zeitgenossen -, daß Hitler das Abkommen als Zustimmung für die Niederwerfung Polens betrachtete. Als er Stalins Einwilligung hatte, war er bereit, die Wehrmacht loszuschicken.

Was sich in diesen elf Tagen bis zum Kriegsbeginn am 1. September 1939 zwischen den beteiligten Staaten abspielte, ist im wesentlichen erforscht. Der Schweizer Historiker Walther Hofer hat in einem Buch über »Die Entfesselung des Zweiten Weltkrieges« auch diese elf kritischen Tage geschildert und wichtige Dokumente publiziert. Was die Diplomaten und Staatsmänner sich gegenseitig mitteilten und welche Reaktionen sie bekamen, ist daher bekannt. Wer einzelne veröffentlichte Tagebücher über diese Zeit gelesen hat – seien es die von Victor Klemperer oder von Thomas Mann oder eines von den vielen anderen -, der wird auch die Reaktion einiger Bevölkerungskreise abschätzen können. Allerdings gibt es noch immer viele Selbstzeugnisse – Tagebücher, Briefe usw. – von Menschen, deren Ängste noch niemals wahrgenommen wurden und die ihre Zeit doch zutreffend einschätzten. Aber nicht einmal sie ahnten, was nun kommen würde: fast sechs Jahre Krieg, am Ende der totale Krieg, der jeden und alles berührte. Mir kam es darauf an, auch die Aufzeichnungen dieser Verzweifelten auszuwerten.

Kaum beachtet wurden bisher die Zeitungen, und dabei sind gerade sie ein ausgezeichnetes Medium, um die gespannte Stimmung von 1939 zu erfahren. Einige von ihnen haben weitblickend und kenntnisreich die Politik jener Tage beschrieben, einige sogar den Alltag.

Sie haben dabei nicht nur auf die großen Entscheidungszentren geschaut, in die Reichskanzlei nach Berlin oder die Londoner Downing Street, sondern auch die weniger zentralen, aber nichtsdestotrotz untrüglichen Anzeichen betrachtet: etwa das besonders frühzeitige Einbringen der Ernte in Deutschland oder den Ausbau und die rasche Vollendung des Westwalls. Gerade in der Mitte dieser letzten elf Augusttage haben so gut wie alle deutschen Zeitungen ausführlich über die vermeintliche Fertigstellung des Walls berichtet, und was hieß das weiter als: Nach Westen sind wir gut abgesichert, also können wir ungehindert nach Osten marschieren.

Aus diesen zeitgenössischen Quellen – diplomatische Schriftstücke, Tagebücher, Briefe und Memoiren von Staatsmännern wie Privatpersonen sowie Zeitungen – ist das vorliegende Buch entstanden; die hier abgedruckten Zitate stammen aus solchen Dokumenten. Meine Absicht war es dabei, das Geschehen dieser Tage darzulegen, wie es die Zeitgenossen erfahren haben, und zwar möglichst aus ihrer eigenen Perspektive und mit ihren eigenen Worten, Stunde um Stunde, Tag für Tag. Dabei bin ich im wesentlichen dem Lauf der Sonne gefolgt und habe dort begonnen, wo der Tag anbricht, im Osten, und dort den Tag beendet, wo die Sonne untergeht, im Westen.

Natürlich wäre es ein leichtes gewesen, die zitierten Passagen aus den Primärquellen durch entsprechende Nachweise zu belegen. Warum wurde es dann unterlassen? Weil es mit Sicherheit die Lesbarkeit beeinträchtigt hätte. Aber gerade darauf kommt es mir an: auf die Lesbarkeit und die Verständlichkeit, auf die Spannung dieser elf Tage. Wer sich im übrigen diese Zitate im Original ansehen will, der kann dies ohne Mühe tun, denn die im Anhang genannten Dokumentenbände, Memoiren, Briefe, Tagebücher usw. zeigen in der Regel einen chronologischen Aufbau, und die Personen, von denen das Zitat stammt, sind in meinem Text genannt. Gerade der Kenner, der dies am ehesten tun möchte, weiß, daß er beispielsweise ein Gesprächsprotokoll über eine Begegnung zwischen dem deutschen Reichskanzler und dem britischen Botschafter sowohl in den offiziellen Akten wie auch in den Memoiren des britischen Diplomaten finden wird.

Manfred Vasold

+++ Montag, **21. August 1939** +++

Danzig Danzigs Unabhängigkeit bestand nur noch auf dem Papier. Seit über einem Monat betrieb die deutsche Reichsregierung von außen die Militarisierung der Stadt. Danzig glich inzwischen einem Heerlager. Der polnische Generalstab schätzte Mitte Juli die Stärke der deutschen Soldaten in Danzig auf 15 000 Mann. Am Wochenende war eine Militärparade durch Danzig gezogen: Heimwehr im Stahlhelm und mit aufgepflanztem Bajonett, mit Maschinengewehren und Panzerabwehrgeschützen – alle aus deutscher Produktion. Äußerlich unterschied sich die Einwohnerwehr fast nicht von der Wehrmacht im Reich. Der militärische Anschluß Danzigs an das Reich war eine Tatsache.
Die Danziger Zeitungen, allen voran der *Danziger Vorposten*, erhoben an diesem Montagmorgen phantastische Anschuldigungen gegen Polen: Sie berichteten von Folterungen, vom Ausbrennen der Augen und vom Abschneiden von Zungen. Deutsche Kinder seien mißhandelt und zum Fenster hinausgestürzt, zwölfjährige Mädchen von polnischen Polizisten vergewaltigt, Frauen verschleppt und Fliehenden Spürhunde nachgehetzt worden. Das gleiche schrieb auch die Presse im Deutschen Reich.
Am letzten Samstag hatten die Danziger Behörden den britischen Journalisten Scott Watson ausgewiesen. Watson vertrat den *Daily Herald*. Am Samstagmorgen hatte die Gestapo den Journalisten eingehend verhört. Sie warf ihm vor, Meldungen verbreitet zu haben, die von nationalsozialistischen Kreisen als »ungenau« bezeichnet wurden. Scott mußte das Territorium der Freien Stadt Danzig noch am selben Tag bis spätestens 19 Uhr verlassen haben.
Danzig war seit zwanzig Jahren eine selbständige politische Einheit. Seit dem Ende des Ersten Weltkriegs war es eine Freie Stadt, über deren Unabhängigkeit der Völkerbund wachte. Die Siegermächte des Weltkriegs wollten dem neuerrichteten Staat Polen einen freien Zugang zum Meer einräumen; sie gaben Polen den

Raum, der westlich von Danzig – und östlich vom großen Körper des Deutschen Reiches – zur Ostsee führt. Das war der Korridor. Danzig grenzte somit im Westen an Polen und an seiner Ostseite an Ostpreußen, das räumlich gleichfalls vom Reichskörper abgetrennt war.

Danzig war 1892 Quadratkilometer groß, und im Jahr 1939 zählte es rund 400 000 Einwohner, von denen gut die Hälfte in der Stadt Danzig wohnten. Seine Bevölkerung war zu 95 Prozent deutsch und mehrheitlich evangelisch. Die Amtssprache war Deutsch. Von den Danziger Zeitungen erschienen zwei auf polnisch und acht auf deutsch, und eine davon, der *Danziger Vorposten*, war stramm nationalsozialistisch orientiert.

Danzigs Verfassung bestand seit August 1920, war aber erst im Mai 1922 engültig in Kraft getreten. Als gesetzgebende Körperschaft fungierte der Volkstag mit 120 Abgeordneten, die auf vier Jahre gewählt waren; er war unauflösbar. Der Danziger Senat bildete das Regierungsgremium; seit den Wahlen von 1933 regierte hier eine nationalsozialistische Mehrheit.

Als Freie Stadt besaß Danzig eine eigene Staatsbürgerschaft und eine eigene Währung, den Danziger Gulden, außerdem ihre eigenen Briefmarken mit dem Danziger Wappen. Die Danziger Post – wie auch der Zoll – wurden vom polnischen Staat betreut: Danzig war als Staat nicht völlig souverän, sein Territorium gehörte zum polnischen Zollgebiet. Auch in seiner Außenpolitik war es beschränkt: Es durfte mit fremden Mächten keine Verträge schließen, und auch seine Verkehrs- und Hafenanlagen standen seit 1921 entweder unter polnischer Verwaltung oder den Polen zur freien Verfügung. Polen besaß eine eigene Eisenbahndirektion in Danzig.

Die Stadt verfügte über einen ausgezeichneten Hafen mit großen Getreide- und Zuckerspeichern und nicht weniger als zwölf Reedereien. Es herrschte reger Schiffsverkehr, auch wenn Polens seewärtige Aus- und Einfuhr nur noch zu gut einem Drittel über Danzig ging: Die junge Republik Polen hatte in Gdingen einen eigenen Hafen angelegt, der der Stadt einen ansehnlichen Wirtschaftsaufschwung bescherte. Entsprechend wuchs die Bevölkerung von nur 300 Seelen im Jahr 1920 auf 120 000 im Jahr 1939. Gdingen war inzwischen einer der modernsten und größten Häfen der Welt.

Außerdem unterhielt Polen auf der Westerplatte, gleich nördlich vom Danziger Hafen, einen Munitionshafen.
In Danzig residierte ein Völkerbundskommissar, der im Auftrag der Genfer Organisation über die Unabhängigkeit der Freien Stadt in dieser schwierigen geopolitischen Lage wachte. Seit 1937 nahm der Schweizer Historiker Carl Jacob Burckhardt dieses Amt wahr. Mit dem Jahr 1933, als die Bevölkerung Danzigs eine nationalsozialistische Mehrheit an die Regierung brachte, erhielt die heikle politische Balance zusehends Schlagseite. Seither führte der Nationalsozialist Arthur Greiser den Vorsitz im Senat. Allerdings versuchte der Danziger Gauleiter Albert Forster immer stärker die erste Geige zu spielen. Danzig war eine Art Barometer der deutsch-polnischen Beziehungen: Solange zwischen Berlin und Warschau alles stimmte, ging auch in Danzig alles gut. Man mutmaßte sogar, es gebe eine deutsch-polnische Abmachung bezüglich Danzigs. Aber nun stand das Barometer auf Sturm.
Seit dem Frühjahr 1939 glich Danzig immer mehr dem Deutschen Reich. »Hier ist der Landessender Danzig«, hieß es im Danziger Rundfunk bis zum 1. April 1939, seither: »Hier ist der Reichssender Danzig.« Auch die antijüdische Hetze nahm allmählich die gleichen Formen an wie im Reich, entsprechend ging die Zahl der Juden zurück. Danzig veranstaltete sogar, mit ein paar Tagen Verspätung, eine eigene »Kristallnacht«.
Im Sommer 1939 zeigte sich die deutsche Regierung in Danzig immer offener. Sie berief junge Männer aus Danzig zur Wehrmacht ein. Jetzt erhielten auch die älteren Danziger Jahrgänge Gestellungsbefehle. Deutsche Militärs und deutsche Waffen gingen ganz offen nach Danzig. Die Gestapo verstärkte die Reihen der Danziger Polizei. Die Studenten der Technischen Hochschule, hieß es, sollten jetzt nicht in Urlaub reisen, denn bald werde jeder Mann gebraucht. Danziger Frauen meldeten sich neuerdings vermehrt zu Sanitätskursen. Der Senat kaufte im August 1939 mehr als 800 Pferde auf und requirierte Pferdefuhrwerke. Und an diesem Montagmorgen nun wurde der Autobusverkehr zwischen Danzig und dem Vorort Langfuhr eingestellt, und die Autobusse wurden beschlagnahmt. Es war anzunehmen, daß diese Fahrzeuge bald für militärische Zwecke benötigt wurden.

Im August 1939 erstickte die Stadt in Nazi-Demonstrationen. Fahnen mit der Aufschrift »Wir wollen heim ins Reich!« tauchten immer häufiger auf. Die Einwohner glaubten inzwischen mehrheitlich an die baldige Eingliederung Danzigs, und sie hatten Grund dazu.

Berlin, Französische Botschaft In der französischen Vertretung am Pariser Platz in Berlin machte man sich mit Blick auf die nächste Zukunft wenig Hoffnungen. Der Botschafter, Robert Coulondre, fand das deutsche Vorgehen in Danzig beunruhigend; er fürchtete, die zweite Augusthälfte, nach dem Einbringen der Ernte, werde eine böse Zeit. Ein Besuch Heinrich Himmlers in Danzig, inkognito, war nicht unbemerkt geblieben. Militärisch gesprochen schien es so, als seien Danzig und Ostpreußen bereits eins.

Die französischen Vertreter in Berlin hatten den Eindruck, die militärischen Maßnahmen der Deutschen erfolgten rascher und rascher: im Westen der Ausbau des Westwalls, im Reich die vorgezogene Einberufung der Reservisten des Jahrgangs 1919. Im Raum Saarbrücken wurden jetzt die Jahrgänge 1893 bis 1897 einberufen, in Köln mußten sich die Jahrgänge 1895 bis 1899 für viermonatige Übungen melden. Die militärischen Beschaffungskommissionen besichtigten bereits zivile Automobile, um sie schnell abholen zu können. Die Zeitungen versuchten das deutsche Volk zu überzeugen, daß es heute so bedroht sei wie 1914, zugleich aber auch, daß es heute, anders als 1914, unbesiegbar sei und daß keine Gewalt der Erde das Recht habe, die Deutschen bei der Wahrnehmung ihrer Interessen zu stören.

Die militärischen Vorbereitungen Deutschlands wandten sich gen Osten. Im ganzen Land waren Truppenbewegungen zu beobachten. Die jüngsten Abreisefeierlichkeiten zu den Manövern hinterließen bei Coulondre nicht den Eindruck, daß man mit der baldigen Rückkehr dieser Soldaten rechnete. Auch das Einbringen der Ernte, so schien es ihm, fand in diesem Jahr früher statt – und in großer Eile. Er ahnte den Grund. Und dann natürlich die Zeitungsmeldungen von den immer dreisteren Übergriffen der Polen auf die deut-

sche Minderheit. Bis Anfang August sollten bereits 76 000 Deutsche aus Polen geflüchtet sein.
Coulondre hatte an diesem Wochenende mit einigen höheren Beamten des Auswärtigen Dienstes gesprochen. Bezüglich Danzigs könne das Reich jetzt keinen Rückzieher mehr machen, das sei eine Frage der Ehre, meinten sie. Die Rückkehr Danzigs zum Reich sei beschlossene Sache, so hatte es der *Danziger Vorposten* schon verkündet. Den Zeitpunkt dafür werde Hitler persönlich festlegen. Großbritannien werde wohl kaum der Unabhängigkeit Polens wegen in den Krieg ziehen. London hatte 1938 zugesehen, wie Deutschland den Anschluß Österreichs vollzog, später noch den von tschechischen Landesteilen und von Memel. Warum sollte es nun Danzigs wegen eingreifen? War Danzig etwa nicht deutsch?
Eine interessante Neuigkeit konnte Coulondre an diesem Montagmorgen nach Paris melden: Die deutsche Presse berichtete heute sehr zufrieden über das Handels- und Kreditabkommen, das Deutschland gerade mit der Sowjetunion abgeschlossen hatte. Es räumte Moskau einen Kredit über 200 Millionen Reichsmark (RM) ein. Dafür sollten die Sowjets im Laufe der nächsten beiden Jahre Waren im Wert von 180 Millionen RM an Deutschland liefern. Dieses Abkommen öffnete den deutschen Manufakturen also den schier unerschöpflichen russischen Markt, und es erschloß dem Reich zugleich die russischen Rohstoffe.

Warschau Der deutsche Botschafter in Warschau, Hans Adolf Graf von Moltke, war auf Urlaub und hielt sich in Deutschland auf; in Warschau vertrat ihn Geschäftsträger Johann von Wühlisch. Moltke folgte damit dem Reichsaußenminister, der ausdrücklich nicht wünschte, daß er so bald auf seinen Posten zurückkehrte. Der Graf sollte während seines Urlaubs nicht einmal mit seiner Dienststelle telefonieren! Dem Botschafter war dies gar nicht recht; er kam sich vor wie ein Kompaniechef, der bei einem Angriff seine Einheit verläßt. Solange ein Botschafter auf seinem Platz ist, sagte er, besteht eine gewisse Scheu, es zum Äußersten zu treiben.
Der polnische Botschafter in Berlin, Józef Lipski, flog an diesem

Montagmorgen nach Warschau. Er hatte dort dringende Termine, die er nur persönlich wahrnehmen konnte. Feldmarschall Hermann Göring, der mächtige deutsche Wirtschaftszar, hatte ihn wieder einmal zur Jagd eingeladen, und Lipskis Außenminister, Józef Beck, wollte ihm dazu einiges sagen. Das war der Grund für seine Reise.
Lipski war mit allem Deutschen gut vertraut. Er wurde in Breslau geboren, als es einen selbständigen polnischen Staat noch nicht gab. Seine Eltern besaßen in Schlesien zwar Güter, waren aber trotzdem den Zwängen unterworfen, wie sie für die polnische Minderheit bestanden. In Schlesien besuchte Lipski die Schule. Er lernte deutsche Geschichte und Literatur. Seine Mutter beherrschte sieben Sprachen, sie brachte ihm Englisch und Französisch bei und natürlich Polnisch. Die Schule unterrrichtete auf deutsch. Inzwischen waren viele Jahre vergangen, inzwischen war Lipski ein erwachsener Mann mit runden Backen und einer hohen Stirn. Als Vertreter seines Landes war er zuverlässig und verschwiegen.
Der Außenminister empfing seinen Botschafter am Montagabend im Palais Brühl. Er wollte ihm allgemeinere Instruktionen für die Begegnung mit Göring geben. Wichtig erschien es Beck, daß Lipski die falschen Anschuldigungen berichtigte, die die Deutschen gegen die polnische Minderheitenpolitik erhoben. Göring erschien Beck in dieser Hinsicht ehrlicher und verständnisvoller als der deutsche Außenminister oder gar Hitler selbst. Vielleicht gelang es Göring, die Dinge zurechtzurücken. Daher sollte Lipski auch auf die guten deutsch-polnischen Beziehungen seit 1934 hinweisen. Überhaupt sollte er versuchen, auf dem Umweg über Göring Einfluß auf Hitler selbst zu nehmen, der womöglich von seinem Außenminister falsch und einseitig informiert wurde. Außerdem sollte Lipski auch den Reichsparteitag in Nürnberg besuchen, der am 2. September, also in elf Tagen, eröffnen würde, diesmal unter dem Namen »Reichsparteitag des Friedens«. Allerdings sollte Lipski nur dann nach Nürnberg reisen, wenn auch die diplomatischen Vertreter der Westmächte den Parteitag besuchten. Beck riet ihm, keinesfalls kleinlich zu reagieren, falls dort etwa die polnische Politik kritisiert würde. Demonstrativ verlassen solle er die Veranstaltung nur dann, wenn sein Regierungschef oder die polnische Nation beleidigt würde.

Beck und Lipski saßen noch im Gespräch beisammen, als Generalstabschef Stachiewicz hereinschaute. Eine Weile sprachen sie zu dritt miteinander und erörterten die politische und militärische Situation. Beck kam auf verschiedene Möglichkeiten zu sprechen, auch darauf, daß sich ein deutscher Angriff auf Danzig beschränken könnte. Am Ende bat er Lipski, am nächsten Morgen vor seinem Rückflug nach Berlin noch einmal bei ihm vorzusprechen.
Die polnische Presse brachte an diesem Abend wenig Erfreuliches. Die *Gazeta polski* stellte fest, daß die Stimmung zwischen Deutschland und Polen sich eintrübe, weil die deutsche Presse und der Rundfunk immer heftiger gegen Polen hetzten. Die Berichte ähnelten denen, die vor einem Jahr über die Zustände in Österreich und im Sudetenland erschienen waren – kurz bevor dort die Wehrmacht einzog. Das Blatt mutmaßte, die deutsche Regierung werde ihre Bevölkerung noch eine Weile aufhetzen, und am kommenden Sonntag werde Hitler in Tannenberg eine zündende Rede gegen die angeblichen Verfolgungen der Deutschen halten. Dabei sei es doch umgekehrt: Nicht die Polen verfolgten ihre deutsche Minderheit, sondern die Deutschen mißhandelten die Polen in Deutschland. Allein im zweiten Quartal 1939 habe es fast tausend Gewaltakte gegen sie gegeben, Angriffe auf Bauernhöfe, Zerstörung von Gütern, gewaltsame Evakuierungen. Und seit Anfang Juli habe sich diese Entwicklung noch verschärft. Die polnische Presse klagte über die schlechte Behandlung ihrer Landsleute. Jeden Tag träfen polnische Familien ein, schrieb sie, die aus Deutschland geflüchtet seien.

Die Leitung der polnischen Außenpolitik lag in den Händen von Oberst Józef Beck. Außenminister Beck war ein selbstsicherer Mann, ein Mensch mit festen Grundsätzen. Er mißtraute seinen beiden großen Nachbarn, den Russen wie den Deutschen; aus ihrem Gegensatz schöpfte er Kraft und Zuversicht. Auf die Sowjets werde er sich niemals verlassen, sagte er. Andererseits würde der Kreml aber auch den Deutschen nie erlauben, die polnische Integrität anzutasten, denn Rußland könne kein Interesse haben an einer gemeinsamen Grenze mit Deutschland. Für Beck war diese Überlegung wie ein Dogma.
Beck war groß und äußerst hager, Mitte Vierzig – ein kranker

Mann: Er litt an Lungentuberkulose, was seinem Aussehen etwas Hektisches und leicht Erregbares verlieh. Auf viele wirkte er unzugänglich und ehrgeizig, auch doppelzüngig und arrogant. Geboren war er noch in der k.u.k. Monarchie als Untertan Kaiser Franz Josephs. Seine Familie war aus Flandern zugewandert, der Vater Anwalt in der Provinz. In den ersten Jahren eines unabhängigen polnischen Staates, nach 1918 also, hatte sich der junge Beck nach einer militärischen Ausbildung der Diplomatie verschrieben und war an die Polnische Botschaft in Paris versetzt worden. Dort diente er als Militärattaché, betrieb aber auch ein bißchen Spionage. Die Franzosen kamen dahinter und verlangten seine Abreise. Seither war Beck nicht gut auf sie zu sprechen. Er ging zurück nach Warschau, zunächst an das Kriegskolleg. Zwischen 1926 und 1930 diente er Marschall Pilsudski als Kabinettschef im Kriegsministerium. Pilsudski ernannte ihn 1930 zum Unterstaatssekretär im Außenministerium. Zwei Jahre später übernahm Beck das Amt des Außenministers.

Als Oberst überschätzte Beck die Schlagkraft der polnischen Armee, wie er die der Wehrmacht gewaltig unterschätzte. Sie sei mit der kaiserlichen Armee von 1914 nicht zu vergleichen, vertraute er im Sommer 1939 dem Schweizer Völkerbundkommissar Burckhardt an. Vor einem Waffengang mit ihr schien er sich nicht zu fürchten.

Zu seinen großen Nachbarn unterhielt Beck seit 1932 gute Beziehungen, die zu den kleineren waren hingegen schlecht. Mit der Sowjetunion hatte er gleich 1932 einen Nichtangriffspakt geschlossen und 1934 auch einen mit Deutschland. Seit dieser Zeit betrieb er eine deutschlandfreundliche Politik. Mit der Tschechoslowakei und mit Litauen war er zerstritten, an der Grenze zu Litauen kam es sogar zu Schießereien. Gegenüber den Tschechen erhob Beck Gebietsansprüche, außerdem gefiel ihm deren sowjetfreundliche Politik nicht. Pilsudski orakelte, zwei Staaten würden bald verschwinden, Österreich und die Tschechoslowakei. Er sollte recht bekommen. Als Hitler 1938 die Tschechoslowakei amputierte, beteiligte sich Polen an dem Landraub. Beck erklärte, die Tschechen würden nicht kämpfen und die Westmächte könnten ihnen unmöglich zu Hilfe kommen. Auch in diesen beiden Punkten behielt er recht.

Nach der Aufteilung der Tschechoslowakei und der Loslösung der Slowakei deutete sich bald an, daß die deutsch-polnischen Beziehungen sich eintrüben würden. Plötzlich entdeckte Hitler die deutsche Minderheit in Polen und verwendete sie als Hebel für seine Forderungen. Als er mit Beck im Januar 1939 in Berchtesgaden darüber sprach, spürte Beck den neuen Akzent in der deutschen Politik. Er setzte sogleich Präsident Ignacy Mościcky und General Smigly-Rydz davon in Kenntnis, daß Deutschland vielleicht einen Krieg gegen Polen plane. Beck war beunruhigt, allerdings nicht so sehr, daß er etwa die Hilfe des Volkerbunds gesucht hätte. Er war kein Freund des Völkerbunds und der Versailler Ordnung. Als die Sowjetunion 1934 dem Völkerbund beitrat, war er noch weniger geneigt, die Minderheitenverträge zu achten, zumal sich die Russen jetzt auf dem Umweg über den Völkerbund in die inneren Angelegenheiten Polens einmischen wollten. In diesem Punkt verweigerte Beck die Zusammenarbeit mit der Genfer Organisation; da zog er sogar die direkte Zusammenarbeit mit Berlin vor.

Die zweite Säule von Becks Außenpolitik war die Sowjetunion. Nicht als Freund, wohlgemerkt, aber doch als Nachbar, auf dessen Feindschaft man sich verlassen konnte. Mit ihr hatte er einen Nichtangriffspakt abgeschlossen. Allerdings mochte er Moskaus Außenminister Maxim Litwinow nicht. Litwinow war Jude, ein Litwak, wie man in Polen sagte, und das war für ihn der schlimmste aller jüdischen Typen. Als Anfang Mai 1939 Molotow an seine Stelle trat, war Beck sehr befriedigt. Wenigstens war Molotow kein Jude.

Im Sommer 1939 waren die Beziehungen zu Berlin äußerst gespannt. Es stand zu befürchten, daß Deutschland die Freie Stadt Danzig ohne Rücksicht auf Verträge in das Deutsche Reich eingliedern würde. Die deutsche Presse führte seit Wochen einen heftigen Propagandakrieg gegen Polen; dabei diente ihr die deutsche Minderheit als Hebel. Dem rumänischen Außenminister Grigore Gafencu erschien Beck in diesem Sommer wie verwandelt, das unnahbare Lächeln und die stolze Haltung Becks waren wie weggeblasen. Aber selbstsicher wirkte er noch immer.

Den Deutschen gegenüber wollte Beck nicht nachgeben. Da verließ er sich lieber auf seine Armee. »Wir haben, wie jede Nation, unsere großen Fehler, aber wir haben eine gute Eigenschaft, wir sind durch und durch Soldaten«, vertraute er in diesem Sommer Burckhardt an. »Die Deutschen müssen sich darüber klar sein:

Frankreich und England werden an unserer Seite kämpfen, unfehlbar, automatisch.« Das gab Oberst Beck große Zuversicht. Daß das finanz- und industriearme Polen dem Industriestaat Deutschland unterlegen sein könnte, kam ihm nicht in den Sinn.

Moskau Der deutsche Botschafter in Moskau, Werner Graf von der Schulenburg, war eine eindrucksvolle Erscheinung, ein hünenhafter, schlanker und selbstbewußter Edelmann. Die hervortretenden Backenknochen und die bräunliche Haut, die sich über den glattrasierten Schädel spannte, gaben ihm ein orientalisches Aussehen. Der Botschafter bevorzugte feingestreifte dunkle Anzüge, dazu in der Brusttasche ein weißes Tuch, feine Hemden mit Manschetten, die von goldenen Knöpfen zusammengehalten wurden, und einen steifen Kragen, der ihn zwang, den Kopf noch etwas höher zu tragen. Schulenburg bestach durch seine Eleganz. Seit einem Dreivierteljahr hatte er zugleich die Würde eines Doyen im Diplomatischen Corps Moskaus inne.
Schulenburg kannte das alte Rußland gut, er hatte Deutschland vor 1914 in Tiflis als Generalkonsul vertreten. Nach dem Weltkrieg verbrachte er viele Jahre als Diplomat in Teheran. Er liebte alles Persische. In seiner Moskauer Residenz hingen herrliche Teppiche aus Isphahan, daneben alte Schilde mit verschnörkelten altpersischen Motiven, Säbel und Dolche und eine Vielzahl persischer Miniaturen, von denen etliche erotische Sujets zeigten.
Schulenburg war seit Oktober 1936 in Moskau, dem Jahr, als sein Vorgänger Rudolf Nadolny aus Protest aus dem Amt geschieden war. Nadolny hatte Hitler in einem stürmisch verlaufenen Gespräch vorgeworfen, er lasse die Beziehungen zum Kreml verkümmern, führe Deutschland in die Isolierung und in den Krieg, der mit Deutschlands Untergang enden werde.
Schulenburg erlaubte es sich nur selten, Politikern Ratschläge zu erteilen. Er sah in den Kremlherren Leute, die in erster Linie der sowjetischen Staatsräson dienten, weniger dem Marxismus. Er kannte Stalins Wunsch, Rußland militärisch stark zu machen und unangreifbar. Für eine prosowjetische Politik, die man auch heute noch

gern mit dem Stichwort Rapallo verbindet, empfand er keinerlei Zuneigung. Schulenburg fürchtete einen Krieg in Europa, denn daraus würde einzig und allein die Sowjetunion Nutzen ziehen, meinte er. Mit Blick auf die jüngste Krise ließ er das Auswärtige Amt niemals im unklaren darüber, daß seine Diplomatenkollegen in Moskau einhellig die Auffassung vertraten, die Westmächte würden kämpfen, falls die Wehrmacht in Polen einfiele.

Reichsaußenminister Ribbentrop hatte an diesem Sonntagnachmittag der Deutschen Botschaft in Moskau telegrafiert. Er verlangte von Schulenburg, Außenminister Molotow auszurichten, Deutschland akzeptiere den von Molotow übergebenen Entwurf eines Nichtangriffspakts. Zwischen Moskau und Berlin bestanden zwei Stunden Zeitunterschied, außerdem benötigten selbst staatliche Telegramme für diese Entfernung vier oder fünf Stunden. Dann war noch die Zeit für die Dechiffrierung anzusetzen. Es war kurz nach Mitternacht am Montagmorgen, als Schulenburg den Empfang bestätigte.

Schulenburg suchte Molotow am Montag um 15 Uhr Ortszeit auf, in Berlin war es also 13 Uhr. Er versuchte ihn davon zu überzeugen, daß der Besuch Ribbentrops das einzige Mittel bot, die Lage zu retten. Die Russen zögerten. Ein solcher Besuch bedürfe gründlicher Vorbereitung, sagten sie. Schulenburg beendete das Gespräch mit der Bitte, ihm unter allen Umständen noch am gleichen Tag eine Antwort zu geben.

Kaum war er in die Deutsche Botschaft zurückgekehrt, klingelte sein Telefon. Das sowjetische Volkskommissariat des Äußeren bitte den Herrn Botschafter, in knapp einer Stunde, um 16.30 Uhr, noch einmal zu Herrn Molotow zu kommen. Diesmal war Molotow um vieles freundlicher. Nach einigem Hin und Her einigte man sich auf einen Besuch am 23. August. Um 19.45 Uhr übersandte die Deutsche Botschaft ein mit dem höchste Eile signalisierenden Zusatz »Citissime!« versehenes Telegramm, in dem es hieß, Stalin sei mit dem Besuch Ribbentrops am 23. – also in zwei Tagen – einverstanden.

In Moskau saß an diesem Montagabend noch einmal eine Militärdelegation der Westmächte mit einer sowjetischen Delegation zusammen; den Vorsitz führte Marschall Woroschilow. Man verhandelte nun seit vielen Tagen über die immer gleiche Frage: Wie könnte die sowjetische Armee Polen im Falle eines deutschen Angriffs zu Hilfe kommen, wenn Polen sich weigerte, sowjetische Truppen auf sein Territorium zu lassen? Die Gespräche verliefen im Sande.

Erstaunlich gute Beziehungen bestanden in diesem Sommer zwischen einem Angehörigen der Amerikanischen Botschaft, Charles Bohlen, und dem deutschen Diplomaten Hans von Herwarth. Die beiden jungen Herren sahen sich fast täglich. Sie trafen sich in einer Datscha der Amerikaner oder beim Tennisspiel. Bisweilen ritten sie zusammen aus. Herwarth erzählte Bohlen freimütig, daß Botschafter Schulenburg sich gerade um einen Termin bei Außenminister Molotow bemühe. Er berichtete Bohlen auch von den Fortschritten in den Wirtschaftsverhandlungen zwischen Deutschen und Russen. Die Sowjetunion wolle von den Deutschen Maschinen für die Produktion von Kriegsmaterial kaufen. Herwarth schilderte dem Amerikaner eindringlich seine Überzeugung, daß Hitler bereit sei, die baltischen Staaten zu opfern, um dafür von den Sowjets freie Hand in Polen zu bekommen. Stalin hatte wahrscheinlich von Deutschland und dessen System eine bessere Meinung als von den Westmächten. Herwarth erzählte vieles, was streng geheim war. Bohlen verstand, daß er diese Informationen streng vertraulich behandeln mußte. Warum Herwarth sie ihm gab, wußte er nicht. Bohlen vertraute diese Informationen dem neuen Botschafter an, Bruce Steinhardt. Dieser ließ sie unter höchster Geheimhaltung nach Washington übermitteln, wo sie Außenminister Cordell Hull vorgelegt wurden. Hull stellte sie auch dem britischen Botschafter zur Verfügung, der sie auf telegrafischem Weg nach London weitergab. Spätestens hier stießen die Bemühungen, diese Informationen geheimzuhalten, an ihre Grenzen: Eines Tages wurde in der Chiffrierabteilung des Londoner Foreign Office ein Angestellter verhaftet, der für die Deutschen spionierte.

Berchtesgaden Hitler hatte das Wochenende auf dem Obersalzberg verbracht. Er wartete auf wichtige Nachrichten aus Moskau. Der deutsche Botschafter bemühte sich dort um einen

Besuchstermin für Außenminister Ribbentrop. Die Beziehungen zwischen Berlin und dem Kreml hatten sich seit einigen Monaten gebessert. Nun wollte sich der Reichsaußenminister persönlich in die sowjetische Hauptstadt begeben. Anfangs hatte Hitler sich sogar gefragt, ob er nicht selbst zu Stalin fliegen sollte. »Ich setze alles auf diese Karte!« sagte er. Dann hatte er sich für Ribbentrop entschieden. Er hatte Stalin gebeten, den Reichsaußenminister baldmöglichst zu empfangen. Jetzt wartete er auf die Antwort.

Hitler ging an diesem Morgen unruhig auf dem Berghof umher. Man hatte von hier einen wunderbaren Ausblick. Ein großes versenkbares Fenster in der Wohnhalle seines Hauses war Hitlers Stolz. Es gab den Blick frei auf den Untersberg und die Berge ringsumher, bis nach Salzburg konnte man hinüberschauen. Nur der unangenehme Benzingeruch der vielen Autos, die hier herauffuhren, war bei ungünstiger Witterung wahrzunehmen.

Berchtesgaden war seit langem ein Sommeridyll. Aber es lag ein wenig abseits: Von der größeren Eisenbahnstrecke, die München mit Salzburg verbindet, mußte man den Schnellzug im Eisenbahnknotenpunkt Freilassing verlassen und in eine Lokalbahn umsteigen, wenn man nach Berchtesgaden wollte. Dann ging es durch ein enges Tal, an Bad Reichenhall vorbei, südwärts. Oder man fuhr mit dem Wagen auf der Deutschen Alpenstraße – ein Werk von Hitlers Regierung –, die entlang der alten Salinenwege von Traunstein nach Berchtesgaden führte.

Der Markt Berchtesgaden erhoffte sich eine größere Anziehung auf die Fremden, seit Hitler sich so häufig hier aufhielt. Im Jahr 1939 blieben sie jedoch aus, zwölf neue Hotels warteten vergeblich auf ausländische Gäste. Dies kam nun allerdings Hitlers Wunsch entgegen, den Ort vor Fremden zu schützen.

Der Berghof auf dem Obersalzberg selbst ging auf Martin Bormann zurück, Hitlers Sekretär. Bormann hatte etliche alte Bauerngehöfte aufgekauft und niederreißen lassen. Er erwarb Forstgrundstücke, bis ein Territorium von sieben Quadratkilometern beieinander war, das von 600 Metern auf fast 1900 Meter anstieg. Dann ließ er Straßen anlegen, die vom Markt Berchtesgaden hier heraufführten. Eine Reihe Gebäude gesellte sich rasch hinzu: Kasernen, ein Garagenhaus, ein Gästehaus, ein Gutshof und eine Siedlung für die an-

schwellende Zahl von Angestellten. Ganz oben ließ Bormann Hitlers Privathaus errichten. Die Straße zu diesem Haus endete an einem in den Fels gesprengten Aufzug; allein diese Auffahrt verschlang an die 20 Millionen Reichsmark.
Normalerweise begann Hitler den Tag hier oben ziemlich spät mit einem ausgedehnten Mittagessen. Diener in schwarzen Hosen und weißen Westen, Angehörige der SS-Leibstandarte, trugen auf. Während des Mahles, bei dem zwanzig und mehr Personen an der großen Tafel versammelt waren, kam schon aufgrund der Weitläufigkeit des Tisches kein richtiges Gespräch auf. Hitler unterhielt sich zumeist mit seinem Gegenüber. Von seinem Platz in der Mitte der Tafel konnte er zum Fenster hinausschauen und die Aussicht genießen.
Nach dem Essen ging man ins Teehaus hinüber. Die Wege waren schmal, üblicherweise gingen nur zwei Personen nebeneinander. Voran schritten zwei Sicherheitsleute, gefolgt von Hitler selbst, dessen Hunde inzwischen durchs Gelände streunten, und hinter dem Reichskanzler kam die Tischgesellschaft. Vier Wehmachtsadjutanten standen Hitler zur Verfügung: Oberst Rudolf Schmundt für die Wehrmachtsführung, Hauptmann Gerhard Engel für das Heer, Hauptmann Nicolaus von Below für die Luftwaffe und Kapitän Karl-Jesko von Puttkamer für die Marine. Auch Reichsaußenminister Ribbentrop und Hitlers Architekt Albert Speer hielten sich an diesem Montag auf dem Obersalzberg auf.
Die sehnlichst erwartete Botschaft traf um 21.35 Uhr in Berlin ein. Stalin teilte mit, er sei bereit, den Reichsaußenminister am Mittwoch zu empfangen. Hitler erhielt diese Nachricht während des Abendessens auf einem Zettel hereingereicht. Er starrte auf das Papier, plötzlich hochrot im Gesicht. »Ich hab' sie!« stieß er mit überkippender Stimme aus und schlug auf den Tisch. Die anderen blickten auf; aber niemand erlaubte sich eine Frage. Dann gewann Hitler seine Fassung wieder und aß stumm weiter. Nach dem Essen scharte er seine Mitarbeiter um sich und erklärte ihnen: »Wir werden einen Nichtangriffspakt mit Rußland abschließen. Hier, lesen Sie! Ein Telegramm Stalins.« An diesem Abend saß er noch lange mit Ribbentrop zusammen. Er gab ihm letzte Anweisungen für die Gespräche in Moskau.

Ribbentrop telefonierte noch am gleichen Abend vom Berghof aus mit der japanischen Botschaft in Berlin. Er setzte Botschafter Oshima von der neuen politischen Wendung zwischen Berlin und Moskau in Kenntnis. Der Japaner war tief bestürzt. Dies verletze den Grundsatz von Treu und Glauben, jammerte er, und stehe im Widerspruch zu den Vereinbarungen des Antikominternpaktes. Der Reichsaußenminister blieb ungerührt.

Breslau Die alte schlesische Hauptstadt Breslau, eine der größten Städte in Deutschland, lag weit im Osten des Deutschen Reiches, von der Grenze zu Polen nur gut sechzig Kilometer entfernt. In Breslau, wie überall im Reich, waren noch immer Sommerferien. Allerdings waren die Schulen schon Anfang August, in Abwesenheit der Schüler, für das Militär hergerichtet worden: 80 000 Mann sollten hier einziehen, viele weitere Soldaten wurden bei Privatleuten einquartiert. Breslau war preußische Garnisonsstadt, und die hier regulär stationierten Truppen mußten, als sie ins Sommermanöver zogen, diesmal ihre Spinde beim Verlassen leeren, damit man kurzfristig auch andere Truppen unterbringen konnte, die aus dem Wesen hierher verlegt wurden. Die Lage an der Grenze war gespannt, das war kein Geheimnis; die örtlichen Zeitungen berichteten Tag für Tag über polnische Provokationen.
Walter Tausk lebte in Breslau. Er war 49 Jahre alt, zum Einrücken zu alt. Aber die deutsche Wehrmacht wollte Walter Tausk ohnehin nicht haben, denn er war Jude und somit wehrunwürdig. Die Breslauer Juden waren – soweit sie nicht längst abgewandert waren – bereits Anfang August zu Arbeiten verschickt worden, Männer und Frauen bis zum Alter von 65 Jahren: die Männer in Steinbrüche, die Frauen in Konservenfabriken. Sie sollten dort einen Beitrag für das Gemeinwohl leisten, hieß es.
In Breslau, weit vorn im deutschen Osten, ahnte man etwas früher als anderswo, wie es weitergehen würde. Und Walter Tausk war in diesen Tagen ein besonders aufmerksamer Zeitungsleser. Er folgerte aus seiner Lektüre, daß der Krieg gegen Polen sicherlich noch in dieser Woche beginnen werde, und hielt dies in seinem Tagebuch

fest. Totaler Krieg, und zwar bald. Schon seit Juli konnte er den Aufmarsch in Schlesien beobachten, Tag und Nacht. Die deutschen Aktivitäten richteten sich gegen Danzig und den Korridor, das polnische Westoberschlesien und Posen sowie das neue polnische Industriegebiet im Süden, so schien es ihm. Die deutschen Zeitungen gaben Polen die Schuld für die Zuspitzung der Krise; aber Walter Tausk glaubte nicht alles, was er las.

Paris Mit Erschrecken reagierte Paris auf die jüngsten Entwicklungen im östlichen Mitteleuropa. Regierungschef Edouard Daladier brach seinen Urlaub an der Küste ab und kehrte nach Paris zurück. Der Gedanke an einen Krieg zwischen Deutschland und Polen setzte ihm schwer zu. Etwas weniger quälte ihn die Sorge um einen Krieg zwischen Frankreich und Deutschland, denn sein Land besaß zwei unermeßliche Vorteile: die Maginot-Linie an seiner Ostgrenze und die stärkste Armee der Welt, so hatte ihm General Maxime Weygand noch vor einem Monat versichert. Davor werde Hitler sich ducken, meinte der erfahrene Diplomat Paul Claudel.

Würde es Deutschland in Polen wirklich zum Äußersten treiben? Bei seinem letzten Gespräch mit dem deutschen Botschafter, Johannes Graf Welczek, hatte dieser zu Daladier gesagt, er glaube nicht daran. Welczek wollte die Sommermonate in seiner Pariser Botschaft verbringen und anschließend, im September, zur Hirschjagd nach Ungarn fahren. Dann hatte er sich jedoch plötzlich verabschiedet; sein Vertreter in der Botschaft war Geschäftsträger Bräuer. Welczeks Abreise erfolgte auf den ausdrücklichen Wunsch des Reichsaußenministers.

An diesem Montag wurde der englische Kriegsminister Leslie Hore-Belisha in Paris erwartet. Er war auf der Durchreise und wollte die Gelegenheit nutzen, um mit Daladier ein paar Dinge zu besprechen. Es ging dabei vor allem um die Krise in Polen. Die französische Regierung hielt sich für gut vorbereitet, daher sah sie allem mit Kaltblütigkeit und Zuversicht entgegen. Krieg oder Frieden, das wußte sie, hingen einzig und allein von Hitler ab. Die Rolle Italiens war von untergeordneter Bedeutung. Was würde Hitler tun, was hatte er vor? Innerhalb Deutschlands, so schätzte man in Frankreich, gab es keine Macht, die seine Entscheidung aufheben konnte. Neben ihm erschien Wilhelm II. wie ein konstitutioneller Monarch.

Die Lage im Osten war beängstigend, aber nicht hoffnungslos, solange eine Militärmission aus Franzosen und Briten in Moskau verhandelte, wie man Polen helfen könnte. Allerdings kamen diese Verhandlungen, das wußte Daladier, kaum von der Stelle, weil Polen sowjetische Hilfe nicht wünschte. Aus London war zu hören, man dächte schon an einen Abbruch der Verhandlungen, scheue sich aber wegen des Eindrucks auf die Öffentlichkeit.

Spät an diesem Montagabend traf in Paris die Meldung ein, der deutsche Außenminister werde übermorgen nach Moskau reisen, um im Kreml einen Nichtangriffspakt zu unterzeichnen. Für die Presse kam die Nachricht nicht weniger unerwartet als für Regierungskreise oder die diplomatischen Vertretungen in der Hauptstadt. Auch der polnische Botschafter in Paris, Juliusz Lukasiewicz, erfuhr in dieser Nacht davon. Er war bestürzt.

London Der britische Premierminister Neville Chamberlain verbrachte den August mit seiner Frau in Schottland, wo er sich beim Angeln erholen wollte. Ende des Monats wurde er dann als Gast des Königs in dessen Sommerschloß Balmoral erwartet. Zurückkehren wollte er erst im September. Mit den Ämtern in London stand er in dieser Zeit ständig in telefonischer Verbindung. Deren Leiter hatten ihm inzwischen gesagt, daß er infolge der internationalen Spannungen besser etwas früher zurückkehren sollte. Jetzt hatte er vor, für den folgenden Dienstag das Kabinett einzuberufen und mit Außenminister Lord Halifax zu sprechen.

Lord Halifax hatte wie gewöhnlich das Wochenende in Yorskhire verbracht, mit Farming und Cricket. Am Montagvormittag suchte er Chamberlain in dessen Amtssitz in der Downing Street 10 auf. Aus Berlin war soeben eine seltsame Nachricht eingegangen, der Leiter des Foreign Intelligence Service, Generalmajor Stuart-Menzies, hatte sie Halifax überbracht: Göring, so hieß es, sei bereit, einen Blitzbesuch in England zu machen, wenn er sich darauf verlassen könne, von Chamberlain empfangen zu werden. Der Besuch sollte übermorgen stattfinden. Man dachte daran, Göring auf einem Flughafen weit draußen landen zu lassen, um ihn von dort unauffällig zum Landsitz Chequers bringen zu können, wollte dort aber vorher die Telefonleitungen kappen und dem Personal ein paar Tage frei geben, damit alles geheim bliebe. Außenminister Halifax sah dem Besucher mit einiger Spannung entgegen; aber dann ließ Göring nichts mehr von sich hören.

Der deutsche Botschafter in London, Herbert von Dirksen, war in diesen Tagen nicht auf seinem Posten. Er hatte sich Anfang August von Halifax verabschiedet. Seine Abreise war von der Londoner Öffentlichkeit als ein Zeichen der Entspannung gedeutet worden. Was sie nicht wußte, war, daß er auf ausdrücklichen Wunsch des Reichsaußenministers diesen Urlaub gerade jetzt angetreten hatte. Dirksen hielt sich auf seinem Gut Gröditzberg im schlesischen Kreis Goldberg auf und schrieb von dort an Staatssekretär Ernst von Weizsäcker: Eine lange Reihe diplomatischer Niederlagen verlange von London geradezu, schrieb er, jetzt in Polen Festigkeit zu zeigen. Außerdem sei die rücksichtslose Behandlung der deutschen Minderheit in Polen den Engländern weitgehend verborgen geblieben, wie auch die unverschämte Sprache der polnischen Presse in England verschwiegen werde. Auf Danzig selbst käme es London gar nicht sosehr an.

Außenminister Halifax fürchtete, daß Hitler sehr bald etwas unternehmen würde, um in Sachen Danzig oder in der Frage des Korridors vollendete Tatsachen zu schaffen. Er wußte, daß seine Regierung auf der Hut sein mußte. Neuerdings war ihm aus Rom zu Ohren gekommen, Papst Pius XII. habe seine Vermittlung angeboten. Halifax, ein gläubiger Katholik, hätte es nur begrüßt, wenn Seine Heiligkeit damit Erfolg haben würde.

Die Verhandlungen der Militärmission in Moskau bereiteten Halifax viel Kopfzerbrechen. Solange die Polen stur blieben, kamen die Gespräche einfach nicht voran. Doch die polnische Führung hatte offenbar größere Angst vor den Russen als vor den Deutschen. Halifax konnte die Polen verstehen, zumindest ein wenig. Aber er wußte auch, daß die sowjetische Armee erst vor kurzem das Opfer einer tiefgreifenden »Säuberung« geworden war, welche die höchsten Offiziere beseitigt hatte: drei von fünf Marschällen und drei Viertel der Armeekommandeure obersten Ranges – ein riesiger Verlust an militärischem Sachverstand. In England lautete die einstimmige Meinung der Militärs, daß es Jahre dauern werde, bis die Rote Armee sich von diesem Aderlaß erholt hätte. Ihre Schlagkraft war also ohnehin gering.

Der Montag war im Süden Englands ein schwülwarmer Tag. Am späten Nachmittag ging über London ein heftiges Gewitter nieder. Im Hyde Park schlug ein Blitz ein und tötete sechs Menschen. Ein paar Stunden später, schon in der Nacht, traf eine TASS-Meldung ein, derzufolge der deutsche Außenminister übermorgen in Moskau erwartet werde, um dort mit der Sowjetregierung einen Nichtangriffspakt abzuschließen.

Washington Die amerikanische Bundeshauptstadt Washington liegt an der Nahtstelle zwischen Nord- und Südstaaten, knapp unter 39 Grad nördlicher Breite. Damit ist sie etwa auf einer Höhe mit Lissabon oder Ibiza. Entsprechend heiß ist es dort im Sommer, und es ist feucht, denn der Atlantik ist nicht weit. Daher zieht es im Sommer viele in die Blue Ridge Mountains, westlich der Hauptstadt, drei Autostunden von Washington entfernt, in die Wälder des Shenandoah-Tals.

Präsident Franklin D. Roosevelt kreuzte vor der Küste von Neuschottland. Als er sich am 12. August zur Abreise in diesen Urlaub angeschickt hatte, rief William Bullitt an, der amerikanische Botschafter in Paris, um ihm mitzuteilen, in einer Woche oder wenig später werde in Europa Krieg ausbrechen. Roosevelt fuhr dennoch los – Amerika war eine andere Welt, und er war jederzeit zu erreichen. Die Stallwache im Weißen Haus hielt ihn mit Hilfe von Fernschreiber und Telefon auf dem laufenden.

Auch Außenminister Hull machte Ferien. Er war nicht sehr weit gereist, nach Sulphur Springs, West Virginia, nur einen Katzensprung von Washington entfernt. Hull wußte, daß es in Europa jeden Augenblick losgehen konnte. Das war auch die Auffassung im

State Department. Ein Bote brachte Hull Tag für Tag die wichtigsten Berichte über die äußere Lage. Erst vor ein paar Tagen hatte Bullitt geschrieben, Hitler brenne darauf, gegen Polen loszuschlagen. Ziemlich genau das gleiche schrieb jetzt der britische Botschafter, Sir Eric Phipps, aus Rom. Und ein jüngerer amerikanischer Diplomat berichtete gerade aus Berlin, verschiedene ausländische Militärbeobachter hätten ihm mitgeteilt, die Deutschen hätten in diesen Tagen ihre Truppen in Bereitschaft versetzt und etliche militärische Operationen unternommen, die alle auf Polen zielten.
Pierrepoint Moffat war ein hohes Tier im State Department, er leitete die Europaabteilung. Ihm ging an diesem Montagmorgen noch einmal durch den Kopf, was ihm der polnische Botschafter Jerzy Potocki am Freitagnachmittag erzählt hatte: Die Regierung in Warschau sei der Überzeugung, so der Diplomat, die Stärke der Deutschen werde überschätzt. Die Wehrmacht sei keineswegs so stark, wie Hitler immer vorgebe, ihre Offiziere seien ungenügend ausgebildet und nicht sehr eng mit ihren Einheiten verbunden. Die besten Generäle seien entfernt worden, die verbliebenen lediglich Parteigänger, ehrgeizige Karrieristen. Auch das deutsche Volk sei zum Kampf nicht bereit, und es wäre für das Regime selbstmörderisch, jetzt einen Krieg vom Zaun zu brechen. Es gebe nicht einmal genügend zu essen in Deutschland. Außerdem sei das verbündete Italien eher eine Belastung, denn dessen Soldaten würden davonlaufen, sobald es irgendwo kracht. Der polnische Diplomat machte einen sehr gelassenenen Eindruck.
Moffat ließ sich davon nicht beruhigen. Die Lage machte ihm Sorgen, weil beide Parteien unvereinbare Forderungen gegeneinander erhoben und keine zurückstecken wollte. Der Botschafter entgegnete, Polen werde selbstverständlich nicht nachgeben; aber er wolle nicht ausschließen, daß Hitler einknickte. Schließlich ließ sich der Amerikaner ein wenig von dieser Stimmung anstecken. Auch für ihn sah an diesem Wochenanfang die Lage wieder etwas freundlicher aus. Briten und Italiener schienen gesprächsbereit zu sein, und er wußte von der Einladung Görings an Lipski. Trotzdem rechtfertigten die allerneuesten Nachrichten, die an diesem Tag über seinen Schreibtisch gingen, den Optimismus nicht. Wieder war von deutschen Truppenbewegungen die Rede. Motorisierte Verbände hat-

ten Berlin und Bremen verlassen, eine große Anzahl von Flugzeugen war nach Osten verlegt worden. Der amerikanische Botschafter in Warschau, Francis Biddle, sandte gerade ein Telegramm, in dem er darum bat, seine Botschaftsangehörigen nach Skandinavien ausreisen zu lassen. Darüber gab es nun im State Department eine längere Diskussion.
Aus Berlin telegrafierte der amerikanische Geschäftsträger Alexander Kirk einen langen Bericht, in dem er vortrug, was er von ausländischen Militärattachés erfahren hatte: In wenigen Tagen seien genügend deutsche Truppen für einen Angriff zusammengezogen. Es sei bereits davon die Rede, Hitler habe letzte Nacht den Angriff auf den 24. oder 25. August festgelegt, das sei beschlossene Sache. Dieses Datum, den 25., hatte auch Bullitt genannt.
Die Bombe aus Moskau traf gegen 17.30 Uhr Ortszeit bei Moffat ein. Sie war eigentlich schon weitgehend entschärft, denn das State Department war durch seine Moskauer Botschaft über den Verlauf der deutsch-sowjetischen Kontakte ganz gut im Bilde. Die Überraschung über Ribbentrops Reise und den geplanten Pakt war also nicht sehr groß. Für Moffat sah es so aus, als ob Deutschland der Sowjetunion jetzt im Baltikum freie Hand gab, dafür bekam Deutschland, was es in Polen haben wollte.
Das State Department setzte sogleich den Präsidenten von dem bevorstehenden Pakt in Kenntnis. Roosevelt entschloß sich, seine Angeltour abzubrechen. Der Pakt mit den Russen bereitete ihm viele Tage lang Kopfzerbrechen.
Es konnte auch dem deutschen Geschäftsträger in Washington, Hans Thomsen, nicht verborgen bleiben, daß man in den diplomatischen Vertretungen Washingtons allgemein mit einem deutschen Angriff auf Polen rechnete, und zwar bald. Die Schuld dafür gab die amerikanische Presse der deutschen Politik und Propaganda. Über das Abkommen mit Stalin schrieb der deutsche Diplomat, es werde hier als »diplomatisches Meisterstück des Führers und als schwerste Niederlage Englands und Frankreichs seit München« bewertet.

+++ Dienstag, **22. August 1939** +++

In Mitteleuropa war der Sommer bislang enttäuschend, zu kühl und wechselhaft. Ende Juli kam ganz unerwartet ein heftiger Kälteeinbruch. Deutschland, vor allem dessen Süden, geriet unter den Einfluß von arktischen Luftmassen. Im Hochschwarzwald fiel noch einmal Schnee. Auf der Zugspitze wurden Anfang August sieben Grad Kälte gemessen, die Großglocknerstraße war streckenweise unpassierbar. Selbst über Norditalien zogen schwere Gewitter mit Hagelschauern hinweg und erschlugen eine große Menge von Staren. Nach einem solchen Unwetter hatten Bauern mehrere Doppelzentner toter Vögel aufgelesen.
Der August begann mit gewittrigen Schauern und heftigen Regengüssen. Erst gegen Mitte des Monats wurde es allmählich besser; die Temperaturen stiegen an, es blieb aber unbeständig. Der Wetterbericht versprach am 22. August eine etwas längere Periode schönen Wetters, nur vereinzelt sei noch mit Gewittern zu rechnen. »Nicht durchweg unfreundlich«, hieß es. Tatsächlich stieg das Barometer in Deutschland beträchtlich an. Für eine stabile Schönwetterlage jedoch war eine weitere Druckverstärkung nötig, die für Mittwoch oder Donnerstag erwartet wurde.
In der Reichshauptstadt schwärmten an diesem Dienstagmorgen die Postboten schon sehr zeitig aus. Um 7.30 Uhr hielten Tausende von jungen Berlinern ihre Gestellungsbefehle in Händen. Die Empfänger waren gehalten, ihren Arbeitgebern unverzüglich mitzuteilen, daß sie für einige Zeit nicht zur Arbeit erscheinen könnten. Auch die öffentlichen Verkehrsmittel in Berlin pulsierten an diesem Morgen vor Leben. Überall waren junge Männer mit kleinen Koffern zu sehen, die zu den Einberufungsstellen eilten. Die Kunde vom Nichtangriffspakt mit Moskau wurde von der Berliner Öffentlichkeit gut aufgenommen.
An diesem Dienstag berichteten viele deutsche Tageszeitungen und Wochenschauen ausführlich über den Westwall. Was bislang der

Geheimhaltung unterworfen war, sollte nun möglichst jedermann erfahren: Das Bollwerk im Westen sei fertig, das Deutsche Reich vor Frankreich sicher.
Der Ausbau des Westwalls hatte unmittelbar nach der Remilitarisierung des Rheinlands im März 1936 begonnen. Die ersten geheimen Erkundungen des Terrains blieben selbst von der einheimischen Bevölkerung unbemerkt. Zunächst entstanden nur leichte Bunker, Straßen- und Geländehindernisse. Im Frühjahr 1938 gab das Oberkommando des Heeres den Befehl zum Ausbau ständiger Anlagen. Im Mai 1938 befahl Hitler den beschleunigten Ausbau und beauftragte Fritz Todt mit der Ausführung. Private Unternehmer, die ihrerseits wiederum Subunternehmer anheuerten, übernahmen den abschnittweisen Ausbau. Letztendlich waren Betriebe aus dem gesamten Reichsgebiet daran beteiligt.
Im Juni 1938 hatte Göring als Beauftragter für den Vierjahresplan verfügt, daß Bürger für diese Arbeiten künftig auch dienstverpflichtet werden konnten. Im folgenden Jahr waren zeitweise mehr als eine halbe Million Mann am Ausbau des Westwalls beteiligt, davon 350 000 von der Organisation Todt und 100 000 vom Reichsarbeitsdienst. Zum Teil waren die Arbeiter in eigens errichteten Lagern untergebracht; etwa die Hälfte lebte in Privatquartieren, überwiegend bei Bauern oder in Schulen. Die meisten waren junge Kerle zwischen 17 und 35 Jahren. Der Stundenlohn lag zwischen 60 Pfennig und 1,50 Reichsmark für Facharbeiter. Dienstverpflichtete verheiratete Arbeiter bekamen außerdem 2,50 Reichsmark Auslösung pro Tag, Ledige 1,50 Reichsmark. Die Entlohnung erfolgte wöchentlich. Die reguläre Arbeitszeit betrug 60 Stunden die Woche. Mit Überstunden und Sonntagsarbeit konnte es ein Arbeiter auf bis zu 400 Reichsmark im Monat bringen. Soviel verdiente ein Knecht in der Eifel gerade mal in fünf Jahren. So stammten die Arbeiter am Westwall denn auch aus allen Teilen Deutschlands, allerdings noch häufiger aus dem Westen und Norden. Es wurden aber auch Arbeiter aus den benachbarten deutschsprachigen Gebieten Belgiens und der Niederlande angeworben.
Der Westwall reichte von Weil am Rhein im Süden bis hinauf zur niederländischen Grenze. Er war rund 630 Kilometer lang und bestand aus 18 000 Bunkern, Kampfanlagen und größeren Stellungen

sowie 90 Kilometer Panzergräben. Dahinter schloß sich eine Luftverteidigungszone an, ein Flakriegel, der gleichfalls über 600 Kilometer lang und bis zu 25 Kilometer tief war. Das Reich hatte das Gelände für diese Anlage billig erworben, teils auch zwangsenteignet. Die Planung der Bunkerlinien und Panzersperren war damals ohne Rücksicht auf die Natur ringsumher erfolgt.

Der einheimischen Bevölkerung brachte das Projekt einen wirtschaftlichen Aufschwung ohnegleichen. Die Männer in diesen abgelegenen Regionen bekamen Arbeit am Bau. Die fremden Arbeiter brachten ihre Wäsche zu den Bauersfrauen, die für sie wuschen und bügelten. Die Bauern vermieteten leerstehende Zimmer oder Speicherräume, da kam ganz unerwartet Geld ins Haus, mehr Geld als je zuvor.

Zwischen 5 und 6 Uhr morgens brachten Busse die Arbeiter herbei, an sechs Tagen in der Woche, manchmal auch sonntags. Abends endete die Arbeit um 18 Uhr. Etwa jeder zweite Haushalt in der Umgebung hatte einen Arbeiter aufgenommen. Für Unterkunft und volle Verpflegung zahlte der Kostgänger zwischen 1,80 und 2,50 Reichsmark, etwa ein Sechstel seines Tagesverdienstes. Für die in Baracken untergebrachten Arbeiter gab es eine zentrale Küche. Die Freizeit verbrachte man mit Kino oder im Wirtshaus. Es gab Saufgelage und Schlägereien, untereinander und mit Einheimischen.

Die Kosten für den Westwall beliefen sich auf rund 3,6 Milliarden Reichsmark. Es wurden acht Millionen Tonnen Zement verbaut, ein Fünftel der deutschen Jahresproduktion, ferner 1,25 Millionen Tonnen Stahl, 20 Millionen Tonnen Zuschlagstoffe wie Kies, Schotter und Sand, und etwa 100 Millionen Festmeter Holz.

In den ersten Augusttagen 1939 kam Hitler zu Besuch, um sich persönlich von der Unüberwindbarkeit dieser Bastion zu überzeugen. Die deutschen Tageszeitungen nannten den Wall schon damals eine »unbezwingbare Abwehrzone aus Stahl und Beton«. In Wahrheit wurde am Westwall noch immer weitergebaut.

Berlin Die Spannungen im Osten und die Fertigstellung des Walls im Westen beunruhigten den französischen Militärattaché in Berlin. Bisher hatte General Henri-Antoine Didelet stets die Auffassung vertreten, Deutschland benötige für einen Krieg noch zwei, drei Jahre Vorbereitungszeit. Davon war er jetzt nicht mehr überzeugt, daher schrieb er an Daladier persönlich einen langen Brief. Stichpunktartig faßte er zusammen, was ihm an der jüngsten Entwicklung so bedenklich erschien: 1. Es sei möglich, schrieb er, daß sich Mitteleuropa an der Schwelle zu einem blutigen Krieg befinde. 2. Die Stoßrichtung sei nicht mehr der Südosten, donauabwärts, sondern Polen – es gehe Hitler diesmal also um »Lebensraum«. 3. Seit Sonntagabend hätten die deutschen Truppenbewegungen strategische Dimensionen angenommen, die Einheiten zögen nun in Richtung Pommern, Schlesien, Mähren und die Slowakei, während Ostpreußen in Verteidigungszustand versetzt werde. 4. Der Westwall gelte als fertiggestellt. Der General wies ausdrücklich auf den martialischen Film über den Westwall hin, der seit Tagen in allen Kinos des Reichs lief.

Berchtesgaden Generaladmiral Albrecht schlief die Nacht vom Montag zum Dienstag im Hotel »Vier Jahreszeiten« in München. Heute morgen hatte er es nicht eilig. Er sollte sich um 9 Uhr am Königsplatz einfinden, dort würden ihn drei Kameraden mit einem SS-Kraftwagen abholen. Ihr Ziel war der Obersalzberg.

General Liebmann fuhr gleichfalls schon am Montag los. Er nahm den Nachtzug von Berlin über München nach Salzburg. Unterwegs traf er im Zug General Fedor von Bock. Am Dienstagmorgen lasen sie in den Zeitungen die Nachricht vom Pakt mit Stalin. Liebmann verspürte Erleichterung. Dieser Pakt könnte den Frieden retten, meinte er. In Salzburg wartete schon ein Wagen auf die Herren. Per Zufall trafen sie noch auf Franz von Papen, der gerade vom Flughafen Salzburg aus nach Ankara abreisen wollte. Papen vertrat das Deutsche Reich als Botschafter in der Türkei.

Liebmann und Bock fuhren auf den Obersalzberg. An die fünfzig Personen trafen hier am späten Vormittag zusammen, Hitler hatte

sie persönlich hierher befohlen. Anwesend waren die Führer der Heeresgruppen und Armeen und ihre Chefs sowie die entsprechenden Kommandeure von Marine und Luftwaffe. General von Brauchitsch vertrat die Oberste Heeresleitung, dann Halder, von Rundstedt, von Manstein, von List, von Mackensen, von Reichenau, Paulus, von Blaskowitz, Felber, von Bock, von Salmuth, von Kluge, von Küchler, von Leeb, Liebmann, von Witzleben. Die Luftwaffe vertrat Feldmarschall Göring, aber auch der Chef des Generalstabs der Luftwaffe Jeschonnek war da, ferner Milch, Bodenschatz, Kesselring, Speidel. Von der Marine nahmen Admiral Raeder, Schniewind, Schulte-Möntig, Albrecht und Saalwächter teil. Alle in Zivil, so hatte Hitler es befohlen; wobei Göring in einem wunderlichen Kostüm auftrat: Er trug eine Art Jagdbekleidung mit Pumphosen und einem blusenartigen weißen Hemd, dazu ein offenes Wams. Manstein blieb es als Narrengewand in Erinnerung.
Hitler gab zunächst einen Überblick über den Verlauf des Konflikts mit Polen in den letzten Wochen. Er sei fest entschlossen, sagte er, jetzt eine endgültige Lösung herbeizuführen und Polen zu zermalmen. Mit einem Dazwischentreten Englands und Frankreichs rechne er nicht. Diese beiden Staaten, Demokratien, würden wohl gern drohen und mit dem Säbel rasseln, vielleicht sogar eine Blockade verhängen. Aber sie würden nicht kämpfen. Es fehle ihnen an Staatsmännern. Sie hätten nur Politiker, Parlamentarier. Nicht einmal Japan ließ er wirklich gelten. Bisher hätten Briten und Franzosen ihre Hoffnung auf die Sowjetunion gesetzt; aber diese Karte habe er ihnen nun aus der Hand geschlagen – die Anwesenden wußten, wovon er sprach.
Trotzdem, so fuhr Hitler fort, sei die militärische Abrechnung mit dem Westen dadurch nur aufgeschoben. In einigen Jahren werde sie kommen, so oder so. Das deutsche Volk werde sich wieder an den Kampf gewöhnen müssen, und der Feldzug gegen Polen sei dazu eine gute Vorübung. Die Wehrmacht sei für diesen Feldzug gerüstet; England hingegen benötige Ruhe, es würde sich einen längeren Krieg gar nicht leisten können. Die Vorratshaltung versetze Deutschland in die Lage, lange auszuharren, und die ausgezeichnete Ernte dieses Jahres müsse er geradezu als einen Wink der Vorsehung ansehen. Hitler ließ keinen Zweifel, daß er den Krieg auch dann in

wenigen Tagen eröffnen werde, wenn er nicht lokal begrenzbar bleiben sollte. Allerdings sei er davon überzeugt, daß die Westmächte nicht eingreifen würden, und die Hilfe Stalins diente ihm als Untermauerung seiner Überzeugung. Italien sei als Bündnispartner zuverlässig, auf den Duce könne man sich, anders als auf das Königshaus, verlassen. Vor allem aber sei er selber noch da, er, der »Führer«.

Hitler verharrte dann eine Weile bei der Funktion der Persönlichkeit in der Geschichte. Ganz wesentlich hänge es von ihm ab, sagte er, von seinem Dasein und seinen politischen Fähigkeiten. Niemand werde wohl wieder so wie er das Vertrauen des ganzen deutschen Volkes besitzen; niemals werde es wohl wieder einen Menschen geben, der mehr Autorität in Händen halte als er. Aber niemand könne wissen, wie lange ihm die Vorsehung Zeit gebe. Er machte eine Pause. Bei uns sei das Fassen von Entschlüssen leicht, fuhr er fort. Und wir haben nichts zu verlieren. Auch sei die wirtschaftliche Lage im Augenblick derart, daß Deutschland nur noch wenige Jahre durchhalten könne. Deutschland bleibe gar nichts anderes übrig, als zu handeln. Er sei nun fünfzig Jahre alt, stehe auf dem Höhepunkt seiner Schaffenskraft – einen Augenblick lang schien er nachdenklich zu werden. Da sei es günstiger, jetzt loszuschlagen als später. Nun hoffe er bloß darauf, daß ihm nicht im letzten Augenblick noch jemand mit einem Vermittlungsvorschlag dazwischenkomme. Zum Schluß erwähnte Hitler noch, daß er dem Reichsaußenminister auf seiner Mission in Moskau gutes Gelingen wünsche.

Damit begab man sich zu einer kurzen Unterbrechung auf die Terrasse des Berghofs, wo ein Imbiß serviert wurde. Auch für den sich daran anschließenden zweiten Teil seiner Rede galt, was Hitler gleich eingangs gesagt hatte: Er wünsche, daß niemand seine Worte niederschreibe. Aber nicht jeder hielt sich daran. Mehrere der Anwesenden notierten sich zumindest einzelne Gedanken. Trotzdem läßt sich der lange Vortrag nicht lückenlos rekonstruieren. Hatte Hitler zum Beispiel an einer Stelle gesagt, es werde einen propagandistischen Anlaß dafür geben, Polen anzugreifen? Einige wollten es gehört haben, andere nicht.

Am Nachmittag sprach Hitler noch über einige taktische und operative Einzelheiten des bevorstehenden Feldzugs gegen Polen. Er verlange von den Soldaten Härte des Einsatzes und bewegliches Handeln aller Heerführer. Der wichtigste Zweck dieser Rede schien Hitlers Adjutanten von Below darin zu liegen, bei den Militärs Vertrauen zu schaffen in Hitlers Führungsqualitäten und sie wissen zu lassen, daß sein Entschluß, Polen anzugreifen, richtig und unwiderruflich sei.

Was dachten seine Zuhörer? Die Gesichter dieser fünfzig Männer wirkten verschlossen und besorgt. Widerspruch regte sich nicht. Einer schien eingeschlafen zu sein. General Liebmann hatte den Eindruck, die Rede strotze vor Unsachlichkeit und Illusionen. Ihren naßforschen Ton fand er abstoßend. Dem Mann fehlt jedes Verantwortungsgefühl, dachte er sich. Für einen Krieg mit Polen reiche die Stärke der Wehrmacht wohl aus; aber wer könne glauben, daß der Krieg auf Polen beschränkt bliebe? Liebmann glaubte zu spüren, daß zumindest ein großer Teil der Generäle des Heeres seine Bedenken teilte. Da eine allgemeine Aussprache nicht stattfand, war der Eindruck auf die anderen schwer abzuschätzen. Brauchitsch trug eine zuversichtliche Miene zur Schau, die jedoch unaufrichtig wirkte. Die Generäle der Luftwaffe hingegen, namentlich Milch und Kesselring, blickten so fröhlich drein, als warte ein Spaziergang auf sie.

Als alle abgereist waren, sprach Hitler noch eine Weile mit Göring und Schmundt. Er schien nicht mit allem zufrieden, was sich vor seinen Augen abgespielt hatte, denn er geißelte den Kleinmut seiner militärischen Führung. Dabei hatte ihm nicht ein einziger widersprochen oder eine kritische Frage gestellt.

Generaladmiral Albrecht fuhr noch an diesem Nachmittag wieder nach München zurück, von dort flog er nach Berlin. Als die Maschine aufsetzte, war es schon dunkel.

General Heinz Guderian war nicht auf den Obersalzberg geladen worden. Sein Befehl für diesen Tag lautete, sich zum Truppenübungsplatz von Groß-Born in Pommern zu begeben und dort die Reichsgrenze gegen einen polnischen Angriff zu sichern. Allerdings war sein Auftrag nicht rein defensiv: Er lautete vielmehr, Guderian solle sich darauf vorbereiten, zwischen der Zempelno und Koniz über das Flüßchen Brahe vorzugehen, um dann rasch zur Weichsel vorzustoßen und die im Korridor stehenden polnischen Verbände

abzuschneiden und zu vernichten. Als Termin für diesen Angriff war der Samstagmorgen genannt, der 26. August.
Guderian nahm diesen Befehl entgegen, ohne zu murren. Er war Soldat. Aber er wußte, daß die Stimmung in der Truppe nicht gut war. Die Leute waren ernst, und ohne den Pakt mit Rußland wären sie wahrscheinlich sogar wenig zuverlässig gewesen. Die älteren Offiziere und viele der Soldaten hatten am Weltkrieg teilgenommen. Sie wußten, was Krieg bedeutet. Zwei von seinen eigenen Söhnen standen gleichfalls im Feld.

Berlin Der protestantische Theologe und Dichter Jochen Klepper führte in diesen Augusttagen sein Tagebuch noch fleißiger als sonst. Die Kleppers hatten es nicht leicht, die Frau des Dichters war jüdischen Glaubens. Der Dichter klammerte sich an Gott. Er begann jeden Eintrag in sein Tagebuch mit einem Bibelspruch. »Verlaß mich nicht, Herr! Mein Gott, sei nicht fern von mir!« lautete das Motto an diesem Dienstag, ein Spruch aus dem Buch der Psalmen. Dann folgten die persönlichen Dinge, in diesen Augusttagen oft auch die große Politik. Danzig, der Korridor und Oberschlesien standen seit Wochen im Mittelpunkt des öffentlichen Interesses und der Medien, bemerkte Klepper. Die Art und Weise, wie die Presse jetzt die Frage der deutschen Minderheit in Polen behandelte, erinnerte ihn an das Vorjahr und die deutsche Minderheit in der Tschechoslowakei. Das hatte System und Methode, schien es ihm. Der vielbeschworene Nervenkrieg wurde zum internationalen Schlagwort.
Noch in der Nacht, zu später Stunde, hatte Klepper die sensationelle Sondermeldung vernommen. »Amtliche Bekanntgabe«, hieß es. Und weiter: »Die Reichsregierung und die Sowjetunion sind übereingekommen, einen Nichtangriffspakt miteinander abzuschließen. Der Reichsminister des Auswärtigen von Ribbentrop wird am 23. August in Moskau eintreffen, um die Verhandlungen zum Abschluß zu bringen«, verkündete das *Deutsche Nachrichten-Bureau*. Die Meldung verbreitete sich in Windeseile in der Stadt und ging wie ein Lauffeuer um die ganze Welt. In Deutschland wurde die

Neuigkeit keineswegs schlecht aufgenommen. Die Menschen in Berlin seien darüber »freudig erregt«, schrieb ein Berliner Mitarbeiter der *Frankfurter Zeitung* an die Hauptredaktion, weil sie das Gefühl hätten: »Nun gibt es keinen Krieg, und wenn doch, so ist er ungefährlich.«

Klepper hatte viele Freunde und Bekannte in fernen Ländern; doch an diesem Tag notierte er verwundert: Sie schienen die Kriegsgefahr nicht zu spüren. Der geplante Nichtangriffspakt mit der Sowjetunion erstaunte ihn; zu beruhigen vermochte er ihn nicht. »Was sind Nichtangriffspakte wert!« schrieb er. »Der mit Polen ist erst zur Hälfte abgelaufen. [...] Das am abenteuerlichsten scheinende Gerücht hat sich bestätigt; noch immer hat der Nationalsozialismus etwas ›völlig Neues‹ bereitgehalten: Nichtangriffspakt Moskau und Berlin. [...] Bewahrt uns dies vor dem Kriege, so ist's doch menschliche, ja diabolische Klugheit. [...] Die Möglichkeit, daß Friede bleibt, ist nun aufgetaucht. Allerdings auch die der polnischen Teilung.«

Der Dienstag ist »wieder ein Hochsommertag voller Glanz«. Kleppers Stimmung ist nicht gut heute; nur die Natur vermag ihn zu versöhnen. Er hat sich den Sinn bewahrt für das Strahlen dieser Sommertage, für das wunderbare Sommerlicht, die heiter belebten Ufer des Wannsees, die sanfte Waldeshöhe mit dem Turm der Kirche. Auf dem Wasser zählt er achtzehn weiße Segel, die in der Mittagssonne langsam mit dem warmen Wind über den See gleiten. Er liebt den Blick über den See mit den Seglern auf dem Wasser, die Möwen und Schwäne. Er liebt die sanfte Nachmittagssonne eines heißen Tages über den in allen Grüntönen leuchtenden Gärten. Phlox und Rosen, des Abends die sich füllende Mondsichel im weichen Gewölk der dunklen Kiefernwipfel.

Die neuesten Nachrichten stehen allesamt in heftigem Gegensatz dazu, muß er bemerken. Von Bekannten aus Schweden hat er erfahren, daß man dort noch nicht an die Unabwendbarkeit eines Krieges glaubt. Aber ihm erscheint der Friede, falls es denn tatsächlich dabei bleibt, ein Friede des Teufels, keiner von Gott. »Manche politische Kreise des Auslands scheinen doch noch sehr mit einem deutschen ›Blitzkrieg‹ gegen Polen zu rechnen, der Polen niederwirft, ehe Frankreich und England eingreifen können«, notiert Klepper.

Joachim von Ribbentrop kam oft ins Salzkammergut. Er war der Besitzer von Schloß Fuschl, das, umgeben von Tannen und Laubbäumen, auf einer Landzunge im Fuschlsee liegt. Der vormalige Besitzer war ein Herr von Raemitz gewesen – er war in einem Konzentrationslager verschwunden. Im August 1939 verbrachte Ribbentrop sehr viel Zeit in diesem Schloß, das ihm als Sommerresidenz diente.

Der Reichsaußenminister verließ den Berghof am Dienstagnachmittag. Um 16 Uhr flog er mit der »Grenzmark« vom Salzburger Flughafen Ainring nach Berlin. Es war 18 Uhr, als die Maschine in Tempelhof aufsetzte. Beamte des Auswärtigen Amtes erwarteten ihn. Sie begaben sich sogleich zur Neuen Reichskanzlei in der Voßstraße. Sein Gefolge für den Flug nach Moskau stand bereit, zweiundzwanzig Personen, darunter der juristische Berater Friedrich Gaus, der Chef des Protokolls, der riesengroße Freiherr von Doernberg, der Chefdolmetscher des Auswärtigen Amtes Dr. Paul Schmidt, Geheimrat Schnurre und Legationsrat Hanke von der Osteuropaabteilung sowie einige weitere Mitarbeiter aus dem Auswärtigen Amt.

Ribbentrop war seit gut anderthalb Jahren Außenminister. Er war in der Diplomatie ein Außenseiter, trotzdem aber als Vertrauter Hitlers rasch aufgestiegen. Auch innerhalb der Partei hatte er sich schnell durchgesetzt, wiewohl er noch immer ein gut Teil seiner Kraft den Grabenkämpfen mit den anderen Nazi-Größen widmete. Ribbentrop war Mitte Vierzig. Er war 1893 in Wesel am Niederrhein geboren. Sein Vater hatte im kaiserlichen Heer gedient. Der Sohn schloß die Schule in Metz mit der Obersekundareife ab. 1908 zog die Familie in die Schweiz. Die folgenden Jahre verbrachte der junge Ribbentrop in England und Kanada, wo er verschiedene Berufe ausübte, vor allem im Außenhandel. Bei Kriegsausbruch meldete er sich freiwillig zu den Torgauer Husaren. Es folgte ein langer Fronteinsatz. 1918 diente Ribbentrop für kurze Zeit dem Bevollmächtigten des preußischen Kriegsministeriums in Konstantinopel. Nach 1918 kehrte Ribbentrop ins Importgeschäft zurück. Damals kam er mit Otto Henkell zusammen, dem Besitzer der gleichnamigen Sektkellerei. Ribbentrop heiratete Henkells Tochter und leitete bis 1924 die Niederlassung der Firma in Berlin, bevor er Teilhaber und schließlich Eigentümer wurde. Im Jahr darauf adoptierte ihn seine Tante, Gertrud von Ribbentrop; er zahlte ihr dafür, bis zu ihrem Tod im Jahr 1940, eine monatliche Rente von 450 Reichsmark. Seither war Ribbentrop adlig.

Durch seine Heirat war Ribbentrop wohlhabend geworden. Er reiste viel umher, hatte Freunde in den Hauptstädten Europas und beherrschte mehrere Fremdsprachen. Hitler war davon beeindruckt, diese Art von Weltgewandtheit gefiel ihm. Er fühlte sich geschmeichelt von der Aufmerksamkeit, die Ribbentrop und seine Gattin ihm schenkten. Sie unterhielt sich mit ihm über Landschaftsmalerei und schien seinen Monologen mit größtem Vergnügen zu lauschen. Als Reichskanzler hatte er Ribbentrop in seinem Dahlemer Haushalt nicht vergessen. Was Wunder, erschien Ribbentrop doch beständig in den Vorzimmern der Reichskanzlei. Er verstand es, Hitlers Gedanken aufzunehmen und sie im richtigen Augenblick als seine eigenen auszusprechen. Hitler war angetan von ihm.

Ribbentrop gehörte seit Mai 1932 der Partei an und baute sich bald eine eigene Dienststelle auf, die sich mit Außenpolitik beschäftigte. Sie hatte ihren Sitz in der Wilhelmstraße, gegenüber dem Auswärtigen Amt, in dem Konstantin von Neurath als Außenminister amtierte. In seiner Dienststelle hatte sich Ribbentrop mit ein paar jungen Leuten umgeben: Ex-Journalisten, enttäuschten Geschäftsleuten und ehrgeizigen Jungen, die ein paar Jahre zuvor noch der Hitlerjugend angehört hatten. Schon bevor er in den Auswärtigen Dienst eintrat, wurde Ribbentrop von Hitler einmal in offiziellem Auftrag nach England entsandt. Bei seiner Rückkehr versicherte er Hitler, alle Klassen der englischen Gesellschaft – Parlamentarier, Journalisten, Geschäftsleute, aber auch der Mann auf der Straße – wünschten sich eine enge Zusammenarbeit mit Deutschland. Daraufhin wurden die Gelder für die »Dienststelle Ribbentrop« aufgestockt.

1936 ernannte Hitler Ribbentrop zum Botschafter in London, wo dieser jedoch wegen seines Hochmuts einen denkbar schlechten Eindruck hinterließ. 1938 machte Hitler ihn zum Außenminister. Der Völkerbundskommissar in Danzig, Burckhardt, hielt dies für »einen Akt des Zorns gegen die deutsche Nation«. Ihm erschien Ribbentrop gefährlich, für einen Diplomaten allzu arrogant und mittelmäßig. Tatsächlich war eine freundliche Bemerkung über den Außenminister kaum zu hören, weder in Berlin noch anderswo. Die Frau des italienischen Botschafters in Paris, Elisabeth Cerruti, sagte von ihm, er sei einer der unterhaltsamsten Männer unter all den deutschen höheren Amtsträgern – um gleich hinzuzufügen, nur in Nazi-Deutschland könne ein Mann von seiner Oberflächlichkeit ein so hohes Amt einnehmen.

Ribbentrop führte nun das Auswärtige Amt ganz in seinem Geiste. Was er bei seinen Mitarbeitern am meisten schätzte, war bedingungslose Loyalität. Einen Rat wollte er nicht einmal von sehr erfahrenen Beamten annehmen. Einer seiner Mitarbeiter schlich durch die Gänge des Auswärtigen Amtes und pöbelte die Beamten an, die kein Parteiabzeichen am Rock trugen.

Für den diplomatischen Dienst entwarf Ribbentrop, zusammen mit seiner Frau und dem Bühnenbildner Benno von Arent, eine eigene Uniform. Sie bestand aus einem dunkelblauen Anzug mit goldenen Knöpfen, silbernen Fangschnüren, Ärmelstreifen, mit Feldbinde und Dolch und konnte ihr Vorbild, die Kaiserliche Marine, nicht verleugnen. Bei Empfängen konnte es passieren, daß Gäste die deutschen Diplomaten versehentlich für livrierte Diener hielten.

Fremde Gesandte empfing Ribbentrop gern in Uniform. Dann posierte er vor ihnen unter Lenbachs berühmten Bismarck-Porträt in seinem großen Arbeitszimmer und gefiel sich darin, sich in einer politischen Tour d'horizon zu ergehen. Auf die allermeisten seiner Besucher machte er einen kalten, anmaßenden Eindruck. Selbst enge Parteigenossen wie Goebbels haßten Ribbentrop. Der Propagandaminister nannte ihn Hitlers bösen Geist. Er hielt ihn für den Hauptvertreter einer Clique, die Hitler zum Krieg ermunterte. Auch fremden Staatsmännern war Ribbentrop verhaßt, obschon sie es nicht laut äußern konnten. Mussolini sagte über ihn, man müsse nur seinen Schädel betrachten, um zu bemerken, wie wenig Hirn darin stecke.

Wenn Diplomaten in ihren Berichten etwas schrieben, was Hitler nach Meinung Ribbentrops nicht wissen sollte, dann verheimlichte er ihm dies. Allerdings war Hitler auf derlei Berichte auch keineswegs erpicht: Er mochte die »ledernen Gesandtschaftsberichte«, wie er sie nannte, nicht, sie interessierten ihn herzlich wenig. Die Diplomaten mit ihren »altjüngferlichen Methoden« gingen ihm auf die Nerven. Für das herkömmliche Auswärtige Amt empfand Hitler nichts als Verachtung. In seinen Augen war es von Wichtigtuern bevölkert. Dort ersticke man in Bürokratie und Formalismus, ihm erschien es wie ein »Schuttplatz der Intelligenz«. Er habe diese Weihnächtsmänner in der Wilhelmstraße wissen lassen, sagte er einmal, mit ihrer Berichtstätigkeit könne man in ruhigen Zeiten weiterschlafen, aber kein neues Reich schaffen.

Der Reichsaußenminister hatte einen guten Draht zur Japanischen Botschaft in Berlin. Schließlich war das Kaiserreich mit Deutschland verbündet. Auch seine Beziehungen zum japanischen Botschafter waren gut. Hiroshi Oshima, ein kleiner, dicklicher Herr mit sehr deutschfreundlicher Einstellung, war der Sohn eines japanischen Kriegsministers. Er selbst hatte das Kriegerhandwerk von deutschen Militärs in Japan und in Ludwigsburg erlernt und es in der japanischen Armee bis zum Generalmajor gebracht. Oshima hatte seinem Land zunächst als Militärattaché in Berlin gedient, nun war er selbst Botschafter. Er galt als Bewunderer Ribbentrops. Oshima liebte Deutschland und alles Deutsche, auch den Wein und das Kirschwasser.

Zwischen Ribbentrops früherer Dienststelle und der Japanischen Botschaft hatten lange Zeit Kontakte bestanden, die in ihrer Formlosigkeit dem Freiherrn von Weizsäcker nicht gefielen. Dieser vertrat das Auswärtige Amt, wo man in solchen Dingen einfach strenger dachte. Weizsäcker hatte beobachtet, daß Mitarbeiter Ribbentrops nicht selten zwanglos zur Japanischen Botschaft hinübergeschlendert waren, um dort Nachrichten abzuliefern oder entgegenzunehmen.

Ribbentrop hätte gern mit Oshima gesprochen an diesem Tag, aber er hatte einfach zu wenig Zeit, er mußte sich noch auf die Reise nach Moskau vorbereiten und wollte noch am gleichen Abend nach Königsberg fliegen. Darum beauftragte er Staatssekretär von Weizsäcker, die Japanische Botschaft rasch über den bevorstehenden Pakt mit Stalin in Kenntnis zu setzen.

Botschafter Oshima erschien zu mitternächtlicher Stunde in Weizsäckers Wohnung. Was der Japaner kurz zuvor vernommen hatte, verstörte ihn zutiefst. Natürlich hatte es ihn auch tief getroffen, daß er

die Meldung über den Rundfunk und nicht aus dem Mund des Außenministers erfuhr, mit dem er sich doch auf so vertrautem Fuß wähnte. Als Oshima bei Weizsäcker eintraf, wirkte sein Gesicht ganz grau und wie versteinert. Die Meldung mußte ihn hart getroffen haben. Dennoch versuchte er, ganz Offizier und Japaner, nach außen hin Haltung zu bewahren. Es gelang ihm nicht. Oshima war ein tapferer Mann, aber jetzt machte er auf Weizsäcker den Eindruck, daß er von viel feinerem Empfinden war, als dieser bislang geahnt hatte. Der Japaner empfand es als Wortbruch, nicht informiert worden zu sein; er fühlte sich tief gedemütigt und grenzenlos hintergangen. Es schmerzte ihn ganz besonders, sagte er zu Weizsäcker, daß er diese Wendung der deutschen Politik nicht vorausgesehen habe – damit habe er seinen Pflichten als Botschafer nicht genügt.
Noch am selben Dienstagabend erbat Oshima vom Gaimusho, dem Außenministerium in Tokio, seine Abberufung.

Warschau In Warschau erfuhr man aus den Morgenzeitungen vom Moskauer Besuch des deutschen Außenministers. Die Reaktion darauf war unterschiedlich, aber keineswegs schwarzseherisch. Der Korrespondent der *Neuen Zürcher Zeitung* in der polnischen Hauptstadt meinte sogar, die Nachricht sei nirgendwo mit größerem Gleichmut, vielleicht sogar mit Gleichgültigkeit aufgenommen worden. Die polnische Telegrafenagentur wollte wissen, daß die Ankündigung dieses Pakts in den politischen Kreisen Polens keinen großen Eindruck hinterlassen habe. Der Vertrag, hörte man, bewirke doch im Grunde keine Änderung des Gleichgewichts in Europa. Auch Außenminister Beck war nicht sonderlich bestürzt. Ähnlich war auch die Reaktion in weiten Teilen der polnischen Bevölkerung. Jetzt wird Deutschland mit der Sowjetunion die gleichen Schwierigkeiten haben wie wir bislang, hieß es. Der Pakt werde Hitlers Ideologie gleichsam verdünnen und somit auch den Antikominternpakt belasten. Und auch die Sowjets würden Schwierigkeiten bekommen, ihrer Bevölkerung den Pakt mit den Nazis zu erklären.
Die Politiker räumten allerdings ein, von dieser Entwicklung überrascht worden zu sein. Große Folgen sahen sie allerdings nicht vor-

aus. Als der französische Botschafter in Warschau, Léon Noël, von Beck wissen wollte, ob er nicht als Folge dieses Vertrages ein Zusammengehen seiner beiden großen Erbfeinde befürchte, schüttelte Beck den Kopf. Das halte er für ausgeschlossen, die Sowjetunion werde nichts unternehmen, was sie dem Deutschen Reich räumlich näherbringen würde. Materiell habe sich doch eigentlich nichts geändert, sagte er zu Noël. Er könne nicht glauben, daß sich die Sowjetunion an einem militärischen Konflikt beteiligen werde. Gleichwohl vermeinte Noël so etwas wie Unruhe bei Beck zu spüren, zumal Beck dann sogar geradeheraus sagte, er hoffe sehr, dieser Vertrag werde den Deutschen viel Ärger bescheren: zum einen mit ihrer Bevölkerung, die nun nach langer faschistischer Indoktrination plötzlich einen solchen ideologischen Schwenk vollziehen müsse, zum anderen auch mit den Japanern, die man soeben noch genötigt habe, dem Antikominterpakt beizutreten.
In den politischen Kreisen Warschaus lehnte man es erst einmal ab, das Ereignis zu kommentieren. Man wollte abwarten, wie England und Frankreich dazu stehen. War es denn schon sicher, daß der Kreml mit Hitler tatsächlich gleich einen Vertrag machte? Vielleicht würde es zu langen, ergebnislosen Verhandlungen kommen.
Die polnische Presse brachte an diesem Tag nicht eine einzige Meldung, die man als antideutsch hätte bewerten können. Dafür berichtete sie ausgiebig über die Reaktion in den anderen europäischen Hauptstädten, vor allem aus London und Paris, auch darüber, daß London fassungslos sei.

Fernab von der Hauptstadt Warschau, an der Grenze zu Deutschland, ereignete sich an diesem Nachmittag ein Zwischenfall. Drei deutsche Soldaten, so berichteten polnische Grenzer, hätten bei Kluczno die Grenze überschritten und sich ungefähr hundert Meter weit auf polnisches Gebiet begeben. Dort sollen sie sich bei dem Besitzer einer Mühle erkundigt haben, ob er deutsche Deserteure gesehen habe. Eine polnische Patrouille habe die Soldaten bemerkt und sie zum Verlassen des polnischen Hoheitsgebiets aufgefordert. Daraufhin hätten die Deutschen zu schießen begonnen. In dem folgenden Schußwechsel sei ein deutscher Soldat leicht verwundet worden. Schließlich hätten sich die Deutschen zurückgezogen.

Ostmitteleuropa In Budapest wie auch den anderen Metropolen auf dem Balkan gingen laufend Berichte ein, die sich mit dem Eindruck beschäftigten, den die bevorstehende Reise Ribbentrops in der Öffentlichkeit machte. Hier war die Nachricht eine Sensation. In den Ländern an der Donau bewertete man die Unterzeichnung eines deutsch-sowjetischen Nichtangriffspakts als Zusammenbruch der Verteidigungsfront, die Frankreich in der Zwischenkriegszeit in Osteuropa aufgebaut hatte. Die Hauptsorge galt jetzt der Frage, ob die Westmächte ihre Garantie der Integrität und Unabhängigkeit Polens überhaupt praktisch durchsetzen konnten. Wie sollte dies geschehen? Wie wollten sie einem von Deutschland angegriffenenen Polen tatsächlich zu Hilfe kommen?
In Belgrad sprach die halbamtliche Tageszeitung *Politika* von einer vollkommen neuen Lage, die sich nun in Europa abzeichne. Und aus der Slowakei, die sich seit ihrer Loslösung vom tschechischen Teil im Frühjahr 1939 sehr freundlich an Hitlers Staat anlehnte, war zu vernehmen, daß der dortige Stellvertretende Ministerpräsident, Professor Tuka, dem Vertreter von *United Press* mitgeteilt habe, sein Land werde nun bald versuchen, auf friedlichem Weg die Rückgabe der von Polen besetzten Gebiete mit slowakischer Bevölkerung zu erreichen.
Die bulgarische Regierung nahm die jüngste Entwicklung in der internationalen Politik zum Anlaß, ihren Gesandten in Berlin anzuweisen, den Leiter der Politischen Abteilung des Auswärtigen Amtes, Ernst Woermann, aufzusuchen, und ihm zu berichten, Diplomaten aus Frankreich und Großbritannien versicherten allerorten, falls Deutschland Polen angreife, werde dieser Konflikt nicht lokal begrenzt bleiben. Woermann versicherte dem Bulgaren kühl, dies entspreche nicht der deutschen Auffassung.

Danzig An diesem Dienstag erklärte Danzigs Gauleiter Forster, er werde sich am morgigen Tag zum Staatsoberhaupt von Danzig ausrufen. Er nahm dies zum Anlaß, den Vertreter des Völkerbunds, Professor Burckhardt, zu einem feierlichen Essen ins Rathaus einzuladen. Burckhardt lehnte die Einladung ab; als Vertreter des Völkerbunds könne er unmöglich einer solchen Rechtsverletzung beiwohnen. Außerdem hatte der amerikanische Generalkonsul in Danzig, Kuykendall, den Burckhardt als Mann von Geist und Entschlußkraft schätzte, ihn zur gleichen Zeit in sein Generalkonsulat gebeten, und Burckhardt hatte zugesagt.

In Danzig und im benachbarten Ostpreußen ging indessen der militärische Aufmarsch weiter. Allerdings schien er jetzt kurz vor dem Abschluß zu stehen, zumindest waren von der Bahnlinie aus nur noch vereinzelte Transporte zu beobachten. Innerhalb Ostpreußens waren in den letzten Tagen umfangreiche Truppenverschiebungen erfolgt, so daß der zivile Verkehr zeitweise fast lahmgelegt war. Ostpreußen befand sich in einem Zustand vollkommener Mobilisierung, Königsberg glich einem Heerlager: Infanterie, Artillerie und Wagen der Stäbe beherrschten das Stadtbild.

Es waren keineswegs nur örtliche oder regionale Einheiten, die hier im Nordosten versammelt waren. In Danzig fiel auf, daß zahlreiche Soldaten süddeutsche Dialekte sprachen. In der Stadt selbst war sehr viel Heimwehr anzutreffen. Und hier war etwas Ähnliches zu bemerken: Nur ein kleiner Teil der Heimwehr-Automobile trug Danziger Kennzeichen, häufiger hatten sie entweder überhaupt keine oder deutsche Nummernschilder. In der Umgebung Danzigs wurde heftig geschossen, das war in der Stadt deutlich zu hören.

Die Stimmung in der Bevölkerung war nicht einheitlich. Parteikreise waren begeistert, während die große Masse eher gleichgültig blieb. Eine mit den politischen Verhältnissen gut vertraute Persönlichkeit meinte, falls man in Danzig darüber abstimmen sollte, ob die Stadt sich dem Deutschen Reich anschließen oder selbständig bleiben solle, würde sich ohne Zweifel eine Mehrheit für die Unabhängigkeit ergeben. Würde die Frage aber lauten, ob Danzig deutsch oder polnisch werden solle, dann gäbe es eine große Mehrheit für Deutschland. Aus den Gesprächen mit führenden Parteileuten gewann man den Eindruck, daß der Anschluß Danzigs an das Deutsche Reich unmittelbar bevorstand.

Die in Danzig tätige Gestapo war sehr fleißig in diesen Tagen: Sie verhaftete zahlreiche Danziger Polen, darunter fünf Mitglieder des Direktoriumskomitees der polnischen Eisenbahner und ihren Präsidenten. Die Gründe der Verhaftung waren nicht bekannt.

Im Auswärtigen Amt in Berlin verfügte an diesem Tag Legationsrat Bergmann von der Politischen Abteilung, daß in wenigen Tagen nicht der Kreuzer »Königsberg« nach Danzig entsendet werden sollte, sondern statt dessen die »Schleswig-Holstein«. Er nannte auch den Grund für diese Änderung: Die »Schleswig-Holstein« verfüge über 28-cm-Geschütze, mit denen sie von ihrem Liegeplatz im Danziger Hafen die Halbinsel Hela bestreichen könne.
An diesem Nachmittag flog das deutsche Verkehrsflugzeug »Von Bieberstein« mit 17 Personen an Bord von Berlin-Tempelhof nach Danzig, um von dort aus nach Königsberg weiterzufliegen. Die Maschine wurde um 14.28 Uhr – laut amtlichen deutschen Angaben befand sie sich außerhalb polnischen Hoheitsgebiets – in der Nähe der Danziger Grenze von polnischer Flakartillerie beschossen. Ähnliches wurde von einem dreimotorigen Großflugzeug der Lufthansa berichtet, das an diesem Nachmittag auf seinem Flug von Danzig nach Berlin zwanzig Kilometer vor der Küste, in 1500 Meter Höhe über der Ostsee von polnischen Küstenbatterien und einem Kriegsschiff beschossen wurde.

Wenige Kilometer nördlich von Danzig liegt das Seebad Zoppot, das zu Danzig gehörte. In den zurückliegenden Jahren hatte es hier nicht an polnischen und englischen Badegästen gefehlt. Zoppot konnte jährlich mit mehr als 18 000 Sommergästen rechnen – nicht jedoch 1939. Noch im Vorjahr waren 56 Touristendampfer aus England herübergekommen – jetzt blieben sie aus. Auch die jüdischen Gäste aus Polen wollten nicht mehr kommen, seit Danzig in die antisemitische Propaganda des Reiches einstimmte.
In Zoppot begann an diesem Dienstag der Deutsche Juristentag. Danzigs Gauleiter Forster hielt zum Empfang der Gäste eine kleine Rede. Neben ihm waren der Reichsführer des NS-Juristenbundes Hans Frank und Reichsminister Arthur Seyss-Inquart anwesend, ferner Reichsleiter Philipp Bouler und der Gauleiter und Führer der Auslandsorganisation der NSDAP Ernst Wilhelm Bohle. Außerdem natürlich zahllose Juristen aus dem Deutschen Reich. Für Gauleiter Forster war es ein erhebender Augenblick, den Versammelten zu sagen: »Sie sind hierhergekommen im Augenblick, da der Freistaat Danzig sich seinem Ende nähert.«

Das Aufgehen Danzigs im Reich bedeutete einen schweren Rechtsbruch, eine Verletzung des Versailler Vertrags. Weder die Siegermächte des Weltkriegs noch die Republik Polen oder der Völkerbund waren zuvor konsultiert worden. Burckhardt war mit Recht empört und besorgt, als er an diesem Tag den britischen Generalkonsul in Danzig, F. Shepherd, davon in Kenntnis setzte. Er berichtete ihm zugleich von einem Gespräch, das er mit Staatssekretär von Weizsäcker geführt hatte. Weizsäcker habe dem Schweizer bei dieser Gelegenheit anvertraut, die Briten müßten, wenn sie einen Krieg noch verhindern wollten, unbedingt einen erfahrenen Militär zu Hitler schicken, vielleicht General Ironside, nur davon lasse Hitler sich beeindrucken. Burckhardt wollte diese Anregung an das Auswärtige Amt weitergeben, sobald Ribbentrop seine Reise angetreten hatte.

Rom Berlin und Rom waren Verbündete. Diese Entwicklung war neueren Datums. Hitler hatte sein Amt zwar 1933 mit dem festen Wunsch angetreten, die Freundschaft Italiens zu suchen, aber Benito Mussolini war anfangs voller Abwehr. Italien gehörte, anders als Deutschland, zu den Siegermächten des Weltkriegs, war aber mit dem neuen Status nicht weniger unzufrieden als Deutschland. Es suchte gleichfalls die territoriale Ausdehnung. Dieser Wunsch führte die beiden Staaten zusammen: Seit 1936 bestand die Achse Berlin-Rom, seit Mai 1939 der Stahlpakt.

In den diplomatischen Kreisen Roms herrschte heute großes Rätselraten. Wie weit würden die Deutschen gehen, wie die Polen reagieren? Beschäftigte des Vatikanstaats, die soeben aus der Schweiz zurückgekehrt waren, berichteten, sie hätten dort vernommen, Deutschland verlange die Rückkehr Danzigs ins Reich, und zwar noch in diesem Monat. Wenn Polen dies nicht hinnehmen wolle, werde Deutschland es angreifen und binnen einer Woche erledigen. Die Westmächte hätten überhaupt keine Möglichkeit einzugreifen. Dem deutschen Botschafter beim Heiligen Stuhl, Diego von Bergen, war aus diplomatischen Zirkeln zu Ohren gekommen, Polen sei davon überzeugt, es könne auf die Hilfe Frankreichs und Eng-

lands bauen, wie umgekehrt auch Polen seinen Verbündeten in einem solchen Fall beistehen würde.
Der italienische Außenminister Graf Ciano war mit der Tochter des Duce, Edda Mussolini, verheiratet. Sein Vater war ein Held des Ersten Weltkriegs und dafür vom König geadelt worden. Ciano war ein junger Mann, Jahrgang 1903. Als Mussolini den Marsch auf Rom unternahm, war er gerade 19 Jahre alt. Er ging in den Diplomatischen Dienst. Ciano war ein Bewunderer des Duce und des Faschismus. Er liebte Glanz und Glamour, Faschismus bedeutete für ihn Abenteuer und Romantik, Heroismus und unverbindliche Todessehnsucht. Ciano war ein wacher Geist und eine attraktive Erscheinung. Nach Stationen in Argentinien und China trat er ins Ministerium für Presse und Propaganda ein. Mit 32 Jahren war er Außenminister. Für einen Diplomaten, und noch dazu für den leitenden Außenpolitiker eines Staates, hatte er jedoch einen entscheidenden Fehler: Er konnte den Mund nicht halten. Allerdings war dies eine Schwäche, die sich nicht auf Italiens obersten Diplomaten beschränkte.
Als Ciano 1936 das Außenministerium übernahm, bestanden dort wenig faschistische Neigungen. Ciano rühmte sich bald, er habe den Palazzo Chigi zu dem am stärksten faschistisch geprägten Ministerium gemacht. Ciano ernannte einen Rat von jungen Leuten, sein Gabinetto, und ließ sich die Fäden nicht mehr aus der Hand nehmen. Er engte die Machtbefugnisse der traditionellen Diplomaten ein. Unter ihm reisten erstmals neuernannte Botschafter auf ihre Posten, die er zuvor nur mit äußerst kurzen Instruktionen abgefertigt hatte. Die Berichte seiner Diplomaten lasen sich fortan mehr wie Schilderungen von Schlachten. Als Ciano erfuhr, daß der griechische Militärattaché in Budapest sich über die militärischen Qualitäten Italiens abfällig geäußert habe, drohte er Griechenland mit dem Abbruch der diplomatischen Beziehungen. Dabei hatten die großen Manöver, die Italien Anfang August in der Po-Ebene durchführte, diese Einschätzung eben erst bestätigt: Die oberste Heeresleitung hatte die Einsatzgeschwindigkeit und den Gefechtswert ihrer Verbände geprüft und war mit dem Ergebnis sehr unzufrieden.
In der Faschistischen Partei Italiens war Ciano nicht beliebt, er galt als eitel, arrogant und oberflächlich. Die alten Kämpfer hielten ihn für eine Fehlbesetzung, für einen verwöhnten Jungen ohne Kriegserfah-

rung. Ein Kriegstreiber war Ciano nicht – zumindest nicht dann, wenn es ans Stechen ging, davor schreckte er zurück. Nach einer Begegnung mit Ribbentrop Mitte August, als Ribbentrop ihm mit Blick auf einen gemeinsamen Krieg erstmals reinen Wein einschenkte, war Ciano schockiert. Es traf ihn wie ein Faustschlag, als Ribbentrop unverhüllt drohte, den 1934 auf zehn Jahre geschlossenen, inzwischen gekündigten Nichtangriffspakt mit Polen zu brechen. Sogleich beschwor er den Duce, vor den Deutschen auf der Hut zu sein. Cianos Schwager, Massimo Magistrati, ein Diplomat an der Italienischen Botschaft in Berlin, teilte seine Bedenken. Und auch Italiens Botschafter Bernardo Attolico wünschte, was die Freundschaft mit Deutschland anbetraf, viel mehr Zurückhaltung.

Noch argwöhnischer wurde Ciano, als er nun plötzlich von Ribbentrops Moskauer Reise erfuhr. Über seine Moskauer Kontakte hatte sich sein deutscher Kollege ihm gegenüber bislang ausgeschwiegen. Einzig und allein über die Italienische Botschaft in Moskau war ein wenig zu Ciano durchgesickert: Schulenburg hatte seinem italienischen Kollegen, ohne dazu ermächtigt zu sein, einige Andeutungen gemacht.

Als an diesem Dienstagabend zu später Stunde, um 22.30 Uhr, Ribbentrop aus Königsberg anrief, war Ciano bestürzt. Ribbentrop schlug wegen seiner Reise nach Moskau vor, ihre nächste Begegnung um einige Tage zu verschieben, und er wollte Ciano lieber in Innsbruck treffen als am Brenner. Ciano war wie vor den Kopf geschlagen. Seine Bestürzung nahm nicht ab, nachdem er mit seinem Schwiegervater gesprochen hatte, der ihm gleichfalls versicherte, dieser Pakt sei ein Meisterstück der Diplomatie.

Paris Der französische Außenminister Georges Bonnet hatte am Montagabend nach 21 Uhr keine Nachrichten mehr gehört. Er erfuhr von Ribbentrops Moskaureise erst am Dienstagmorgen aus der Zeitung. Zunächst hatte er Zweifel an der Richtigkeit der Meldung, die jedoch verflogen, als er sah, daß die Nachrichtenagentur *Reuter* sie übernommen hatte. Das sah nicht nach einer Ente aus. Trotzdem rief er sogleich den französischen Botschafter in Moskau,

Émile Naggiar, an, um sich zu vergewissern. Bonnet ärgerte sich, daß die Sowjets noch in den Tagen zuvor mit der französisch-britischen Militärdelegation verhandelt hatten, ohne ein Wörtchen über ihre Kontakte mit Berlin zu verlieren.

Die französischen Zeitungen berichteten mit großem Entsetzen über den Coup der Deutschen. Lediglich die kommunistische Tageszeitung *L'Humanité* wie auch die linkssozialistische *Populaire* brachten die Nachricht auf der zweiten Seite, an versteckter Stelle. Sie beschränkten sich auf die Wiedergabe des Kommuniqués des *Deutschen Nachrichten-Bureaus*. Die Information sei mit Vorbehalt aufzunehmen, meinten sie. Auch in den politischen Kreisen der französischen Hauptstadt hieß es, es sei ratsam, abzuwarten, bis man mehr wisse, ehe man die Tragweite eines möglichen Nichtangriffsvertrags wirklich beurteilen könne.

Der französische Kriegsminister ließ es sich trotzdem nicht nehmen, schon jetzt Mannschaften und Offiziere aus dem Urlaub in die Kasernen zurückzurufen. Gamelin befahl im Lauf des Tages Maßnahmen, wie sie auch schon 1938 zur Zeit der Tschechenkrise angeordnet worden waren. Die französische Armee, hieß es nun, müsse sogleich durch neue Einberufungen binnen kürzester Zeit auf eine Gesamtstärke von 1,5 Millionen Mann angehoben werden.

Der französische Ministerpräsident Édouard Daladier hatte für den späten Vormittag eine Verabredung getroffen, die er unmöglich absagen konnte: Er hatte die Mutter des amerikanischen Präsidenten zu einem formellen *déjeuner* eingeladen. Danach war er mit Botschafter Bullitt verabredet. Diese Unterredung verlief sehr anregend; es ging dabei vor allem um die Sowjetunion. Bullitt machte aus seinem Herzen keine Mördergrube. Die Russen verdienten nicht das geringste Vertrauen, wütete er, noch bevor man am Tisch Platz genommen hatte, sie seien Lügner und Heuchler.

William Bullitt kannte die Sowjetunion seit langem, Präsident Woodrow Wilson hatte ihn 1919 als jungen Mann vom Konferenztisch in Versailles aus nach Moskau geschickt, um mit Lenin zu verhandeln. 1933 war er als erster amerikanischer Botschafter in die Sowjetunion gegangen. Insgesamt war Bullitt enttäuscht von den Sowjets; die Beziehungen zu den USA hatten sich seither nicht sonderlich gut entwickelt.

Sein Gastgeber sorgte sich vor allem um die Pläne der Deutschen. Daladier stammte aus der Provençe, er sprach den Singsang der Provençalen. Das verlieh seinen Worten wie seinem Auftreten große Ruhe – eine Ausstrahlung, die er auch in Krisenzeiten nicht verlor. Man sagte ihm nach, daß er politisch durchaus ein starker Mann sei. Hitler spielte nur auf sein Äußeres an, wenn er ihn herablassend den »kleinen Bäckermeister« nannte. Jetzt wollte Bullitt, mit einem Ton der Verzweiflung in der Stimme, von Daladier wissen, was Präsident Roosevelt tun könne, um den Frieden zu retten. Daladier meinte, eine von ihm einberufene Konferenz könne die Lage vielleicht noch entspannen.

Außenminister Bonnet hatte an diesem Nachmittag ein Gespräch mit dem polnischen Botschafter. Jetzt sei es vordringlich, nach außen hin Ruhe zu bewahren, sagte Bonnet, und genau dies wolle er in der Öffentlichkeit zeigen. Er sagte Lukasiewicz zu, umgehend mit Molotow zu sprechen, weil er sich davon eine Klarstellung und weitere Informationen versprach. Nein, pessimistisch sei er deswegen nicht, meinte er; er denke nicht einmal, daß die Militärverhandlungen mit den Sowjets deswegen zwangsläufig abgebrochen werden müßten. Bonnet wußte, daß dies auch die Auffassung in London war.

Das französische Kabinett trat um 17 Uhr zu einer Sondersitzung zusammen. Daladier wollte die Ministerrunde über die jüngste Entwicklung unterrichten. Bei dieser Gelegenheit hob er hervor, daß Polen sich bislang geweigert hatte, den sowjetischen Truppen den Durchmarsch zu erlauben. Wie also sollte die Sowjetunion den Polen im Falle eines deutschen Angriffs beistehen?

An diesem Abend telegrafierte Bullitt die Auffassung Daladiers nach Washington, daß Hitler binnen der nächsten acht Tage Polen angreifen werde, wahrscheinlich schon am kommenden Wochenende. Daladier habe ihn eigens gebeten, hinzuzufügen, er denke, auch Japan werde sich an einem allgemeinen Krieg in Europa beteiligen. Daladier hoffe nun, daß Roosevelt eine Erklärung abgeben könne, in der er an die Vernunft und den Friedenswillen der Völker appelliere.

Winston Churchill machte an diesem Tag auf der Heimreise nach England in Paris Station. Churchill war knapp 65 Jahre alt und hatte bereits eine bedeutende politische Karriere hinter sich: Als junger Reporter hatte er über den Burenkrieg berichtet. Zwischen 1904 und 1914 bekleidete er eine Reihe von Ministerämtern: Er war Wirtschaftsminister, Innenminister, Lord der Admiralität. In den Jahren nach dem Weltkrieg nahm er erneut die verschiedensten Ministerposten ein. Er war von den Konservativen zu den Liberalen und wieder zu den Konservativen zurückgewechselt. Jetzt stand er in Opposition zu seinem Premierminister, Chamberlain, der ihm Hitler gegenüber als allzu nachsichtig erschien.

Die erste Augusthälfte hatte Churchill noch auf seinem Landgut Chartwell verbracht und dort, an der Seite einiger Mitarbeiter, an seiner Geschichte der englischsprachigen Völker gearbeitet. Als er erfuhr, Chamberlain habe das Parlament gleich für zwei ganze Monate in die Ferien geschickt, bis Anfang Oktober, tobte er. Am 8. August hielt er eine Rundfunkrede, die er mit deftiger Ironie gegen den Premier würzte. Wenn Hitler den Krieg nicht beginne, endete die Ansprache, dann werde es keinen geben, denn außer ihm wolle niemand den Krieg.

Am 14. August fuhr Churchill zusammen mit seinem Freund Louis Spears nach Frankreich. Er folgte damit einer Einladung, die Gamelin persönlich ausgesprochen hatte. Churchill wollte sich an Ort und Stelle von der Stärke der Maginot-Linie überzeugen. Benannt war dieses Verteidigungswerk nach dem französischen Kriegsminister André Maginot. Frankreich hatte es seit den zwanziger Jahren geplant, ein Ausdruck seines tiefempfundenen Sicherheitsbedürfnisses. Die Maginot-Linie zog sich von der Schweizer Grenze im Süden bis hinauf nach Luxemburg und Belgien, mit den stärksten Anlagen in der Gegend von Metz. Die Franzosen wollten ihre Gäste auch durch Teile der Anlage führen, die sie noch niemals einem Fremden gezeigt hatten.

Die Besichtigung begann an der Rheingrenze im Süden. Churchill sah, daß die Behelfsbrücken über den Rhein abgerissen waren; die dauerhaften Brücken waren schwer bewacht und bereits vermint, so daß man sie jederzeit in die Luft jagen konnte. Der Rhein war angeschwollen von den Schmelzwassern aus den Alpenflüssen, er führte Hochwasser. Kanus glitten an ihnen vorüber, mit kräftigen jungen Kerlen darin, die tüchtig paddelten. Auf der anderen Seite des

Stroms sahen sie deutsche Arbeiter, die mit Pickel und Schaufel hantierten.

Als ein Offizier, der sie führte, von der Maginot-Linie in höchsten Tönen zu schwärmen begann, schnitt Churchill Grimassen. Die Maginot-Linie sollte der Verteidigung Frankreichs dienen – aber wenn die Deutschen in Polen einfielen, mußte Frankreich Deutschland angreifen, wenn es seinen Bündnisverpflichtungen nachkommen wollte. Nicht Verteidigung, Angriff war die Devise. Außerdem reichte die Maginot-Linie gerade bis zur belgischen Grenze. 1914 hatten die Deutschen die belgische Neutralität nicht respektiert, sie waren durch Belgien nach Nordfrankreich vorgestoßen. Würden sie die belgische Integrität diesmal achten?

Nach dieser Besichtigungstour verbrachte Churchill noch ein paar lichterfüllte Tage im Süden Frankreichs, bei Madame Balsan, in einem alten Schloß am Fuß der Pyrenäen, wo schon Heinrich von Navarra genächtigt hatte. Es waren schöne Tage, wenngleich die Menschen um ihn herum von Sorge erfüllt waren. Die Furcht vor einem Krieg war überall zu spüren. Churchill sichtete die vielen Briefe, die während seiner Abwesenheit von England herübergekommen waren, Briefe von ganz gewöhnlichen Leuten, die ihn baten, er möge unbedingt in die Regierung eintreten.

Am Tag vor seiner Rückreise kam der Maler Paul Maze zu Besuch, und die beiden malten im Freien. Während sie vor ihren Staffeleien standen, dachte Churchill von Zeit zu Zeit laut über Dinge nach, die ihn bewegten, vor allem über die Größe der Armeen. Plötzlich wandte er sich seinem Freund zu und sagte, dies sei das letzte Bild, das sie in Friedenszeiten malten.

In Paris traf Churchill auf seinem Weg nach England mit General Joseph Georges zusammen, dem Oberkommandierenden der Streitkräfte an der Front im Nordosten Frankreichs. Der General war der Meinung, Hitler habe von dem im Münchner Abkommen gewährten Aufschub gewaltig profitiert und die Zeit zur Aufrüstung genutzt. Churchill nickte zustimmend. Dann legte Georges Zahlen auf den Tisch, Zahlen über die Stärke der einzelnen Armeen zu beiden Seiten des Rheins. Er zeichnete die Stärke jeder Division auf. Churchill fand seine Kenntnisse beeindruckend. »Ihr seid ihnen überlegen«, sagte er zu dem General. Der zögerte einen Augenblick und

entgegnete dann: »Die Deutschen haben eine sehr starke Armee, und wir werden nicht die Erlaubnis bekommen, den ersten Schlag zu führen.«
Am Dienstag reiste Churchill von Paris nach London zurück. Paul Maze drückte ihm noch einen Brief in die Hand und bat, ihn erst dann zu lesen, wenn er wieder englischen Boden unter sich hatte. Das Schreiben war kurz. »Mach Dir keine Sorgen, Winston«, stand da, »Du weißt, daß Du uns – als Premierminister – zum Sieg führen wirst.«

Moskau Reichsaußenminister Ribbentrop sollte am folgenden Tag in Moskau eintreffen und von Mittwoch auf Donnerstag in der sowjetischen Hauptstadt übernachten. Es wurde also höchste Zeit, daß Graf von der Schulenburg Vorkehrungen traf, seinen Gast standesgemäß unterzubringen. Ribbentrop wollte in der alten österreichischen Gesandtschaft schlafen, die nur ein paar Minuten vom Kreml entfernt lag.
Solange Österreich als selbständiger Staat bestand, bis zum Anschluß 1938, unterhielt es in Moskau eine Gesandtschaft. Es war in diesen Jahren nicht üblich, sich in allen Hauptstädten durch einen Botschafter vertreten zu lassen, in den weniger wichtigen genügten Gesandte. In Moskau gab es damals nur 23 Botschaften und Gesandtschaften, denn viele Staaten waren überhaupt nicht vertreten: Die lateinamerikanischen Staaten fehlten ebenso wie Spanien und die Niederlande, Jugoslawien, die Schweiz, das Königreich Siam und eine Reihe islamischer Staaten, darunter Ägypten, Hedschas und Irak.
Die Deutsche Botschaft in Moskau befand sich in einem schlichten Palais im russischen Empirestil, in dem die Stille eines preußischen Herrenhauses herrschte. Es gab keinen Repräsentationssaal, dafür aber eine Reihe geschmackvoller, gemütlicher Räume, die viel Ruhe ausstrahlten. Die dazugehörige Kanzlei befand sich nicht in diesem Gebäude, sondern in der Innentadt.
Architektonisch interessanter war fraglos die Botschaft des Königreichs Italien in der einstigen Deneschnygasse. Ein russischer Großkaufmann und Industrieller namens Berg hatte sich dieses Pa-

lais im Renaissancestil errichten lassen, ein prunkvoll ausgestattetes Bauwerk mit siebzig Zimmern. Hier hatte noch während der bolschewistischen Revolution der deutsche Gesandte residiert, Graf Mirbach, hier hatte ihn 1918 eine Bombe der Sozialrevolutionäre zerfetzt. Die Gebäudeschäden waren nur notdürftig behoben; die Italiener behalfen sich, indem sie die schadhafte Stelle im Parkett mit einem Teppich verdeckten.

Die Botschaft des Königreichs von Großbritannien und Nordirland residierte in einem regelrechten Stadtschloß, das sich ein Zuckerfabrikant hatte errichten lassen. In den ersten Jahren nach der Revolution hatte das sowjetische Außenministerium dieses weitläufige Gebäude für repräsentative Zwecke verwendet. Es war eine pompöse Anlage im Stil des Neo-Barock, erbaut um die Jahrhundertwende, an der Moskwa gelegen, mit einer bombastischen Auffahrt. Von einem der Balkone aus hatte Botschafter William Seeds einen herrlichen Blick auf die von Zinnen und Türmchen besetzte Kremlmauer und die Kuppeln der Verkündigungskathedrale sowie auf den Glockenturm Iwans des Schrecklichen. Die Wände der großen Räume in der Britischen Botschaft waren mit prächtigen Tapeten bedeckt; in einigen Salons hingen berühmte Werke russischer Maler und einige Gemälde von Lenbach, die später in die Tretjakow-Galerie gelangten. Auf der Rückseite des Gebäudes erstreckte sich ein mit alten Bäumen bestandener Park; ein Tennisplatz bot Gelegenheit zu körperlicher Ertüchtigung. In einer Reihe von Nebengebäuden waren einige der Attachés untergebracht.

Sehr viel bescheidener hatten zu ihrem Leidwesen die französischen Diplomaten hausen müssen, bis es ihrem Botschafter Coulondre endlich gelang, ein großes Palais, das sogenannte Ikumnovsche Palais in der Großen Jakaimankastraße, zu erwerben, ein in vielen Farben schillerndes Gebäude aus den Jahren um 1890. Die Französische Botschaft lag nun mitten im alten Moskauer Kaufmannsviertel am rechten Ufer der Moskwa, das noch in vielem an die Zarenzeit erinnerte. Nach der Revolution hatten die Sowjets hier zunächst ihr Forschungszentrum für Hirnforschung untergebracht. Doch zeigte sich bald, daß die Räumlichkeiten für ein wissenschaftliches Institut wenig geeignet waren, und so wurden sie an die Vertreter der Republik Frankreich verkauft. Die Franzosen nahmen eine Reihe langwieriger Umbauten vor, bis sie das exotische Bauwerk mit den niedrigen Innenräumen und all seiner Pracht den Anforderungen eines modernen Zweckbaus angepaßt hatten. Ihre Botschaftsangestellten indes hatten in Moskau, dieser klassischen Stadt der Wohnungsnot, noch immer Schwierigkeiten, in nächster Nähe brauchbare Unterkünfte zu finden.

Ganz anders waren die Vereinigten Staaten verfahren, als sie 1933 die Sowjetunion anerkannten und Botschafter austauschten. Sie erwarben ein völlig neues Gebäude, das der bekannte Architekt Jeltowski gebaut hatte – zuvor hatte dort eine Kirche gestanden. Die Lage war außerordentlich günstig, mitten im Zentrum, zwischen dem Ausländerhotel »National« und der alten Universität, zwischen der Twerskaja und der Manege, wo viel alte Bausubstanz niedergerissen worden war, so daß man von der Amerikanischen Botschaft einen schönen Blick zum Kreml und zur Basiliuskathedrale auf dem Roten Platz hinüber hatte. Der erste US-Botschafter, Bullitt, mietete sich in einem abgelegenen Gäßchen im früheren Aristokratenviertel am Arbat ziemlich extravagant ein kleines Schlößchen, das einst ein wohlhabender Kaufmann aus Sibirien erbaut hatte – der Mann war 1918 ermordet worden.

Die fremden Gesandtschaften klagten häufig über beengte Wohnungen; aber gemessen an dem, was Sowjetbürgern an Wohnraum zur Verfügung stand, lebten sie in unvorstellbarem Luxus. Die Bevölkerung vernahm fassungslos die Klagen darüber, daß es in Diplomatenwohnungen keine Gasleitungen gebe oder daß die Botschaftsangehörigen gezwungen seien, jahrelang in kleinen Hotelzimmern zu hausen, ohne eigenes Bad. Für die Moskauer war das Alltag. Die Stadtverwaltung tat wenig, den Menschen in der Hauptstadt das Leben angenehmer zu machen. Ein Telefon in einer Privatwohnung war ein Luxus, ein Telefonbuch sowieso. Und wenn, wie in diesem Jahr, einmal ein neues erschien, war es schon bei Erscheinen um mehrere Monate veraltetet.

London Harold Nicolson, ein Elder Statesman der englischen Diplomatie, hielt sich auf hoher See auf. Er war mit seiner Jacht un-

terwegs, entschloß sich aber an diesem Dienstag, weil er keine Ruhe fand, nach London zurückzukehren.
Schon um 6 Uhr morgens hatte Nicolson über das Bordradio davon erfahren, daß Berlin und Moskau einen Nichtangriffspakt abschließen wollten. Er begriff sofort die Tragweite eines solchen Pakts in dieser Zeit: Damit ist unsere Friedensfront zerstört und unsere Garantien an Polen, Rumänien und Griechenland sind fragwürdig geworden, ging es ihm durch den Kopf. Für uns Briten ist dieser Vertrag ein Fußtritt, und Ribbentrop wird sich ins Fäustchen lachen. Nicolson fühlte sich ziemlich mitgenommen, setzte sich eine Weile an Deck und grübelte. Die Lust zum Segeln war ihm vergangen, er wollte so bald wie möglich zurück nach London, vermutlich würde das Parlament sehr bald zu einer Sondersitzung zusammentreten, dachte er sich.

In der britischen Hauptstadt machte sich General Ironside schwere Sorgen um das Fortbestehen des Empire. Auf dem Kontinent wuchsen die Spannungen, und Großbritannien, das wußte niemand besser als er, war denkbar schlecht auf einen Krieg vorbereitet. Seine Regierung hatte die Stärke der Miliz zuletzt auf 200 000 Mann festgelegt – und Ironside wuße, daß sie zur Zeit gerade mal 34 500 Mann zählte. Hitler setzte auf Nervenkrieg – und das britische Nervenzentrum, das Parlament, machte Ferien! Der General fürchtete, daß der in der Presse angekündigte deutsch-russische Pakt Krieg bedeutete, Krieg auf dem Festland. Es ist nicht zu fassen, dachte er sich, er, der doch genau dies seit Jahren befürchtet hatte.
Ironside war zum Lunch mit dem Kriegsminister und zwei von dessen Mitarbeitern im »Carlton Hotel« verabredet. Der Minister wollte sich rasch über den Stand der Bereitschaft Englands und seiner Verbündeten informieren. Ironside war verzweifelt über die Unbedarftheit seiner Fragen. Und er bemerkte auch, daß der Politiker die Antworten, die er ihm gab, im selben Moment wieder vergessen hatte. Immer wieder stellte er die gleichen Fragen: Wie viele Divisionen haben die Polen? Die Franzosen? Und dann bringt er gleich wieder alles durcheinander! Warum haben ihm seine Leute keine Gedächtnisstütze angefertigt oder wenigstens einen Spickzettel?
Der Diplomat Oliver Harvey kehrte ausgerechnet an diesem Diens-

tag aus dem Urlaub zurück. Er hatte den Eindruck, der neuangekündigte Pakt sei ein heftiger Schlag gegen den Frieden – für ihn bedeutete das fraglos, daß der deutsche Druck auf Polen weiter wachsen würde. Auf die Regierung in London wirkten die Nachrichten in der Presse miserabel. Die Deutschen sammelten Truppen zur slowakisch-polnischen Grenze hin. Die in Warschau weilenden Engländer wurden vom Britischen Konsulat unter Hinweis auf die eintretenden Unterbrechungen der Reisemöglichkeiten bereits aufgefordert, das Land zu verlassen.
Der Parlamentarier Hugh Dalton traf an diesem Nachmittag mit dem polnischen Botschafter am Hof von Saint James, Graf Eduard Raczynski, zusammen. Der polnische Diplomat wirkte ganz ruhig, offenbar vermochten die neuesten Nachrichten ihn nicht aufzuschrecken. Der Pakt zwischen Hitler und Stalin lasse seine Landsleute kalt, sagte er zu Dalton, er habe für Polen keinerlei Bedeutung. Von den Russsen hätten sie sich sowieso niemals etwas erwartet oder ihnen vertraut.
Am Abend hatte Dalton noch ein Gespräch mit dem Labourpolitiker Arthur Greenwood und dem sowjetischen Botschafter Iwan Maiski. Der sowjetische Diplomat war von der jüngsten Entwicklung, so schien es Dalton, nicht weniger überrascht als seine englischen Gesprächspartner. Er beantwortete deren Fragen stereotyp oder ausweichend. Als Dalton ihm vorwarf, daß die Sowjets mit zwei so verschiedenen Partnern gleichzeitig verhandelten – in Moskau mit einer westlichen Militärdelegation und parallel dazu mit den Nazis in Berlin – entgegnete Maiski, er könne nicht verstehen, daß die westliche Delegation sich aus so unbedeutenden Leuten zusammensetze und auf so zeitraubende Weise nach Moskau gereist sei. Der Westen hätte kein Interesse an einem Abschluß mit der Sowjetunion, wollte er damit sagen. Außerdem wollten ja die Polen die sowjetische Hilfe sowieso nicht! Seine Gekränkheit äußerte sich dann noch in den Worten, der Westen habe Rußland immer wie einen armen Verwandten behandelt.

Das Kabinett versammelte sich um 15 Uhr unter Vorsitz des Premierministers in der Downing Street 10. Seit Chamberlain die Regierung Seiner Majestät führte, hatte seine Deutschlandpolitik darin bestanden, Hitlers Klagen und den Reichskanzler selbst ernst zu nehmen und seinen Forderungen nach Revision des Versailler Friedens nachzukommen. Das war das Wesen von Chamberlains Beschwichtigungspolitik. Jetzt war sie am Ende. Der Premier war sich des Ernstes der Lage voll bewußt. Der deutsch-sowjetische Pakt entzog seiner Außenpolitik endgültig die Grundlagen.

Die Appeasement-Politik des Premierministers wurde von der Mehrheit der Briten geteilt. England hatte in seiner großzügigen Art eingesehen, daß der Friede von Versailles allzu streng gewesen war. Die *Times* hatte Chamberlain in seiner Auffassung nach Kräften unterstützt. Auch im Kabinett stand der Premier nicht allein, wenngleich es in seiner eigenen Partei, den Konservativen, nicht wenige gab, denen seine Deutschlandpolitik nicht gefiel: Churchill, Anthony Eden und Duff Cooper waren seine wortmächtigsten Kritiker.

Bislang hatte der Premierminister versucht, Hitlers Forderungen zu verstehen und seinen Klagen abzuhelfen. Aber mit seinen neuesten Vorwürfen an die Adresse Polens und seiner kriegerischen Politik machte der Reichskanzler sich unglaubwürdig, und Chamberlain war nicht mehr gewillt, seinen Forderungen nachzugeben. Er verstand jetzt, daß Hitler weit mehr wollte als eine friedliche Revision von Versailles. Aber er verstand auch, daß damit sein gesamter außenpolitischer Ansatz am Ende war.

Chamberlains bisherige Deutschlandpolitik hatte ihre Wurzel vielleicht am ehesten in seinem Charakter. Chamberlains Mutter war früh verstorben, er war zusammen mit zwei Schwestern aufgewachsen, die er sehr liebte. In seiner Lebensführung zeichnete er sich durch Einfachheit und Regelmäßigkeit aus. Als Politiker war er ein detailversessener Systematiker; im Umgang mit anderen eher formell und auf Abstand bedacht. Er war ein sehr ernster, ehrlicher Mann – und genau diese Eigenschaften erwartete er auch von anderen.

Unmittelbar vor der Kabinettssitzung führte Chamberlain noch ein kurzes Gespräch mit Greenwood. Er versicherte dem Labourmann, er habe bis zuletzt nichts von dem bevorstehenden Pakt gewußt. Dalton, der diese Worte mithörte, dachte sich insgeheim, daß dies – wenn es denn stimmte – ein vernichtendes Urteil über den britischen Geheimdienst war.

Ab 15 Uhr saß Chamberlain seinen Ministern gegenüber. Man treffe hier unter Umständen zusammen, die man nur als ernst bezeichnen könne, begann er. Er bat Außenminister Halifax, über die äußere Lage zu berichten. Halifax, riesengroß und äußerst hager, trug in seiner gewohnt trockenen Art und Weise vor. Im Mittelpunkt der Kabinettsberatungen stand der neue Pakt. Eine Weile erörterte das Kabinett die hinter Ribbentrops Besuch stehenden Absichten des Kreml. Halifax berichtete über die Verhandlungen in Moskau: Wie die französich-britische Delegation seit mehr als einer Woche mit den Sowjets freundschaftlich verhandelte, und wie die Polen die Frage der Sowjets, ob sie im Kriegsfall durch Polen marschieren könnten, bislang stets ausdrücklich verneint hatten. Von dieser Haltung waren sie bislang nicht abzubringen: keine Hilfe von den Sowjets. Und Chamberlain machte seinen Ministern klar, daß dies die Verpflichtungen Großbritanniens gegenüber Polen in keiner Weise berührte. London habe diese Verpflichtungen der britischen Öffentlichkeit mehrmals mitgeteilt, nun müsse es sie auch erfüllen. Zugleich war die englische Regierung sich aber auch darüber im klaren, daß die Deutschen vermutlich marschieren würden, und zwar sehr bald, wahrscheinlich schon an diesem Freitag. Mit ein wenig Glück für Deutschland stünde am Ende des Sieges über Polen der Winter – und wer würde es wagen, dann die Wehrmacht anzugreifen?

Die Ministerrunde zögerte nicht eine Sekunde mit dem Beschluß, an ihren Verpflichtungen gegenüber Warschau festzuhalten. Man wollte in beiden Häusern des Parlaments beantragen, das Gesetz über die außerordentlichen Vollmachten für die Landesverteidigung anzunehmen. Die britische Regierung war nach wie vor der Meinung, die Schwierigkeiten zwischen Deutschland und Polen rechtfertigten keinerlei Gewaltanwendung. In Europa gebe es keine Frage, wiederholte Chamberlain mehrfach, die nicht friedlich gelöst werden könne. Seine Regierung sei noch immer bereit, dabei mitzuhelfen.

Auch die Einstellung Italiens kam am Kabinettstisch zur Sprache. Der englische Botschafter in Rom, Sir Percy Loraine, hatte berichtet, er sei persönlich überzeugt, daß Deutschands wichtigster Verbündeter sich an einem von Deutschland provozierten Krieg gegen

Polen nicht beteiligen werde. Der Diplomat wußte, daß dem Duce eine Konferenz vorschwebte, die es – ohne die vitalen Interessen Polens preiszugeben – Deutschland erlauben sollte, sein Recht in Danzig zu bekommen. Auf dieser Konferenz könne man die Rechte Deutschlands und Polens in Danzig in einem fairen Kompromiß fassen. Allerdings war soeben in London bekanntgeworden, daß Gauleiter Forster sich neuerdings für das Danziger Staatsoberhaupt hielt. Damit wäre der Erfolg des Duce zunächst in Frage gestellt. Trotzdem sollte eine solche Konferenz Erfolgsaussichten haben. Als Ergebnis der Kabinettssitzung hielt Halifax fest, daß er Mussolini schreiben müsse, London könne Warschau nicht drängen, einer Einverleibung Danzigs durch das Deutsche Reich zuzustimmen.
Die Lage sei so ernst, meinte die Ministerrunde, daß man die Öffentlichkeit stärker einbeziehen müsse. Man berief also für Donnerstag, den 24. August, die beiden Häuser des Parlaments zu einer Sondersitzung ein. Außerdem stimmten die Minister einer Notverordnung zu, die der Regierung weitreichende Vollmachten gab. Am Kabinettstisch war durch den Schatzkanzler noch zu erfahren, daß die Goldreserven bedenklich gefallen waren: auf 30 Millionen Pfund, mußte Sir John Simon zugeben. Damit war die Kriegskasse wirklich auf die Mindesteinlage zusammengeschmolzen.
Um 18 Uhr gingen die Minister auseinander. Vier Stunden später hielt Downing Street noch eine Pressekonferenz ab. Das Foreign Office berichtete über die militärischen Vorkehrungen, die Deutschland getroffen hatte, vor allem über die Truppenbewegungen der Wehrmacht und die Truppenverdichtung im Osten. Diese wie auch der neue Pakt mit Stalin deuteten die Richtung des deutschen Vorstoßes an.
An diesem Abend schrieb der Premierminister einen Brief an den deutschen Reichskanzler. Es war ihm wichtig, daß Hitler von ihm erfuhr, für wie ernst er die Lage hielt. Hitler sollte wissen, daß Großbritannien an seinen Bündnisverpflichtungen gegenüber Warschau festhalte. Und falls es zutraf, daß es in der deutschen Führung Gemäßigte und Radikale gab und Hitler zu den Gemäßigten zählte, dann sollte dieses Schreiben ihn darin bestärken, jetzt auch mit Blick auf Polen maßvoll zu handeln. Es sollte nicht das gleiche Mißverständnis entstehen wie 1914, als Berlin glaubte, England werde sich

aus dem Konflikt heraushalten. Vielleicht hätte die englische Regierung damals ihre Position noch klarer herausstellen sollen, schrieb Chamberlain. Dieses Mal solle es ein solches Mißverständnis nicht geben. Und um die Wichtigkeit seiner Botschaft zu unterstreichen, erhielt der britische Botschafter in Berlin den Auftrag, Hitler den Brief persönlich zu überbringen.

Berlin Zu sehr später Stunde an diesem Abend erreichte Staatssekretär Ernst von Weizsäcker in seiner Privatwohnung in Berlin ein Anruf. Es war Hitler persönlich, der ihn zu sprechen wünschte. Der englische Botschafter Nevile Henderson, sagte Hitler, habe ihn soeben angerufen, um ihm mitzuteilen, daß er ihn im Auftrag seiner Regierung so bald wie möglich zu sehen wünsche. Er habe namens seiner Regierung ein Schreiben des Premierministers zu überreichen. Hitler war dieser Besuch unangenehm. Er sperrte sich dagegen, Henderson auf dem Obersalzberg zu empfangen, zumal der Reichsaußenminister gerade verreist war. Also wollte er von dem Juristen Weizsäcker wissen, ob ein fremder Botschafter das Recht habe, von ihm, dem Regierungschef, in Abwesenheit des Außenministers empfangen zu werden. Weizsäcker versicherte Hitler, daß ihm dies zustehe.

Prag Der amerikanische Generalkonsul in Prag, Linnell, berichtete nach Washington: Der Sommer 1939 erscheine ihm als der unglücklichste, schrieb er, den Prag in den letzten zwanzig Jahren erlebt habe. Schwere Stürme waren über Böhmen hinweggefegt, Gewitter hatten sich in heftigen Regengüssen entladen und ein gut Teil der Ernte zerstört. An diesem Dienstag kam es Linnell so vor, als sei dies alles der Vorbote zu etwas noch viel Schrecklicherem.
Prag war nun seit knapp einem halben Jahr von den Deutschen besetzt. Die Deutschen hatten sich in den Besitz der tschechischen Landesteile gebracht – und sich seiner Waffen sowie der berühmten Waffenfabrik von Škoda bemächtigt. Einen unabhängigen tschechi-

schen Staat gab es nicht mehr, nur ein Protektorat Böhmen und Mähren, als dessen Schutzherr sich das Deutsche Reich ausgab. In Wahrheit überschatteten die Beschützer das Leben der Goldenen Stadt, so daß die Prager es in diesem Sommer vorzogen, ihr Bier zu Hause zu trinken, statt die beliebten Wirtshäuser aufzusuchen.

Das öffentliche Leben in Prag hatte sich seit der deutschen Besetzung gewaltig verändert. Die Deutschen zwangen die tschechischen Ladenbesitzer, zu bestimmten Anlässen Hitlerbilder in die Schaufenster zu stellen. Konstantin von Neurath residierte würdevoll auf der Prager Burg – während die Nazi-Schläger und die Unterweltgestalten der Gestapo ihrer schmutzigen Arbeit nachgingen.

Draußen auf dem böhmischen Land hatten sich die Deutschen viele Güter angeeignet, die früher im Besitz des tschechischen Staates gewesen waren, und darauf Aussiedler aus Südtirol angesiedelt, die für die Losung »Heim ins Reich« gestimmt hatten. Die deutschen Besatzer forderten tschechische Bauern auf, ihre Güter abzugeben und wegzuziehen. Die Nazis verlangten von den Oberhäuptern alter tschechischer Adelsfamilien, der NSDAP beizutreten.

In der tschechischen Bevölkerung ging die Befürchtung um, es könne zwischen ihrer Regierung und den Deutschen zu einer Übereinkunft kommen, die es ermöglichte, junge Tschechen als billige Arbeitskräfte ins Reich zu schaffen oder, schlimmer, als Kanonenfutter an die Front zu karren.

Natürlich bekamen auch die tschechischen Juden den Antisemitismus der Schutzmacht zu spüren. Die deutschen Behörden ordneten in den von Deutschen kontrollierten Verwaltungsbereichen der Großstädte an, daß jüdische Geschäfte und Cafés als solche kenntlich zu machen seien. Juden waren fortan aus Restaurants, Hotels, öffentlichen Parks, Bädern und Krankenhäusern verbannt. Die deutschen Besatzer hetzten die Tschechische Arische Kulturgemeinschaft dazu auf, antisemitische Forderungen an den tschechischen Staat zu stellen. Sie zwangen den tschechischen Premierminister Eliáš, diese überspannten Leute zu empfangen und anzuhören. Er mußte auch ihren Forderungen nach Sendezeit im staatlichen Rundfunk, nach einer antisemitischen Lehrerausbildungsstätte, rassistischen Schutzgesetzen und weiteren antisemitischen Maßnahmen entsprechen.

In puncto Sprachregelung machten die Deutschen einen kleinen Rückzug. Die Tschechen hatten zunächst befürchtet, künftig werde einzig und allein Deutsch die Amtssprache sein, selbst zwischen tschechischen Beamten. Inzwischen wurden jedoch beide Sprachen als Amtssprachen anerkannt. Die Tschechen empfanden das noch immer als schlimm genug. Im Umgang mit deutschen Dienststellen, Firmen und Einzelpersonen war stets Deutsch die Amtssprache; wenn Tschechen an Tschechen in untergeordneten Stellen schrieben, durften sie sich des Tschechischen bedienen.
In Joseph Schwejk hatte der tschechische Dichter Jaroslav Hašek einen Menschentypus geschaffen, der in Böhmen und Mähren vielleicht häufiger vorkommt als anderswo – einen Menschen, der den Frieden und die Behaglichkeit über alles liebt. Aber jetzt drängte sich dem amerikanischen Diplomaten George F. Kennan an der Prager Botschaft der Eindruck auf, es sie dies eine der wenigen Regionen der Erde, wo die Menschen den Krieg geradezu herbeisehnten. »Es könnte hier eines Tages im Falle eines Umbruchs zu schrecklichen antideutschen Exzessen kommen«, schrieb er an das State Department in Washington.

+++ Mittwoch, **23. August 1939** +++

Moskau Ribbentrop hatte die Nacht von Dienstag auf Mittwoch mit seinem Gefolge in Königsberg verbracht. An diesem Morgen, um 7.10 Uhr, stiegen die beiden viermotorigen Maschinen vom Typ FW 200 Condor in die Luft; um 13 Uhr Ortszeit landeten sie auf dem Moskauer Flughafen Hadynkafeld. Als erster stieg Ribbentrop aus der Maschine. Der Stab der Deutschen Botschaft, der italienische Botschafter Augusto Rosso und der Chef des sowjetischen Protokolls Barkow sowie der stellvertretende Volkskommissar des Außenministeriums Potemkin standen zur Begrüßung bereit. Über ihnen wehten Fahnen mit dem Hakenkreuz und Hammer und Sichel. Noch tags zuvor hatte die Sowjetregierung nicht eine einzige Hakenkreuzflagge besessen, die sie zu Ehren ihres Gastes hätte aufziehen können; sie beschaffte sich einige bei einem sowjetischen Filmbüro, das auf Anti-Nazi-Filme spezialisiert war. Eine Kapelle mußte in aller Eile das Horst-Wessel-Lied einüben, das bei Ribbentrops Empfang zusammen mit der Internationale gespielt wurde.
Aufmerksam beobachtete Hans von Herwarth, wie eine Gruppe von Gestapoleuten ihren Kollegen vom sowjetischen Geheimdienst NKWD vorgestellt wurde. Daran gab es nichts auszusetzen, dachte er sich, die Begrüßung war herzlich.
Moskaus Straßen waren von Polizei gesäumt, als die Delegation mit hoher Geschwindigkeit stadteinwärts fuhr. Durch die kugelsicheren Fenster von Stalins Wagen, einem Spezialfahrzeug, blickte Ribbentrop nach draußen. Sie fuhren zunächst zu Schulenburg, der zu Ehren des Reichsaußenministers ein Frühstück gab. Ribbentrop, der während des Essens neben General Köstring saß, war unruhig. »Wie wird es werden?« fragte er den General. Köstring sprach ein paar beruhigende Worte. Er riet, nach Art der Orientalen zuerst einmal viel zu fordern, um sich dann wieder ein wenig abfeilschen zu lassen.

Nach dem Frühstück rasten sie durch die breiten Straßen Moskaus zum Kreml. Noch bevor sie das Portal erreicht hatten, schrillten drinnen laute Alarmsignale. Hohe ausländische Besucher durften das Kremltor jedoch ungehindert passieren. Die Autos hielten an, und als erste sprangen Sicherheitsleute heraus, eine Hand immer in der Tasche. Durch lange Gänge und über dicke Läufer ging es hinauf.
Sobald der diensthabende Offizier meldete, daß die fremden Besucher das Spasskij-Tor passiert hatten, begab sich der Dolmetscher in Stalins Kabinett. Dazu mußte er zunächst das Sekretariat, einen weiteren Dienstraum und schließlich das Wachzimmer durchqueren, wo stets mehrere Personen versammelt waren, teils in Uniform, teils in Zivil. Unmittelbar vor der Tür zu Stalins Arbeitszimmer döste gewöhnlich dessen persönlicher Leibwächter, General Wlassik, der jede ruhige Minute für ein Nickerchen nutzte, denn er mußte viele Stunden auf seinem Posten sein. In dem sich daran anschließenden Raum saßen Mitglieder des Politbüros und hohe Offizier oder Minister an einem langen Tisch mit Notizbüchern vor sich, derweil Stalin auf dem Teppich auf und ab schritt. Wenn der Dolmetscher eintrat, wußte Stalin, daß seine Gäste gleich eintreffen würden. Dann erhoben sich die Anwesenden, packten ihre Unterlagen ein und verließen den Raum. Lediglich der Außenminister blieb da, Wjatscheslaw Molotow. Er war bei allen Gesprächen Stalins mit Ausländern zugegen, obwohl er für gewöhnlich nur schweigend zuhörte. Bisweilen stellte Stalin ihm eine Frage, wobei er ihn mit seinem Vornamen ansprach. In Anwesenheit von Außenstehenden antwortete Molotow stets mit der Anrede »Genosse Stalin«.
Stalin trug heute eine helle Uniformjacke und Stiefel. Seine Hände waren dünn, ihr Druck äußerst lasch. Aber es gelang ihm zumeist, seine Gesprächspartner zu bezaubern. Fraglos war er ein begabter Schauspieler. Es war ihm ein leichtes, den Eindruck eines angenehmen und höchst bescheidenen Menschen zu erwecken.
Die erste Besprechung mit Ribbentrop dauerte länger als erwartet, von 15.15 Uhr bis nach 19 Uhr. Sie fand in Molotows Arbeitszimmer statt, wo Bilder von Marx, Engels und Lenin von den Wänden blickten. Stalin, Molotow und Ribbentrop saßen an einem Tisch; sie kamen mit ihren Verhandlungen rasch voran. Ein Angestellter der Botschaft, Legationsrat Gustav Hilger, dolmetschte für sie. Auch

Schulenburg saß mit dabei. Anschließend kehrte der Reichsaußenminister zu einem Abendessen in die Deutsche Botschaft zurück. Er äußerte sich begeistert über die Art der Russsen. Er sei überzeugt, daß man noch an diesem Abend zu einem Abschluß kommen werde. Es gehe ausgezeichnet, telegrafierte er um 20.05 Uhr Ortszeit nach Deutschland, die Unterredung sei durchaus positiv verlaufen. Er erwähnte den Anspruch der Sowjets auf die Häfen von Libau und Windau und fragte, ob Hitler damit einverstanden sei. Postwendend kam ein Telegramm an Diplogema Moskau zurück: »Antwort lautet: ja, einverstanden.«

Warschau In Warschau war die Stimmung an diesem Tag keineswegs schlecht. Inzwischen war bekanntgeworden, daß Großbritannien und Frankreich die Ankündigung eines deutsch-sowjetischen Vertrages mit energischen Stellungnahmen zugunsten Polens beantwortet hatten. In Polen war jetzt, ganz siegessicher, die Kunde zu vernehmen, nur in Berlin habe man glauben können, die Westmächte würden sich beugen.

Auf Jan Graf Szembek, den Unterstaatssekretär im polnischen Außenministerium, wartete eine Reihe von Terminen. Als ersten traf er Michael Lubienski, den Kabinettschef, der ihm seine Auffassung über den angekündigten Pakt mitteilen wollte. Lubienski zeigte sich nicht sonderlich beunruhigt. Der Pakt bewirke keine große politische Änderung, sagte er, weil zwischen Deutschland und der Sowjetunion ohnehin noch der Rapallo-Vertrag von 1922 fortbestehe, zugleich gelte aber auch der sowjetische Nichtangriffspakt mit Polen. Allerdings beweise der deutsch-russische Vertrag die Doppelzüngigkeit der sowjetischen Politik – und zugleich den Zerfall der Nazidoktrin. Daher übe er wohl auch eine starke psychologische Wirkung in Deutschland aus.

Dann stellte sich der frühere polnische Außenminister ein. Alexander Zaleski fand es ungerecht, daß der Westen Polen die Schuld für diesen neuen Pakt zu geben versuchte. Der Vertrag mit Stalin sei eine Fortsetzung der deutschen Bluffpolitik und beweise, daß Berlin größeres Vertrauen in die Diplomatie setze als in das Schwert. Ganz anders dachte Szembeks nächster Gesprächspartner, Kobylanski. Dessen Kritik richtete sich vor allem gegen die Sowjets. Die Moskowiter trieben gern andere in den Krieg, schimpfte er, aus dem sie dann ihren Vorteil ziehen.

Bluff war auch das Stichwort, das in der Unterredung zwischen Szembek und Außenminister Beck fiel. Allerdings meinte der militärisch erfahrene Beck, daß die Vorbereitungen der Deutschen unmöglich nur auf einen Bluff hinauslaufen könnten. »Wir wissen, daß Deutschland an der Grenze zu Polen dreißig Divisionen aufgestellt hat, wir werden ihnen etwa zwanzig entgegenstellen«, sagte er. Beck bat Szembek, den französischen Botschafter einzuladen und ihn über die polnische Haltung zur Ernennung Forsters zum »Staatschef von Danzig« zu informieren. Während sie noch miteinander sprachen, rief aus Berlin Lipski an, um seine jüngste Unterredung mit Göring wiederzugeben.

Lukasiewicz, Polens Botschafter in Paris, reiste an diesem Tag nach Warschau und suchte Außenminister Beck auf, um ihm über die Reaktion in Frankreich zu berichten. Er bezeichnete sie als zufriedenstellend. Daß Warschau sich zu guter Letzt noch mit sowjetischer Hilfe einverstanden erklärte, habe im Elyséepalast einen hervorragenden Eindruck gemacht – auch wenn es am Ende zu spät gewesen sei. Und Bullitt – er nannte ihn bei dieser Gelegenheit einen wahren Freund Polens – habe Wert auf die Feststellung gelegt, es sei für die USA, für England und Frankreich wichtig, zu wissen, daß die Feindseligkeiten tatsächlich von Deutschland ausgingen, damit könne man sich die Sympathie dieser Völker bewahren. Aber diese Ermahnung erschien Lukasiewicz unnötig, denn der polnische Diplomat hatte ohnehin den Eindruck, die französische Bevölkerung verlöre langsam die Geduld mit ihrer Regierung, die gegenüber Hitler allzuviel Nachsicht zeige.

Kurz vor Mitternacht trat unter Vorsitz von Ministerpräsident Skladkowski das Kabinett zusammen. Die Sitzung war höchst geheim, nicht einmal Protokollführer waren anwesend. Auch wurde am Ende keine Erklärung abgegeben, nicht einmal ein Kommuniqué veröffentlicht. Trotzdem sickerte durch, daß die Regierung die Lage als außerordentlich ernst ansehe. Die Befestigungen an der Grenze zu Deutschland seien mit Wachpersonal gut ausgestattet und einige Krisengebiete evakuiert worden. Seit geraumer Zeit und unter nicht geringem Kostenaufwand bestand in Polen die Teilmobilmachung der Streitkräfte.

Berchtesgaden An diesem Morgen trat Hitler früher als gewöhnlich auf die Terrasse des Berghofs. Er fragte Walter Hewel vom Auswärtigen Amt, ob bereits eine Nachricht von Ribbentrop vorliege, und dieser erwiderte, der Reichsaußenminister befinde sich zur Stunde auf dem Flug von Königsberg nach Moskau. Von dem Terminwunsch des englischen Botschafters hatte Ribbentrop inzwischen erfahren und gebeten, Hitler möge Henderson recht schlecht behandeln.
Sir Henderson flog zu dieser Stunde zusammen mit Staatssekretär von Weizsäcker von Berlin nach Salzburg. Sie trafen gegen 13 Uhr auf dem Berghof ein. Henderson war ein erfahrener Diplomat. Er stand seit vierunddreißig Jahren im diplomatischen Dienst und hatte Großbritannien in Rußland und Italien, auf dem Balkan und in Argentinien vertreten und in diesen Jahren nie mehr als drei, vier Monate hintereinander in England zugebracht. Seit April 1937 war er nun schon in Berlin. Er hatte vor seiner Abreise aus London ein langes Gespräch mit Chamberlain geführt und hielt sich seither für dessen persönlichen Vertreter. Henderson wollte die »gute Seite Nazi-Deutschlands« suchen, so seine eigenen Worte.
Der britische Botschafter war entschieden deutschfreundlich. Wenn er im Namen seiner Regierung gegen eine deutsche Maßnahme protestieren mußte – und das kam seit 1938 immer häufiger vor –, dann geschah dies in einer Weise, die zeigte, daß er es nicht so ernst meinte. 1938 gab er der Nazi-Führung zu verstehen, daß Großbritannien nicht das mindeste Interesse habe, für die Tschechoslowakei zu kämpfen, vielmehr verurteilte er die tschechische Regierung sogar mit offenen Worten. Selbst gegenüber SS-Angehörigen sprach er von den »verdammten Tschechen«. Seine Bemerkungen über Juden und Kommunisten waren alles andere als freundlich. Wenn die englische Presse die deutsche Politik als aggressiv geißelte, bezeichnete er dies als Hysterie. Er stand voll und ganz hinter der Appease-

ment-Politik des Premierministers. Henderson galt als eitel, vielleicht nur deswegen, weil er stets eine frische Nelke im Knopfloch zu tragen pflegte. Möglicherweise drückte sich darin aber auch nur ein Stück Konservatismus aus – als wollte er ein alte, bessere Welt zurückholen.

Es war gegen 13 Uhr, Hitler hatte noch nicht zu Mittag gegessen, als der britische Botschafter mit einem Brief seines Premierministers auf dem Berghof erschien. Bei der folgenden Unterredung waren neben Hitler auch Hewel und Weizsäcker anwesend. Die Atmosphäre war gespannt. Hitler wirkte erregt. Er verwendete bezüglich Polens und der britischen Verantwortung für die polnische Haltung starke Worte. Henderson entgegnete ihm selbst auf deutsch, obwohl Dolmetscher von Loesch anwesend war und der Botschafter sich den Fährnissen dieser fremden Sprache nicht immer gewachsen zeigte. Es gelang dem englischen Diplomaten nicht, gegen Hitlers Gemeinplätze, seine vorgefaßte Meinung und seinen polternden Ton anzukommen.

Drei Punkte vor allem enthielt Chamberlains Brief: daß Großbritannien, erstens, zu seinen Verpflichtungen Polen gegenüber stehe; daß Chamberlain, zweitens, bereit sei, mit Hitler die Probleme zwischen Deutschland und Polen zu besprechen; und daß, drittens, Chamberlain bemüht sei, zwischen Deutschland und Polen Verhandlungen in die Wege zu leiten.

Hitler machte Henderson zunächst auf die Gefahr aufmerksam, die Großbritannien durch seine Polen gegebene Garantie heraufbeschwor. Sollte es zu weiteren Maßnahmen kommen, werde er eine sofortige Generalmobilmachung anordnen. Auf die Erwiderung Hendersons, daß dann Krieg unvermeidlich sei, entgegnete Hitler, »er könne nicht zulassen, daß wegen einer Laune Englands [in Polen] Zehntausende deutscher Volksgenossen hingeschlachtet würden«. Jetzt werde man in England ein anderes Deutschland kennenlernen, polterte er. Er stellte dann fest, daß die britische Regierung sich in ihrem Willen, Deutschland zu vernichten, an Frankreich, an die Türkei und an Moskau gewandt habe. Auf Hendersons Einwand, Großbritannien wolle Deutschland nicht vernichten, entgegnete Hitler, dies sei seine feste Überzeugung.

Kaum war Henderson gegangen, schlug sich Hitler lachend auf die

Schenkel. Seine Erregung war nur gespielt. »Dieses Gespräch überlebt Chamberlain nicht«, sagte er. »Sein Kabinett wird heute abend stürzen.« Weizsäcker entgegnete, er habe da seine Zweifel. Sogleich schickte Hitler sich an, eine Antwort an Chamberlain zu diktieren. Darin machte er der britischen Regierung den Vowurf, sie habe Polen schon im Frühjahr eine Blankovollmacht erteilt, was Polen jetzt dazu verführe, seinen, Hitlers, vernünftigen Forderungen nach Danzig und einem Weg durch den Korridor nicht nachzukommen. Diese Vollmacht habe dazu geführt, daß besonders in jüngster Zeit ein Anwachsen der polnischen Ausschreitungen gegen die deutsche Minderheit zu beobachten sei. Großbritannien wolle lieber einen weiteren Krieg gegen Deutschland führen als einer Revision von Versailles zustimmen, warf er Chamberlain vor, während er selbst noch niemals etwas gegen England unternommen habe. Und dann, hervorgehoben: »Ich teile daher Euerer Exzellenz mit, daß ich im Falle des Eintreffens dieser militärischen Ankündigungen die sofortige Mobilmachung der deutschen Wehrmacht anordnen werde.«
Später an diesem Nachmittag sprach Hitlers Adjutant Schmundt vor, um die Entscheidung für den Angriffstermin gegen Polen zu bekommen. Am 26. um 4.30 Uhr, sagte Hitler, solle es losgehen.
Im Laufe des Nachmittags wurde Henderson ein weiteres Mal von Hitler empfangen, Dolmetscher von Loesch fertigte ein Protokoll über die Unterredung an. Hitler übergab Henderson seine Antwort auf Chamberlains Brief. England sei an allem schuld, sagte Hitler. Im Vorjahr habe es die Tschechen ermutigt, und jetzt gebe es Polen einen Blankoscheck. Aber er ziehe einen Krieg heute, im Alter von fünfzig Jahren, einer Auseinandersetzung zu einem späteren Zeitpunkt vor. Henderson schloß die Begegnung mit der Erklärung, Hitlers Worte führten ihn zu dem Schluß, seine Mission sei fehlgeschlagen, und er bedauere dies.
Hitlers Brief an Chamberlain war von dem gleichen Geist diktiert wie seine Ausführungen Henderson gegenüber. Bestimmte Gebiete seien für Deutschland einfach unverzichtbar, hieß es darin, dazu gehörten Danzig und der Korridor. Deutschland sei bislang bereit gewesen, mit sich reden zu lassen. Er machte Großbritannien für die Welle furchtbarsten Terrors in Polen verantwortlich, die eine

Großmacht unmöglich länger hinnehmen könne. Mit diesem Brief in Gepäck trat Henderson die Rückreise an.

Moskau Am Abend kehrte Ribbentrop zur Fortsetzung der Gespräche in den Kreml zurück. Es ging jetzt vor allem um das geheime Zusatzprotokoll, das den Vertrag ergänzen sollte. Sie kamen rasch voran damit: Man einigte sich auf eine Teilung Polens und teilte Ostmitteleuropa unter sich als Einflußzone auf. Als die Verträge unterschriftsreif vorlagen, war es in Moskau lange nach Mitternacht, 2 Uhr morgens. Gleichwohl erhielt der Pakt noch das Datum des 23. August.

Eine kleine Feier krönt den erfolgreichen Abschluß der Verhandlungen. Sie ist geprägt von Scherzen und einer politischen Tour d'horizon. Ribbentrop bemerkt, England habe stets alles getan, die Beziehungen zwischen Deutschland und der Sowjetunion zu stören. England sei schwach, sagt er, zur Durchsetzung seines anmaßenden Anspruchs auf Weltherrschaft schicke es gern andere vor. Stalin stimmt lebhaft zu. Daß ihm dies gelinge, liege an der Dummheit der anderen, sagt er. Von der französischen Armee hält Stalin nicht viel, sie sei schlecht. Da widerspricht Ribbentrop. Ganz schlecht sei sie nicht, nein, aber wenn sie sich mit Deutschland anlegen wolle, würde sie unter allen Umständen den kürzeren ziehen. Stalin amüsiert sich noch über die westliche Militärdelegation. Die Herren hätten es gar nicht für nötig befunden, ihm mitzuteilen, was sie überhaupt wollten, feixt er. Heute habe man sie mit einer Museumsbesichtigung verwöhnt.

Ribbentrop versäumt nicht zu erwähnen, daß sich der Antikominternpakt eigentlich gar nicht gegen die Sowjetunion richte, sondern eher gegen die westlichen Demokratien. Schlagfertig erwidert Stalin, dieser Vertrag habe die Londoner City und die kleinen englischen Kaufleute fürwahr sehr erschreckt. Darauf witzelt Ribbentrop, in Berlin laufe heute das Wort um, Stalin selbst werde dem Antikominternpakt beitreten. Großes Gelächter. Es folgen, noch immer von Heiterkeit begleitet, die Trinksprüche. Man prostet sich gegenseitig zu. »Ich weiß, wie sehr das deutsche Volk seinen Führer liebt; ich möchte deshalb auf seine Gesundheit trinken«, sagt Stalin. Und Molotow hebt noch einmal hervor, daß es Stalin gewesen sei, der durch seine Rede vom März den Neubeginn in ihren Beziehungen eröffnet habe.

Berchtesgaden Am späten Mittwochnachmittag war Hitler in wechselvoller Stimmung. Gegen Abend wuchs seine Spannung immer mehr. Seine Unruhe steigerte sich von Stunde zu Stunde. Er war mit den Gedanken ganz in Moskau. Um 20 Uhr hielt er es nicht länger aus und ließ bei der Deutschen Botschaft anfragen, wie die Dinge stünden. Es war jedoch nichts Genaues zu erfahren.
In den bayerischen Bergen ging ein warmer Sommertag dem Ende zu. Die Türen zur Veranda des Berghofs standen weit offen. Hitler lief unruhig hin und her. Er sprach von Below an und fragte ihn über die Stärke und Ausrüstung der polnischen Luftwaffe aus. Er wollte wissen, ob sie Angriffe gegen Berlin fliegen könne. Below hielt das nach Beginn eines deutschen Angriffs für ausgeschlossen. Die ersten deutschen Schläge müßten also wirkungsvoll sein, meinte darauf Hitler. Dann sprach er den Offizier auf den Pakt mit Stalin an. Below sagte geradeheraus, daß er die sowjetische Bereitschaft zu diesem Pakt nur mit Mißtrauen sehen könne. Darauf Hitler: Eine Vernunftehe halt! Natürlich müsse man auf der Hut sein; aber dieser Pakt gebe Deutschland die Möglichkeit, England abseits zu halten.
Sie standen lange draußen, Hitler, Speer und ein paar andere. Eine wundersame Abendstimmung stellte sich ein, während sie im Gespräch versunken auf und ab gingen. Hinter dem Untersberg färbte sich der Himmel türkisgrün, um dann über Violett zu einem schaurigschönen Rot zu wechseln. Selbst die Betrachter dieses Schauspiels erstrahlten im gleichen Licht. Es war ein Nordlicht, eine seltene Naturerscheinung in diesen Breiten. Speer war tief beeindruckt; man könne den Schlußakt der Götterdämmerung nicht wirkungsvoller inszenieren, meinte er. »Das sieht nach viel Blut aus«, sagte Hitler plötzlich. »Dieses Mal wird es nicht ohne Gewalt abgehen.« Auch dem Adjutanten erschien dies wie ein Hinweis auf den bevorstehenden Krieg.

Berlin Das Auswärtige Amt in Berlin teilte an diesem Mittwoch seinen Missionen in Ankara, Brüssel, London, Moskau, Paris, beim Heiligen Stuhl, in San Sebastian, Washington, Athen, Bern, Belgrad, Budapest, Den Haag, Helsinki, Kopenhagen, Kowno, Lissabon, Oslo, Reval, Riga, Sofia und Genf per Runderlaß mit, ihm seien über 1500 Fälle von Ausschreitungen gegen Reichs- und Volksdeutsche in Polen bekannt geworden, darunter 39 von schwerwiegender Natur.
Der polnische Botschafter in Berlin, Lipski, weilte an diesem Abend im Haus des rumänischen Gesandten Crutzescu. Dort war auch der frühere rumänische Außenminister zu Besuch, Prinz Ghica, der gerade auf der Durchreise war. Zugegen war an diesem Abend auch der belgische Botschafter Jacques Davignon, und von ihm erfuhr der polnische Diplomat umrißhaft, daß das Gespräch zwischen Henderson und Hitler auf dem Obersalzberg an diesem Tag ziemlich unerfreulich verlaufen war.

Paris In der Pariser Öffentlichkeit war die Stimmung an diesem Mittwoch wie umgewandelt. Die Boulevards und die großen Straßen zeigten reges Leben. Abends sah man überall Menschen mit einem Glas Wein oder einem Pastis vor den Cafés sitzen. Vor allem die Gegend um die Bahnhöfe war stark belebt. Gruppen von Reservisten waren zu ihren Regimentern unterwegs. Urlauber reisten nach Hause, die Regierung hatte empfohlen, aus den Ferienorten rasch heimzukehren.
Am Morgen überraschte Außenminister Bonnet den polnischen Botschafter mit einer Neuigkeit, die soeben aus Warschau eingegangen war. Die polnische Regierung hatte sich nun endlich zu dem Zugeständnis durchgerungen, daß die Militärdelegationen in Moskau auch die Möglichkeit sowjetischer Hilfe für Polen erörterten. Bonnet meinte, damit ließe sich vielleicht noch etwas retten. Lukasiewicz allerdings wußte davon noch nichts und befürchtete ein Mißverständnis.
Das französische Kriegsministerium richtete an diesem Mittwoch folgendes Kommuniqué an die Bevölkerung Frankreichs: »In Anbe-

tracht der internationalen Lage hat die Regierung beschlossen, die bereits getroffenen militärischen Maßnahmen zu vervollständigen und weitere Kontingente von Reservisten einzuberufen.« Diese neuen Einberufungen wurden durch Plakatanschlag im ganzen Land bekanntgemacht. Im Lauf des Nachmittags sollte die Besetzung strategisch wichtiger Punkte hinter der Maginot-Linie beginnen.
Frankreich wirkte entschlossen. Allenthalben war zu hören, es gebe im Falle eines deutschen Angriffs auf Polen nur eine Politik: treu an der Seite Polens zu stehen. Die Maßnahmen der Regierung wurden mit Zustimmung aufgenommen, als spürten alle Franzosen, daß sie marschieren mußten, falls Hitler in Polen einfiel. Wenn sie ihre Zusage jetzt nicht hielten, dann verlor Frankreich seine Ehre – und zugleich alle Aussichten für später.
Gegen 16 Uhr begibt sich Lukasiewicz zu Daladier. Der französische Ministerpräsident schätzt die Lage bedeutend ungünstiger ein als sein Außenminister. Bezüglich der Militärverhandlungen in Moskau mache er sich keine Illusionen, sagt er; der Krieg könne nun jede Stunde ausbrechen.
Um 18.30 Uhr tritt im Kriegsministrium das Ständige Komitee der Landesverteidigung zusammen. Neben Bonnet nehmen Marineminister César Campinchi, Luftfahrtminister Guy la Chambre sowie die Admiräle Gamelin, Colson, Darlan und Jacomet an der Sitzung teil.
Schon am gestrigen Tag hat Innenminister Albert Sarraut die Präfekten angewiesen, deutsche und österreichische Emigranten als Verdächtige auf Listen zu setzen. In der Nacht zum Donnerstag verhaftet die Pariser Polizei die ersten kommunistischen Emigranten in ihren Wohnungen oder Hotels und bringt sie in die Santé, das Gefängnis für staatsgefährdende Häftlinge.

London Die britische Hauptstadt war nicht ohne Hoffnung. Unerschrocken machten sich die Briten daran, die Sachlage zu prüfen. Man müsse erst einmal das Ergebnis von Ribbentrops Besuch in Moskau abwarten, hieß es. Die Presse stand geschlossen hinter der Regierung. Der *Daily Telegraph* versicherte seinen Lesern, daß

Großbritannien zu seinen Verpflichtungen gegenüber Polen stehen werde. König Georg VI. hielt sich an diesem Tag noch immer auf Schloß Balmoral auf, wurde aber für Donnerstag zurückerwartet.
Der Premierminister machte einen niedergeschlagenen und zugleich entschlossenen Eindruck. Als aus seiner Umgebung jemand den Vorschlag machte, Churchill anzurufen, der gerade aus Frankreich zurückgekommen war, winkte er ab. Nein, das wolle er lieber einem Mitarbeiter überlassen. Dabei hätte ihm Churchill versichern können, daß die Franzosen nach wie vor bereit waren, Polen beizustehen. Der Premier traf vor dem Lunch nur mit Greenwood zu einem Gespräch zusammen.
In Großbriannien traten an diesem Mittwoch einige militärische Abwehrmaßnahmen in Kraft. Die Flugabwehrstationen an den Küsten erhielten Befehl, künftig alle gefährdeten Punkte gut zu bewachen. Der Lordsiegelbewahrer wurde ermächtigt, die regionalen Verteidigungsstationen auf Kriegsbereitschaft einzustellen, und die Admiralität erhielt von der Regierung den Auftrag, fünfundzwanzig Handelsschiffe ordentlich mit Waffen zu bestücken. Außerdem ließ sie sechstausend britische Reservisten aus den Überseegarnisonen nach Hause holen.
Dafür wurden nun Vorbereitungen getroffen, zweitausend Mann nach Dieppe zu schaffen, womit sich die Stärke der in Frankreich stehenden britischen Truppen innerhalb einer Woche auf fünftausend Mann erhöhte. Es handelte sich um britische Kolonial- und Marinetruppen, die auf dem Weg nach Süden waren, Richtung Mittelmeer.

Edinburgh In Edinburgh trat an diesem Mittwoch der 7. Internationale Genetikerkongreß zusammen. Am Abend zuvor hatten sich die rund vierhundertfünfzig Teilnehmer in der Empfangshalle der Geologischen Fakultät der Universität Edinburgh zur Begrüßung eingefunden. Es waren Wissenschaftler aus allen Teilen der Welt gekommen, darunter namhafte Gelehrte wie der in Kalifornien lebende sowjetische Emigrant Theodosius Dobzhansky. Die größte Delegation mit etwa hundertzwanzig Teilnehmern kam aus

den USA, weitere dreißig aus Kanada. Die deutsche Delegation war knapp dreißig Köpfe stark, darunter Professor Tischler. Auch der berühmte englische Genetiker Julien Huxley nahm teil.
Der 6. Internationale Genetikerkongreß hatte 1932 in Ithaca, USA, stattgefunden. Dort hatten die Teilnehmer den jungen sowjetischen Botaniker Nikolai Wawilow zum Vizepräsidenten gewählt; auf dem 7. Kongreß sollte er nun den Vorsitz übernehmen. Aber die Sowjetregierung hatte ihre Teilnahme ganz unvermittelt abgesagt. Über die Gründe konnte man nur mutmaßen.
Zum Auftakt am Dienstagabend hatte in einem feierlichen und dennoch zwanglosen Rahmen Major Sutherland mit seinen Dudelsackpfeifern aufgespielt, um der Veranstaltung einen echt schottischen Rahmen zu geben. Einige einheimische Presseleute befragten die deutschen Teilnehmer, wie sie die internationale Lage einschätzten. Optimistisch, entgegneten die Deutschen. Die Möglichkeit, daß gerade während dieser Tagung ein Krieg ausbrechen könnte, wurde allgemein verworfen.
Am Mittwochmorgen wurde dann in der M'Ewan Hall die offizielle Eröffnungs- und Willkommensrede gehalten, anschließend begannen die wissenschaftlichen Sektionen zu tagen. Der Osloer Genetiker Professor Mohr berichtete, daß die Verhandlungen über die geplante Abhaltung des Kongresses in der Sowjetunion ziemlich unvermittelt beendet worden seien. Er führte dies auf die Politik der Sowjetregierung zurück, die die Genetik unter politischen Gesichtspunkten betrachtete und wissenschaftliche Forschungen unterdrückte, deren Ergebnisse ihr nicht zusagten. Die Genetik war damals noch kein sehr bekannter Wissenschaftszweig, so daß sich die Edinburgher Tageszeitung *Scotsman* veranlaßt sah, zu erklären, womit sich diese Disziplin befaßt. Der *Scotsman* wies dabei vor allem auf landwirtschaftliche Aspekte hin: Man könne die Genetiker zu den wahren Wohltätern der Menschheit zählen, schrieb er, denn sie schafften es, zwei Ähren wachsen zu lassen, wo es bislang nur eine gab.
Mit etwas Verspätung wählte die Vollversammlung einen Engländer, Professor Crew, zum Kongreßvorsitzenden. Schon an diesem Mittwoch war allerdings zu hören, daß ein polnischer Teilnehmer wieder abreisen werde. Da einige wichtige Delegationen nicht oder

nur unvollständig erschienen waren und das Programm somit gekürzt werden mußte, gab die deutsche Delegation bald ihren Entschluß bekannt, sie werde vorzeitig abreisen.

Washington In Washington herrschte die gleiche Aufregung wie in den Kanzleien der Alten Welt. Man machte sich auf das Schlimmste gefaßt. Die Politiker eilten an ihre Schreibtische zurück. Auch der Präsident hatte seine Ferien abgebrochen und befand sich auf der Heimreise. Außenminister Hull kehrte an diesem Mittwoch zurück und berief sogleich eine Konferenz seiner Mitarbeiter ein. Ein paar Stunden früher war eine von Franklin Roosevelt verfaßte Botschaft zur Weiterleitung an den König von Italien im State Department eingegangen. Zugleich ging eine vom stellvertretenden Außenminister Sumner Welles unterzeichnete Warnung an alle US-Bürger hinaus, von einem Besuch Europas zum gegenwärtigen Zeitpunkt abzusehen oder ihn sogleich abzubrechen.
Moffat erfuhr an diesem Nachmittag, daß Roosevelt eine Botschaft an Hitler und den polnischen Staatspräsidenten Mościcki mit dem Appell senden wollte, es unter keinen Umständen zu einem Krieg kommen zu lassen. Moffat verstand den Wunsch, alles zu tun, um Blutvergießen zu vermeiden, hatte aber große Zweifel, ob man Hitler mit einem solchen Appell beikommen könne. Er stand mit seinen Zweifeln nicht allein. Inzwischen hatte aus London auch der amerikanische Botschafter Joseph Kennedy angerufen und offen erklärt, die Botschaft Roosevelts an König Victor Emanuel sei miserabel und sage in England niemandem zu. Moffat war wütend. Aber das war einfach der Stil von Joe Kennedy.

+++ Donnerstag, **24. August 1939** +++

Tokio Im Land der aufgehenden Sonne wird es um viele Stunden früher Tag als in Europa. Wenn die Japaner am frühen Morgen zur Arbeit strömen und die Büros und Geschäfte ihre Tore öffnen, herrscht im Abendland noch tiefste Nacht.
In Tokio war an diesem Morgen der Text des deutsch-russischen Pakts bekanntgeworden, und ein Sprecher des Außenministeriums erklärte am Vormittag, daß dieser Vertrag, insbesondere dessen vierter Artikel, im Widerspruch stehe zum Antikominternpakt zwischen Japan und Deutschland. Japan war wütend, und ganz besonders das amtliche Japan, die Regierungskreise. Die große japanische Tageszeitung *Asahishimbu* richtete heftige Angriffe gegen Deutschland und warf der deutschen Regierung vor, sie schließe Freundschaft mit dem Erzfeind der Antikomintern und mache den Antikominternpakt zu einem Fetzen Papier. Die Anregung, auch Japan könne mit der Sowjetunion einen Nichtangriffspakt abschließen, sei so widersinnig, daß man sie überhaupt nicht erörtern müsse. Inzwischen hatte nämlich einer der Sekretäre der Sowjetischen Botschaft in Tokio dem Direktor der Ostasiatischen Abteilung im Japanischen Außenministerium einen Besuch abgestattet und ihm einen solchen Vorschlag gemacht. Japan war über dieses Ansinnen empört. Auf die Frage, ob die japanischen Offiziere, die bereits auf dem Weg zum Reichsparteitag in Nürnberg waren, an dieser Veranstaltung teilnehmen würden, erwiderte der Sprecher des Außenministeriums, die Offiziere der kaiserlichen Armee seien als Privatpersonen dorthin gereist, nicht als Vertreter des Kaiserreichs Japan, daher liege die Entscheidung darüber voll und ganz in ihrem persönlichen Ermessen.

Der französische Jesuitenpater Pierre Teilhard de Chardin hielt sich in Kobe auf. Er kam gerade aus Kalifornien, wo er einen Geologenkongreß in Berkeley besucht hatte. Eigentlich befand er sich nur auf

der Durchreise nach China, um dort weiter seinen anthropologischen Studien nachzugehen.
Chardins Interesse galt voll und ganz der Entstehung des Menschen, dieses rätselhaften Säugetiers mit den wunderlichen Begabungen. Teilhard betrieb seit Jahren Feldforschung in dieser Richtung. Er hatte über seine Forschungen einiges veröffentlicht, was keineswegs geeignet war, die Hochschätzung christlich-konservativer Kreise hervorzurufen. Aber er stand zu seinen Ergebnissen.
Die große Politik bewegte den Pater weniger. Er war Christ, Jesuit, Anthropologe. Über das Zusammenleben von tierischen Gesellschaften wußte er gut Bescheid; sein Interesse für menschliches Verhalten hielt sich in Grenzen. Als Kenner des Tierreichs wußte er, daß der Stärkere in der Natur siegte, er wußte vom Kampf ums Dasein und vom »survival of the fittest«. Und er glaubte, daß auch im menschlichen Bereich der Stärkere siege, damit fand er sich ab. »Die Welt muß denen gehören, die die aktivsten Elemente darin sind«, hatte er geschrieben. »Im Augenblick verdienen die Deutschen den Sieg, denn – wie verdorben oder böse ihre geistige Triebkraft auch sein mag – sie haben mehr davon als der Rest der Welt.«
An diesem Tag gab er in Kobe einen Brief auf, in dem es heißt: »Der heute bekanntgewordene deutsch-sowjetische Vertrag macht die menschliche Atmosphäre noch klarer, und dies trotz der folgenschweren Tatsache, daß er ein zweites Mal gegen den Naziglauben (aufgrund des Antikomintern-Dogmas) verstößt, und zwar noch gründlicher als bereits die Annektierung der Tschechoslowakei (die der Rassentheorie widerspricht): Ich frage mich, in welchem Maße dieser ideelle Verlust für Hitler durch irgendwelche materiellen Vorteile aufgewogen werden wird.«

Moskau Hans von Herwarth fand in der Nacht zum Donnerstag wenig Schlaf. Er mußte das Telefon bewachen. Auf Veranlassung Ribbentrops war zwischen Moskau, Berlin und Salzburg eine direkte Verbindung hergestellt worden, damit man von der Botschaft aus jederzeit Hitler erreichen und über den Fortgang der Gespräche in

Kenntnis setzen konnte. Tatsächlich mußte Herwarth in dieser Nacht mehrmals mit Deutschland telefonieren.
Ziemlich früh an diesem Morgen rief Herwarth seinen amerikanischen Kollegen Bohlen an und lud ihn zu einem Besuch in der deutschen Kanzlei ein. Die Kanzlei der Botschaft befand sich in nächster Nähe zu den Behörden und zum sowjetischen Volkskommissariat des Äußeren und zugleich in Nähe der großen internationalen Hotels. Früher hatte das Gebäude zu den Privatpalästen der reichen Kaufmannsfamilie Morosow gezählt, deren Seidenspinnereien einst Weltruhm genossen.
Als Bohlen eintraf, legte Herwarth ihm die Details des Pakts vor, auch die Klauseln des Geheimprotokolls. Er erzählte ihm, daß Stalin auf Hitlers Gesundheit angestoßen und ihn einen »molodetz« genannt habe – im Russischen ein Ausdruck großer Hochachtung. Bohlen wurde ganz mulmig bei dem Gedanken, was sein deutscher Freund da riskierte.
Aber auch die *Prawda* berichtete schon an diesem Donnerstagmorgen vom Abschluß des Vertrags mit Deutschland und brachte sogar den Vertragstext – freilich nicht den des Zusatzprotokolls. Die Sowjetbevölkerung nahm den Pakt sehr unterschiedlich auf, die meisten Menschen reagierten eher mit gemischten Gefühlen. Viele waren ehrlich schockiert; und je linientreuer sie waren, desto größer der Schock. Gerade sie konnten nach den vielen Jahren antifaschistischer Agitation die jähe Wendung von äußerster Feindseligkeit zu scheinbarer Freundschaft nicht begreifen. Andererseits waren sie nicht gegen eine Normalisierung der Beziehungen, nicht einmal zu den Deutschen. Daher fühlten sich viele jetzt auch erleichtert, denn nun verminderte sich, so schien es ihnen, die Kriegsgefahr.
Bald, sehr bald verschwand aus der sowjetischen Presse und aus dem Rundfunk, von Bühne und Leinwand alles, was auch nur entfernt als Kritik an Deutschland oder dem Nationalsozialismus verstanden werden konnte. Jetzt wurden ganz andere Töne hörbar. Hatten die Deutschen mit ihrer hohen Kultur nicht lange Zeit großen Einfluß auf die kulturelle Entwicklung des russischen Volkes? Gebührte den Deutschen nicht Dank dafür?
Wolfgang Leonhard verbrachte die späten Augusttage fern von Moskau, in Jejsk am Asowschen Meer. Hier sah man wenige Zivi-

listen, aber sehr viel Militär, weil die Sowjetmarine in Jejsk eine Kriegsschule unterhielt.
Leonhard bereitete sich in diesem Sommer auf seinen Eintritt in den Komsomol vor, die Jugendorganisation der Kommunistischen Partei. In Prüfungen sollten die Kenntnisse und die Würde des jungen Menschen für seine Aufnahme unter Beweis gestellt werden. Leonhard las einige Bücher über die Geschichte der Kommunistischen Partei der Sowjetunion, über Lenin und Stalin und die Heldentaten der Sowjetführer. Einmal mußte er ein Referat halten, in dem er sich scharf gegen den Faschismus und Hitler-Deutschland wandte. Seine Mutter und er waren auf der Flucht vor diesem Staat; sie waren Deutsche, die ihre Heimat verlassen hatten, weil sie Feinde des Faschismus waren und Freunde der Sowjetunion.
Als Leonhard davon erfuhr, daß Ribbentrop in den Kreml gekommen war, um mit den Sowjetführern einen Vertrag abzuschließen, befielen ihn heftige Bauchschmerzen. Andere deutsche Kommunisten erfuhren die Neuigkeit noch unter viel härteren Bedingungen – Margarete Buber-Neumann in einem sowjetischen Straflager.

Ilja Ehrenburg hielt sich im Sommer 1939 in Spanien und Frankreich auf. Seitdem im Spanischen Bürgerkrieg die aufständischen Militärs gesiegt hatten – und die Republik besiegt war –, befand er sich gleichsam auf der Flucht, auf der Flucht nach Hause. In der zweiten Augusthälfte war er zurück in Moskau. Er hörte die Neuigkeit im Radio: Die Sowjetunion und Deutschland hätten gerade in Moskau ein Abkommen unterzeichnet. Ein Bekannter zeigte ihm das Foto in der *Prawda* mit den lachenden Gesichtern von Stalin, Molotow, Ribbentrop und anderen. Ehrenburg verstand das so, daß Engländer und Franzosen wieder einmal eine Riesenschweinerei begangen hatten. Aus diesem Grund akzeptierte er auch das Unvermeidliche: den Pakt. Sein Verstand nahm ihn hin, nicht jedoch sein Herz. Ehrenburg wurde krank; acht Monat lag er auf dem Krankenlager. Er verlor an die zwanzig Kilo.

Im Diplomatischen Corps der sowjetischen Hauptstadt herrschte Bestürzung. Teils war sie spontaner Natur, teils wurde sie hervorgerufen von den Regierungen, die ihre Vertreter in Moskau nun anwiesen,

Näheres in Erfahrung zu bringen. Der französische Botschafter Naggiar und der britische Botschafter Seeds unternahmen an diesem Tag einen Vorstoß bei Außenminister Molotow, um sich über den Inhalt des Nichtangriffspakts in Kenntnis setzen zu lassen. Ihr Informationsbegehren erklärten sie damit, daß ihre Regierungen erst auf der Grundlage genauerer Informationen imstande wären, ihre künftige Haltung zu bestimmen – auch mit Blick auf die Verhandlungen ihrer Militärmissionen in Moskau. Die Frage nach irgendwelchen geheimen Klauseln beantwortete Molotow mürrisch mit den Worten, er frage sie ja auch nicht, was in ihren Verträgen stehe.
Ribbentrop hatte an diesem Vormittag noch ein Gespräch mit dem italienischen Botschafter Rosso. Er wollte ihm den Vertragstext persönlich mitteilen. Rosso wandte sein Augenmerk zuerst dem zweiten Artikel zu, der ohne Vorbehaltsklausel hinsichtlich der Frage, ob eine der beiden Parteien sich vielleicht einer Aggression schuldig gemacht hatte, von der Neutralität der Unterzeichner ausging. Das war interessant. Die Sowjets verzichteten normalerweise nicht auf diesen Hinweis.
Am späten Vormittag machte sich Ribbentrop hochgestimmt mit seinem Geschwader auf den Heimweg. Es war 13.20 Uhr Ortszeit. Unmittelbar vor dem Abflug nahm Flugkapitän Hans Baur Funkkontakt mit Berlin auf. Über polnisches Hoheitsgebiet zu fliegen sei riskant, hieß es; die Maschine werde den Weg über Königsberg nehmen. Zwei Minuten später war Ribbentrops Maschine in der Luft.

Graf von der Schulenburg war an diesem Morgen ziemlich früh auf den Beinen. Er erschien bereits gegen 9 Uhr in seinem Büro, und das war ungewöhnlich. Dies gab Herwarth die Gelegenheit, ihm seinen Entschluß mitzuteilen: den diplomatischen Posten in Moskau zu verlassen und einzurücken.
»Herr Botschafter«, begann er förmlich und fuhr in der dritten Person fort – eine Gepflogenheit, welche die Nationalsozialisten im Diplomatischen Dienst eigentlich abgeschafft hatten. Doch in Moskau war es unter den deutschen Diplomaten weiterhin üblich, sich dieser älteren Form zu bedienen. Schulenburg ging mit dem jungen Kollegen viel weniger förmlich um. »Lieber Johnnie«, fragte er,

»warum haben Sie es so eilig? Dieser Krieg wird ebenso wie der Weltkrieg sehr, sehr lange dauern. Sie kommen in ein paar Monaten auch noch zurecht.«
Aber Herwarth wollte nicht länger bleiben. Er wollte Soldat werden. Schulenburg hörte ihm gelassen zu, im Grunde kannte er das Problem: Herwarth hatte eine jüdische Großmutter und war auf ausdrückliche Bitte des Botschafters hin nur mit Duldung des Auswärtigen Amts auf dem Moskauer Posten belassen worden. »Vielleicht haben Sie recht«, sagte Schulenburg nach einer Weile und fügte dann, mit Blick auf den neuen Vertrag, hinzu: »Ich habe mit all meiner Kraft für gute Beziehungen zwischen Deutschland und Rußland gearbeitet, und in gewisser Weise habe ich mein Ziel erreicht.« Doch gleich stieg ihm die schreckliche Folgerung daraus zu Bewußtsein: »Dieser Vertrag bringt uns den Zweiten Weltkrieg und stürzt Deutschland ins Verderben.«

Herwarth kannte den früheren Gehilfen des deutschen Militârattachés in Moskau, Oberst Hans Krebs, und hatte ihn schon bei früherer Gelegenheit um seinen Rat gebeten. Krebs empfahl ihm, sich unter Umgehung des Dienstwegs bei seinem alten Regiment zu melden. Dieses lag allerdings nicht mehr im brandenburgischen Neuruppin, sondern war wenige Tage zuvor, am 22. August, nach Ostpreußen verlegt worden. Zu Manövern.
Als Herwarth die Übernachtung Ribbentrops in Königsberg mit dem dortigen Oberpräsidium klärte, kam ihm der Gedanke, daß er selbst dort vielleicht bald eine Unterkunft benötigen werde. Das ließe sich machen, hieß es. Herwarth packte die Gelegenheit beim Schopf. Er sauste zum Flughafen, wo er kurz nach 13 Uhr eintraf, als das Flugzeug mit Ribbentrop an Bord gerade startete. Er konnte eben noch erreichen, daß das zweite Flugzeug ihn rasch noch hineinschlüpfen ließ. Dann raste die Maschine über die Rollbahn und hob donnernd von russischem Boden ab.

Beobachter, die sich in der alten preußischen Hauptstadt Königsberg aufhielten, hatten den Eindruck, die Bevölkerung Ostpreußens sei – soweit sie 1914 den Einfall der Russen miterlebt hatte – dankbar über den Pakt mit Stalin. Der Friede schien nun gesichert zu sein. Als Ribbentrop in Königsberg ankam, wurde er von Gauleiter Koch begrüßt. Koch überreichte ihm eine wertvolle Truhe aus Bernstein als Geschenk; darin sollten später einmal die Verträge mit Stalin abgelegt werden, die den Frieden mit Rußland gerettet hatten, meinte der Gauleiter. General Köstring, der gleichfalls mit an Bord der Maschine war, wurde auf dem Flughafen von alten Freunden und Kameraden erwartet, die ihm gerührt dankten. Herwarth blieb zurück; er reiste von Königsberg aus alleine weiter.

Danzig In Danzig war die Lage gespannt. Am Morgen, gegen 8 Uhr, feuerte die polnische Flugabwehr mit Schrapnellgeschossen auf ein Sportflugzeug, Granatsplitter prasselten auf die Strände von Zoppot herab und zerschlugen in einigen Privathäusern die Fensterscheiben. Das Flugzeug konnte unbeschädigt entkommen. Augenzeugenberichten zufolge befand es sich zur Zeit des Zwischenfalls über dem Territorium der Freien Stadt Danzig.

Danzigs Befestigungsanlagen waren gerüstet. An seinen äußeren Grenzen lagen, verstreut, etliche Maschinengewehrnester und Drahthindernisse. Schützengräben und Panzerfallen sollten ein Eindringen des Feindes verhindern. Teile des Danziger Territoriums waren für die Öffentlichkeit gesperrt. Nach Norden hin, zur Ostsee, vermuteten Eingeweihte weitere Artilleriestellungen.

Die Danziger hielten einen Kriegsausbruch jederzeit für möglich. Durch ihre Straßen fuhren schwerbeladene Armeelastwagen mit deutschen Kennzeichen. Ein Taxi zu bekommen war an diesem Morgen nicht leicht, denn viele Einwohner schickten heute ihre Frauen und Kinder über die Grenze, ins Reich; Ausländer, die in Danzig lebten, verließen die Stadt. Auch die diplomatischen Missionen zogen sich zurück. In der Britischen Botschaft, so war zu hören, seien die Angestellten bereits dabei, geheime Dokumente zu vernichten.

Die Danziger Regierung hatte gerade von Warschau die Reduzierung der polnischen Zollinspektoren verlangt, und zwar um 90 Prozent! Dabei fühlten sich die Polen in bezug auf Danzig ohnehin schon von den Deutschen hintergangen, und der polnische Vertreter in der Stadt, Marjan Chodacki, hatte gerade im Namen seiner Regierung entschieden gegen die Verletzung polnischer Rechte in der Stadt Protest eingelegt.

Berlin Die deutschen Zeitungen berichteten an diesem Morgen etwas kleinlaut über den neuen Pakt. Der brutale ideologische Schwenk schien ihnen einige Schwierigkeiten zu machen. Sie wichen daher jeder Erläuterung dieser heiklen Fragen aus und lenkten die Aufmerksamkeit der Leser ganz auf den Zuwachs an Macht und Einfluß des Deutschen Reiches. Die *Deutsche Allgemeine Zeitung* sprach von einer »natürlichen Partnerschaft« zwischen Deutschland und Rußland und rühmte »die große Vertraulichkeit und den tiefen Ernst«, mit dem beide Regierungen ihre Verhandlungen geführt hätten. Und die *Berliner Börsenzeitung*, die früher alles darangesetzt hatte, die sowjetische Politik in den Dreck zu ziehen oder lächerlich zu machen, brachte jetzt Bilder von Ribbentrop und Molotow, auf denen beide wie Zwillingsbrüder wirkten, und überschüttete sie mit Lob dafür, daß sie zur »traditionellen Freundschaft« ihrer Länder zurückgekehrt seien.
Klartext brachte die *Neue Zürcher Zeitung:* Es sei der Eindruck weitverbreitet, daß eine Aufteilung Osteuropas in deutsche und russische Interessensgebiete irgendwie zu den Voraussetzungen dieser Einigung gehöre und daß Stalin durchaus nicht nur ein passives Beiseitestehen, sondern ganz greifbare Vorteile für sich im Auge habe.
Die Kampagne der deutschen Presse gegen Polen lief derweil auf vollen Touren weiter. Der Leser mußte zu der Auffassung kommen, daß Polen zu wählen hatte: und zwar zwischen der Auflösung seines Staatswesens, die in der Tat für den Fall unvermeidlich erscheint, daß die Warschauer Regierung nachgibt, und zwischen der Verwüstung seiner Städte und Dörfer, der Polen selbst dann ausgesetzt wäre, wenn England und Frankreich ihre Bündnispflicht erfüllten. Für Polen eine fürchterliche Alternative.

Nicht wenige Zeitungsleser waren ob der Nachricht vom Hitler-Stalin-Pakt beunruhigt, die verfolgten und ausgegrenzten noch viel mehr als die »rein arischen«. Inge Deutschkron zum Beispiel erschrak heftig: »Wir konnten sie zunächst überhaupt nicht begreifen; sie schien uns wie ein unglaublicher Verrat der Sowjetunion an der freien Welt, den natürlichen Verbündeten im Kampf gegen die Nazis zu sein. Dann wieder schien uns, als würde dieses Bündnis die Kriegsgefahr – wenigstens fürs erste – bannen. Dennoch beobachteten wir mit Argwohn junge Männer mit Rucksack und Pappkarton in den Straßen Berlins – offensichtlich Reservisten, die insgeheim eingezogen worden waren. Es folgten außerdem in regelmäßigen Abständen Aufrufe im Rundfunk und in den Zeitungen an die Berliner Bevölkerung, die Luftschutzkeller bereitzuhalten und die Gasmasken auf ihre Funktionsfähigkeit zu prüfen.«

Berchtesgaden Der deutsche Führer und Reichskanzler Adolf Hitler machte an diesem Morgen auf den Freiherrn von Weizsäcker einen ruhigeren Eindruck; im Gespräch schien er rationalen Argumenten zugänglicher zu sein als sonst. Plötzlich äußerte er Zweifel an der Bündnistreue Italiens, und Weizsäcker nahm dies zum Anlaß, ihn darin zu bestärken. Er geißelte die Distanziertheit der Italiener. Die Herrschaften in Rom, sagte Hitler, verhielten sich so, als ginge sie das Ganze überhaupt nichts an. Eher werde Großbritannien Polen helfen als Italien Deutschland. Hitler fand jetzt den Gedanken quälend, der Westen könne unter diesen Umständen in einen Konflikt zwischen Deutschland und Polen eingreifen. Weizsäcker begann, Hitler diesen Alptraum noch etwas auszumalen. Doch dann schreckte Hitler wieder vor der Vorstellung zurück, es könne wirklich dazu kommen, daß England sich hinter Polen stellte – während Deutschland allein im Regen stand. Polen werde wohl einlenken, meinte er, und dann sei eine etappenweise friedliche Lösung möglich. Und wenn nicht, wenn es wirklich zum Äußersten käme, dann würden England und Frankreich am Ende Polen fallenlassen, wie sie im März 1939 und schon davor die Tschechen fallengelassen hatten. Aber trotz solcher Selbstbeschwichtigungen schwankte Hitler an diesem Tag, er traute Italien nicht, und er fürchtete einen Zweifrontenkrieg für das Deutsche Reich.

Am Nachmittag flog Hitler, umgeben von einem Schwarm von Adjutanten, Ordonnanzen, Verbindungsoffizieren und anderen nach Berlin zurück. Er war gespannt, was Ribbentrop ihm berichten würde.

Wien In der Hauptstadt der alten Donaumonarchie brodelte die Gerüchteküche. Dem Wiener *Tageblatt* zufolge herrschte im neuen Staat Slowakei, diesem Produkt nationalsozialistischer Außenpolitik, eine besonders rege antisemitische Propaganda, die von Deutschland noch geschürt werde. Als Folge dessen verließen einheimische Juden in großer Zahl die Slowakei in Richtung Ungarn. Aber an den Grenzen warteten schon die Zöllner auf sie und nahmen den Flüchtenden ab, was sie mit sich trugen, vor allem Geld und Schmuck. Einige Flüchtlinge seien auch verhaftet worden, hieß es.

Aus Rumänien, so war in Wien über die Ungarische Botschaft zu vernehmen, marschierten rumänische Einheiten auf die ungarische Grenze zu. Die ungarische Regierung ließ verlautbaren, sie sehe sich nunmehr gezwungen, den schweren und unbegründeten, für sie unverständlichen militärischen Maßnahmen Rumäniens eigene Verteidigungsanstrengungen entgegenzusetzen.

Berlin Elisabeth Block, ein sechzehnjähriges Mädchen aus der Gegend von Rosenheim in Oberbayern, verbrachte ihre Schulferien bei Tante Helme und Onkel Peter in Berlin. Sie unternahmen einige schöne Ausflüge in die nähere Umgebung: mit der Stadtbahn nach Potsdam hinaus, wo sie den Dom und die Garnisonskirche besuchten, die Friedenskirche und das Mausoleum, dann das herrliche Schloß von Sanssouci, das Friedrich der Große während des Siebenjährigen Krieges hatte erbauen lassen. Sie sahen sich die künstliche Ruine an, die – ganz neu, dem Zeitgeist huldigend – schon als Ruine erbaut worden war. *Sans souci* – ohne Sorge, das wünscht man sich jetzt in einer Zeit, in der dunkle Gewitterwolken heraufziehen. Später suchen sie auch noch ein Sportfest auf, wo Elisabeth weitere

Verwandte trifft. Die Blocks sind Juden, deutsche Juden, nur ein kleiner Zweig der Familie wohnte in Bayern.
Tante Helme macht sich große Sorgen, denn die Spannungen zwischen Deutschland und Polen nehmen immer mehr zu. Wäre es nicht das gescheiteste, Elisabeth würde bald nach Hause zurückfahren, damit ihre Eltern sich nicht ängstigen? Wer weiß, wie lange Zivilisten noch ungehindert die Reichsbahn auf langen Strecken benützen können. An diesem Donnerstag besteigt Elisabeth den Zug, der um 12.10 Uhr von Berlin nach München abfährt. Sie hat das Glück, in ihrem Abteil neben einer weitgereisten Dame zu sitzen, die ihr während der Fahrt von ihren Flug- und Schiffsreisen nach Afrika, Jugoslawien und Mexiko erzählt. Mit hochroten Ohren hört das Mädchen die Namen von Orten, die sie nur aus dem Erdkundeunterricht kennt. Und am Ende ist die Dame so freundlich, sie zu sich nach Hause einzuladen, nach Dahlem, wenn Elisabeth wieder einmal nach Berlin kommt. Das Mädchen nimmt die Einladung dankbar an.
Als der Zug in München ankommt, ist es spät, zu spät für die Weiterfahrt nach Rosenheim und zu ihrem Dorf. Elisabeth nimmt ein Taxi und fährt zu Münchner Verwandten, wo sie über Nacht bleibt.

Die *Neue Zürcher Zeitung* brachte an diesem Donnerstag in ihrer Mittagsausgabe den gesamten Text des aus sechs Artikeln bestehenden deutsch-russischen Vertrags. In ihrer Abendausgabe lieferte sie einen ausgiebigen Kommentar dazu: Die letzte Nacht in Moskau erzielte Einigung, schrieb der Berliner Korrespondent des Blattes, gehe weit über einen einfachen Nichtangriffspakt hinaus, sie stelle vielmehr einen Freundschafts-, Konsultations- und Kriegsverzichtsvertrag dar, der sogar gewisse Elemente eines Bündnisvertrags enthalte. Die Bindungen, die beide Unterzeichner somit eingingen, seien enger gefaßt als im Berliner Vertrag von 1926. Von überragender Bedeutung sei der Artikel 4, mit dem Rußland sich schon in Friedenszeiten die Hände binde und sich gegenüber allen Staaten, die dem deutschen Expansionsdrang Widerstand leisteten, als bündnisunfähig erklärt. Man habe bei der Lektüre des Vertrags tatsächlich den Eindruck, daß bei seiner Ausarbeitung die Vertreter Deutschlands von der ersten bis zur letzten Zeile die Feder geführt hätten.

Nun erhebe sich die Frage, fuhr der Kommentar fort, welche Gegenleistungen Deutschland dafür erbracht habe. Im Vertragstext suche man vergeblich nach einer Antwort; aber wenn man eines Tages die Geheimarchive öffne, werde die staunende Nachwelt es vielleicht erfahren. Die Verlautbarung der britischen Regierung vom Dienstagabend, in der sie ihre Bündnistreue gegenüber Polen aufs neue bekräftigt und eine dringende Warnung an Deutschland gerichtet habe, sei der deutschen Bevölkerung vorenthalten worden. Die deutschen Zeitungen würden darüber schweigen oder nur undeutliche Anspielungen bringen und statt dessen Behauptungen über die Beschießung deutscher Verkehrsflugzeuge durch polnische Flakgeschütze im Korridorgebiet und über der Ostsee groß herausstellen. Systematisch werde auch das Gerücht verbreitet, daß ein polnischer Überfall auf Danzig bevorstehe.
Die *Neue Zürcher Zeitung* nahm diesen Pakt zum Anlaß, ihre Leser noch einmal daran zu erinnern, wie haßerfüllt die deutsche Propaganda stets über den Sowjetimperialismus und den Bolschewismus hergezogen war.

Polens Botschafter Lipski versuchte mit Feldmarschall Göring zu telefonieren. Er hatte Göring einen Brief gesandt, der unbeantwortet geblieben war. Der Herr Feldmarschall sei nicht da, beschied ihn Görings Adjutant, doch könne der Herr Botschafter jederzeit anrufen, am besten noch am gleichen Tag, und zwar vor 17 Uhr, sonst sei es wohl zu spät.
Nun fährt Lipski zu Görings Berliner Residenz. Göring empfängt den polnischen Diplomaten sehr freundlich, schränkt aber gleich ein, bei diesem Gespräch könne es sich nur um eine Privatsache handeln. Sie bleiben eine Stunde zusammen. Göring meint, die guten Beziehungen zwischen Berlin und Warschau, um die sie sich beide bemüht hatten, seien offenbar gescheitert; er suche selbst nach Gründen dafür. Mit Blick auf Danzig sagt Göring, die Entscheidung, diese deutsche Stadt ins Deutsche Reich heimzuholen, sei eigentlich schon gefallen; Erinnerungen an frühere Zusagen nützten da gar nichts. Hitler meine es aufrichtig, wenn er sage, der Korridor bedeute ihm an sich wenig. Göring gibt zu, daß die deutsche Politik eine Wendung vollzogen habe; aber das sei Großbritanniens Schuld. Deutschland habe sich

entscheiden müssen zwischen England und Rußland. »Von jetzt an müssen wir alle Züge gegenüber Polen mit Sowjetrußland abstimmen«, sagt er. Diese Worte prägen sich Lipski tief ein.
Göring begleitet ihn zur Tür und verabschiedet sich mit einer theatralischen Geste. Als Lipski geht, ist er sich im klaren, daß der Krieg gegen sein Land beschlossene Sache ist.

Aus Berchtesgaden kommend, trifft Hitler mit seinem Gefolge in Tempelhof ein. Etwas später, gegen 19 Uhr, landet Ribbentrops Maschine. Der Reichsaußenminister begibt sich sogleich zur Berichterstattung in die Reichskanzlei. Hitler zieht sich mit ihm und Göring zu einem längeren Gespräch zurück. Er will sich gründlich informieren lassen. Später berichtet Ribbentrop in einem größeren Kreis über die Vorgänge im Kreml. Dabei ist auch von Below zugegen, einer von Hitlers Adjutanten. Ihm fällt auf, wie frei und gelöst Ribbentrop ist, sobald er auf die Moskauer Vorgänge zu sprechen kommt. Als er prustend davon erzählt, er habe sich bei Stalin im Kreml richtig wohl gefühlt, wie unter alten Parteigenossen, scheint Hitler für kurze Zeit bedenklich dreinzublicken. Dann erzählt Ribbentrop munter weiter, und jedesmal, wenn er auf England zu sprechen kommt, nimmt sein Gesicht einen harten, undurchdringlichen Zug an.
Dann wird das Abendessen aufgetragen. Die Stimmung ist ausgezeichnet. Man sitzt in großer Runde beieinander, Goebbels vis-à-vis von Hitler. Flugkapitän Hans Baur und Hitlers Fotograf Heinrich Hoffmann sind die Helden des Abends. Hoffmann, der gegen den ausdrücklichen Wunsch Ribbentrops an der Reise teilnahm, hatte von Hitler persönlich den Auftrag, Stalin zu grüßen. Er versteht es heute am besten von allen, die Atmosphäre im Kreml wiederzugeben. Goebbels kann es trotzdem nicht lassen, gegen Hoffmann zu sticheln, indem er auf dessen Vorliebe für Alkohol anspielt: Hoffmann habe in Väterchen Stalin wohl einen ebenbürtigen Saufkumpan gefunden.

Rom Die italienische Presse feiert an diesem Morgen den deutsch-sowjetischen Pakt. Der in Mailand erscheinende *Popolo* schreibt auf der Titelseite, daß die Einkreisungspolitik durch den neuen Nichtangriffspakt zwischen Berlin und Moskau einen tödlichen Schlag erhalten habe. Rußland habe lange Zeit die Schlüsselposition in dem vom Baltikum bis zum Mittelmeer reichenden großen Einkreisungsbogen gegen Deutschland eingenommen, nun habe Hitler diesen Bogen gesprengt. Die Innenpolitik der beiden Vertragspartner werde davon nicht berührt. Ein anderer Journalist schreibt, es handele sich um zwei sozialistische Revolutionen, die in diesen beiden Ländern stattgefunden hatten und die auf verschiedenen Wegen und mit verschiedenen Systemen die alten plutokratischen Regime bekämpften. Zwei Diktaturen, die sich im Interesse ihrer Völker und des Friedens kommerziell und politisch verständigten. Den Kern der Sache trifft der *Corriere della Sera*: Für Polen, schreibt er, habe eine neue Entscheidungsstunde geschlagen, denn Frankreich und Großbritannien seien nicht imstande, dem fernen Verbündeten wirksam beizustehen.

Schwerin von Krosigk hielt sich in Italien auf. Er hatte mit Außenpolitik nichts zu tun, er wachte an oberster Stelle über Deutschlands Finanzen. Da er nun aber Rom besuchte, sprach er auch mit den Regierenden. Gestern hatte er bereits mit Graf Ciano konferiert. Der italienische Außenminister war, nach den üblichen Begrüßungsworten, sogleich auf die Reise seines deutschen Kollegen nach Moskau zu sprechen gekommen und hatte deren diplomatische Bedeutung hervorgehoben. Er machte kein Hehl aus seiner Einschätzung, daß bei einem Vorgehen Deutschlands gegen Polen England und Frankreich sich wohl trotzdem an diesem Konflikt beteiligen würden. Er müsse dies glauben, sagte er, weil die in Rom akkreditierten Botschafter dieser beiden Mächte es ihm kurz zuvor ausdrücklich und mit eindringlichen Worten versichert hätten. Das sei weit mehr als nur seine Privatmeinung.

An diesem Donnerstag hatte Schwerin eine Audienz bei Mussolini. Es war 19 Uhr, als er den Regierungschef aufsuchte. Mussolini war ein paar Wochen zuvor 56 Jahre alt geworden, wirkte aber mit seinen grauen kurzgeschorenen Haaren um vieles älter. Er bewegte sich mit einer Dynamik, die an einen Elefanten erinnerte. Bei längeren Gesprächen, auch im Beisein von Fremden, schloß er mitun-

ter für einen beträchtlichen Zeitraum die Augen, als müsse er etwas überdenken. Dann riß er sie ganz plötzlich auf und starrte dabei den Gesprächspartner an, vielleicht, um die Bedeutung seiner Worte zu unterstreichen. Auf Fremde wirkte dies zumeist stark theatralisch.
Unweigerlich kam der Duce heute auf den Moskaubesuch Ribbentrops und das deutsche Vorgehen gegenüber Polen zu sprechen. Er warnte vor der Auffassung, die Westmächte würden im Falle eines deutschen Angriffs auf Polen tatenlos zusehen.
Mussolinis Schwiegersohn empfing an diesem Tag den französischen Botschafter in Rom, André François-Poncet. Dieser kannte Deutschland gut, er hatte bis 1938 als französischer Botschafter in Berlin amtiert, seither war er nun in gleicher Eigenschaft in Rom. Er stand in engem Kontakt mit seinem englischen Kollegen Sir Percy Loraine, und dieser hatte ihm erst gestern versichert, daß der soeben abgeschlossene Moskauer Vertrag nichts ändern werde an der Haltung der britischen Regierung Polen gegenüber.
Im Verlauf dieses Gesprächs äußerte Ciano, es wäre sicherlich das gescheiteste, Danzig Deutschland zu überlassen. Der Diplomat unterbrach ihn an dieser Stelle. »Sie vergessen«, sagte er, »daß Danzig das Symbol der Freiheit Europas ist.« In diesem Augenblick wurde Ciano ans Telefon gerufen. Er verließ sein Büro, kam aber bald darauf wieder ins Zimmer. Er hatte erfahren, daß der englische Botschafter in Berlin, Henderson, bei Hitler in Berchtesgaden gewesen war und dort äußerst ungnädig empfangen worden sei. Es war Magistrati, sein Schwager, der ihm dies mitteilte.

Paris Der französische Ministerrat tagt heute unter dem Vorsitz von Staatspräsident Albert Lebrun im Elyséepalast. Im Mittelpunkt der Beratungen steht die internationale Lage. Daladier berichtet über die militärischen Maßnahmen, die seine Regierung getroffen hat: Soeben sei beschlossen worden, ein weiteres Kontingent Reservisten einzuberufen. Außerdem werde ab Mitternacht im Stadtgebiet von Paris das Requirierungsrecht des Kriegsministers in Kraft treten, was durch Maueranschläge noch bekanntgemacht werde.
Die Minister sprechen auch über den neuen Vertrag, vor allem mit

Blick auf etwaige Folgen für Frankreich und seine Bündnisverpflichtungen. Bonnet erläutert den Inhalt, der ihm von Botschafter Naggiar übermittelt wurde. Er spricht den Polen ein hohes Maß an Schuld daran zu, daß es nicht zu einem Defensivbündnis mit Moskau kam. Daladier erwidert entschieden, der Pakt berühre die Verpflichtungen Frankreichs nicht, Vorwürfe an Warschaus Adresse könne man sich sparen.
Der Diplomat Pierre Flandin ist an diesem Abend überzeugt, daß Frankreich bezüglich Polens auf keinen Fall nachgeben könne. Andernfalls würde nicht nur sein Ansehen schwer erschüttert, sondern die Grundlagen seiner Existenz. Aus diesem Grund stünden die Franzosen jetzt auch wie ein Mann hinter ihrer Regierung. Flandin hält es für ausgeschlossen, daß London unter diesen Umständen nachgeben oder sich dazu entschließen könnte, Druck auf Polen auszuüben. Er sieht für die Westmächte nur eine Möglichkeit: Stärke zeigen.

London Ganz England ist von fieberhafter Tätigkeit erfüllt. Die Luftabwehrbatterien sind in Alarmbereitschaft versetzt, Beobachtungsflugzeuge kreuzen ständig über den Küstengebieten, Scheinwerfer leuchten den Himmel ab. Der Rundfunk hat sämtliche Verteidigungsgremien aufgefordert, sich zu ihren Dienststellen zu begeben. In vielen Teilen des Landes werden die Einwohner in Luftschutzübungen unterwiesen. Die Behörden halten sich bereit, jederzeit auf Befehl die Straßenbeleuchtungen auszuschalten. Millionen von Familienvätern verbringen den Abend damit, die Fenster ihrer Wohnungen abzudichten. Patrouillen ziehen durch die Straßen und achten darauf, daß nirgendwo ein Lichtstrahl ins Freie dringt. Auf den Bahnhöfen sind mehr Soldaten als Zivilisten zu sehen. In London sind die städtischen Ämter die ganze Nacht im Einsatz, um Pläne für die Evakuierung auszuarbeiten. Die Telefone, die feindliche Luftangriffe melden sollen, müssen fortan Tag und Nacht besetzt sein.
London hat damit begonnen, eine Flotte von Passagierdampfern und Ausflugsschiffen für den Truppentransport nach Frankreich zu mobilisieren. Es hat die Fischereiflotte aus der Nordsee zurückgeru-

fen und allen Fischdampfern, die zum Einsatz gegen Unterseeboote geeignet sind, befohlen, in den Häfen zu bleiben.
Schon vor Monaten haben sich die Verantwortlichen Gedanken gemacht, wie man die Kunstschätze der Londoner Museen im Kriegsfall in eine unzugängliche Bergregion in Wales transportieren könnte. Aus der Westminsterabtei sind bereits einige Kunstgegenstände an Orten in Sicherheit gebracht worden, die von drohenden Bombenangriffen voraussichtlich weniger betroffen sein werden. Die Londoner Nationalgalerie wird ab morgen, Freitag, geschlossen sein. Neben vielen öffentlichen Gebäuden liegen Berge von Sandsäcken; sie sollen dazu dienen, die Gebäude bei Luftangriffen zu schützen.
Der Abschluß des deutsch-sowjetischen Nichtangriffspakts macht die Briten nervös, denn sie verstehen seine Bedeutung. Ein Gerücht jagt das andere. Daß Danzig in den nächsten Tagen vom Reich nicht »geschluckt« werde, erscheint fast nicht mehr glaubhaft. Die englischen Zeitungen berichten, in Deutschland gehe die Mobilisierung systematisch weiter. Die Wehrmacht habe – in Pommern, Böhmen, Mähren und der Slowakei – riesige Truppenkontingente zusammengezogen, was auf eine massive Offensive gen Osten in naher Zukunft hindeute.
Die Nachrichten aus Berlin wurden in England eifrig debattiert. Hitlers Druck auf Polen – und damit einhergehend die ständigen Meldungen von »polnischen Greueln gegenüber Deutschen« – erinnerte die Briten an die Tatarenmeldungen aus dem Vorjahr. Jedermann weiß heute, wie die Krise damals ausging: Hitlers Deutschland hatte die Tschechoslowakei vereinnahmt, obwohl Hitler vorher noch getönt hatte: »Wir wollen überhaupt keine Tschechen.« Vermutlich wollte er diesmal auch keine Polen!
Bezüglich der Verfolgung von Deutschen durch Polen hat der britische Botschafter in Warschau, Sir Howard Kennard, gerade telegrafisch mitgeteilt, daß diese von deutscher Seite stark übertrieben werde. »Anklagen, wonach Leute mit Ketten geschlagen, auf Stacheldraht geworfen oder gezwungen worden seien, im Chor Beleidigungen gegen Herrn Hitler auszustoßen, sind einfach dumm, ja viele namentlich angeführte Einzelfälle sind widerlegt worden«, schreibt er. Von einem Deutschen habe es geheißen, er sei im Zu-

sammenhang mit der Ermordung eines polnischen Polizisten am 15. August verhaftet und – so stand es in der deutschen Presse – zu Tode geprügelt, Frau und Kinder seien aus dem Fenster geworfen worden. Ein Korrespondent des *Manchester Guardian* habe den Mann jetzt besucht – er wies keinerlei Verletzungen auf. Auch die Geschichte seiner Nächsten entbehre jeder Grundlage. Richtig sei jedoch, schrieb Kennard, daß viele Angehörige der deutschen Minderheit nach Aufforderung durch deutsche Stellen Polen illegal verlassen hätten. Aber ihre Zahl sei gewaltig übertrieben worden: nicht 76 000 seien geflüchtet, sondern höchstens 17 000. Viele seien weggegangen, weil sie im Falle eines Krieges nicht in Polen bleiben wollten.

Als der Premierminister kurz vor 15 Uhr das Unterhaus betritt, ertönen langanhaltende Ovationen. Schon auf dem Weg von der Downing Street nach Westminster hat die Menge ihm zugejubelt. Chamberlain erklärt in seiner Rede: »Großbritannien steht heute unmittelbar einer Kriegsgefahr gegenüber.« Die internationale Lage habe sich verschlechtert, seit die deutsche Presse eine so heftige Kampagne gegen die polnische Regierung führe. Was die Greueltaten gegen Deutsche in Polen angehe, könne man sich des Eindrucks nicht erwehren, daß sie große Ähnlichkeit haben mit denen, die vor einem Jahr gegen die Tschechoslowakei vorgebracht wurden. Chamberlain lobt die Zurückhaltung der polnischen Staatsmänner. Deutschland befinde sich bereits im Zustand voller Kriegsbereitschaft, sagt er. Nach dem Abschluß des Moskauer Pakts sei es die erste Pflicht der britischen Regierung, wissen zu lassen, daß ihre Verpflichtungen gegenüber Polen hiervon nicht berührt werden. Hitler habe ihm sagen lassen, daß er in Osteuropa freie Hand haben wolle und daß Großbritannien und die anderen Länder für den Konflikt verantwortlich wären, wenn sie sich einmischten. Auch angesichts dieser Drohung sei seine Regierung gewillt, ihren Verpflichtungen gegenüber Polen und den anderen Staaten nachzukommen, und entschlossen, sich für die Erhaltung der Grundsätze einzusetzen, deren Zerstörung zugleich den Frieden in der Welt unmöglich mache. Er und die Regierung seien davon überzeugt, daß das ganze Land hinter ihnen stehe.

Das Unterhaus lauscht mit achtungsvollem Schweigen. Nach dem

Premier meldet sich Greenwood zu Wort, dessen Ausführungen zu entnehmen ist, daß Labour geschlossen hinter der Regierung steht und das Land geeint ist und bereit, seine Freiheit und die seiner Freunde zu verteidigen. In der anschließenden Abstimmung wird mit 457 Stimmen ein Ermächtigungsgesetz angenommen – nur vier Abgeordnete verweigerten sich –, das noch am selben Tag von König Georg VI. unterzeichnet wird.

Dann spricht Anthony Eden. Er kann trotz seines jugendlichen Aussehens auf eine beachtliche Karriere zurückblicken. Eden ist ein Mann aus bestem Hause, groß und schlank, mit strahlenden blauen Augen. Er hat in Oxford Orientalistik studiert, Arabisch und Persisch; Farsi, das Neupersische, hat es ihm angetan. Persien ist seine Leidenschaft – ein beträchtlicher Teil seines Vermögens ging verloren, als Schah Reza die Anglo-persische Gesellschaft enteignete, in deren Aktien er viel Geld angelegt hatte. Eden spricht den Akzent der englischen Oberschicht. Er wendet sich heute scharf gegen Hitler. Nachgiebigkeit ihm gegenüber hält er für grundfalsch – das war auch der Grund, warum er 1938 als Außenminister zurücktrat, ebenso wie Duff Cooper, der Lord der Admiralität und Verfasser einer brillanten biographischen Studie über Napoleons Außenminister Talleyrand. Beide sind Gegner von Chamberlains Politik der Beschwichtigung; sie würde Hitlers Aggressionswut eher anfachen als dämpfen, meint Eden, und das bedeute Krieg. Eden hatte im Weltkrieg zwei seiner Brüder verloren.

In bezug auf Hitlers Machthunger gab sich Eden keinen Illusionen hin, daher war er auch überzeugt, daß ein Krieg nicht unbegrenzt verschoben werden konnte. Aber er hoffte, daß man ihn noch eine Weile hinauszögern könnte. »Ich glaube«, sagte er, »daß im derzeitigen Augenblick die größte Kriegsgefahr in der Überzeugung des deutschen Volkes begründet liegt, einem Glauben, der mit allen Mitteln eines mächtigen Propagandaapparats aufgebaut wurde. Er besagt, daß keine der Aktionen, die die deutsche Regierung gegen Polen unternehmen wird, zu einem Krieg zwischen ihnen und diesem Land und Frankreich führen wird. Ich persönlich glaube, daß die deutsche Regierung, indem sie diesen Pakt mit Rußland unterzeichnet hat, die größte Fehlkalkulation begangen hat. Die Deutschen scheinen [...] zu glauben, daß wir als Folge dieses Paktes unsere Zusage an Polen wieder zurück-

nehmen werden. [...] Wenn die Führer des deutschen Volkes dies wirklich glauben, dann scheinen sie wenig von unserer Geschichte begriffen zu haben. Je größer die Hindernisse [...], denen sich die Briten gegenübersehen, um so stärker ihre Entschlossenheit, denen beizustehen, denen sie ihr Wort gegeben haben.«
Im Oberhaus spricht Außenminister Halifax. Das House of Lords ist dichtgedrängt an diesem Tag, alle sind sie anwesend in dieser ernsten Stunde. Später erfolgt eine Rundfunkübertragung. Oliver Harvey hört sich die Rede an. Eine gespenstische Stunde. Harvey wird es speiübel bei dem Gedanken an Luftangriffe. Dann trifft man sich noch mit den High Commissioners aus den Dominions, wie die Kolonien heißen, auch der Kommissar für Südafrika, Ter Water, ist mit dabei. Wie läßt sich die Krise auf dem Kontinent beheben? Der Vorschlag kommt auf, es noch einmal mit einer Konferenz zu versuchen wie im Vorjahr in München.

Berlin An diesem Morgen flog der schwedische Geschäftsmann Birger Dahlerus um 8 Uhr von Stockholm nach Berlin. Er begab sich sogleich zum Hotel »Esplanade«, um dort zu erfahren, wann er mit Hermann Göring zusammentreffen könne. Er werde um 12.30 Uhr abgeholt, hieß es. Das Gespräch sollte in Görings Privathaus Karinhall stattfinden.
Dahlerus war seit langem mit Deutschland vertraut. Er kannte auch England gut, er hatte dort als Kind viel Zeit verbracht. Schon vor 1914 machte er eine Radtour durch England und Schottland. Er hegte für die Engländer große Bewunderung und schätzte ihre Zuverlässigkeit. Er kannte ihre Zurückhaltung Fremden gegenüber; aber wen sie mochten, dem öffneten sie sich.
Er kam auch häufig nach Deutschland. Dahlerus stellte fest, daß die Deutschen zersplittert waren, und glaubte, ein Revanchegefühl zu spüren, das sie anstachelte, sich gegen die Bestimmungen des Versailler Vertrags aufzulehnen. Für den Nationalsozialismus hatte er nichts übrig. Aber er traf in Deutschland Menschen, die dessen Ideen vor 1933 durchaus abgelehnt hatten, nach Hitlers Machtübernahme jedoch zu glauben begannen, daß er den Grundstein für ein

neues, glücklicheres Deutschland legen könnte. Der Schwede hielt es für offenkundig, daß der Nationalsozialismus die Deutschen zusammengeführt hatte.
Dahlerus war seit 1934 mit Göring bekannt. In den folgenden Jahren waren sie ein- oder zweimal jährlich zusammengetroffen, und der Geschäftsmann begegnete dabei auch einigen anderen deutschen Politikern: Heß, Rosenberg, Ribbentrop. Im September 1938, während der Sudetenkrise, hielt sich Dahlerus in Baden-Baden auf. In diesem Jahr kam er zweimal mit Göring zusammen. Dessen Stolz, Generalfeldmarschall und Oberbefehlshaber der Luftwaffe zu sein, war offensichtlich – der stärksten Luftstreitmacht der Welt, wie Göring gern hervorhob. Dahlerus glaubte jedoch zu spüren, daß Göring einen Krieg ablehnte.
Anfang Juli 1939 hatte sich Dahlerus wieder einmal in London aufgehalten. Er sprach mit Bekannten, hochgestellten Persönlichkeiten aus Finanzwelt, Industrie und Handel. Einer von ihnen, Charles Spencer, war ein führendes Mitglied der Konservativen Partei. Sie einigten sich darauf, daß Dahlerus versuchen sollte, zwischen den Briten und der deutschen Führung einen informellen Gedankenaustausch in die Wege zu leiten. Dahlerus sprach wenig später Göring an, und dieser schien nicht abgeneigt zu sein. Es kam zu Begegnungen und zum Austausch von Meinungen.
Als die Briten die deutsche Taktik zur Sprache brachten, die übertriebene Schilderung der Mißhandlung von Minderheiten dafür einzusetzen, um einen Vorwand zum Einmarsch zu haben, gab ihnen Göring »seine heilige Versicherung als Staatsmann und Offizier«, daß die deutsche Regierung nach einer Lösung des Problems Danzig keinerlei Forderungen auf andere Gebiete mehr erhebe.
Dahlerus war bestürzt, als er am Nachmittag des 21. August von Abschluß eines Handelsvertrags zwischen Deutschland und Rußland erfuhr – und am nächsten Morgen vom bevorstehenden Nichtangriffspakt. Am Vormittag des 23. August, um 10.20 Uhr, während Ribbentrop nach Moskau flog, rief Göring an und bat ihn, eilig nach Berlin zu kommen.
Jetzt trafen die beiden sich zu einem Gespräch in Karinhall, Görings Residenz in der Schorfheide, nördlich von Berlin. Der Schwede sah zu seinem Erstaunen, daß einige der Gebäude mit

Tarnnetzen überzogen waren. Ihre Unterredung begann um 14 Uhr. Zunächst gab Göring seinem schwedischen Bekannten einen umfassenden Überblick über die neuentstandene militärische und politische Lage. Er betonte, daß sich die deutsche Position infolge des Vertrags mit Stalin gewaltig verbessert habe. Trotzdem sei Deutschland weiterhin an einer Vereinbarung mit England gelegen. Er habe aber auch Grund, anzunehmen, eine Verständigung mit Polen sei möglich, sagte Göring und tat so, als baue er auf seine »persönliche Freundschaft« mit dem polnischen Botschafter in Berlin. Mit Lipski wolle er noch am gleichen Tag um 16 Uhr zusammentreffen, danach sollte er Hitler und Ribbentrop aufsuchen. Sie hatten also nicht viel Zeit. Da Göring das Gespräch aber fortzusetzen wünschte, bestellte er ein zweisitziges Kabriolet, setzte sich ans Steuer und fuhr los, Richtung Berlin. Während der Fahrt beobachtete Dahlerus, daß Göring von anderen Autofahrern erkannt wurde und daß sie ihm die Vorfahrt ließen. Er schien populär zu sein.

In Berlin angekommen, hatte Dahlerus erst einmal Zeit, sich in seinem Hotel einzurichten. Zu später Stunde, um 23.20 Uhr, rief Göring ihn dort an und beteuerte, Chamberlains Rede habe einen günstigen Endruck gemacht. Göring legte großen Wert darauf, daß Dahlerus am nächsten Morgen nach England flog, um die britische Regierung zu überzeugen, daß Verhandlungen dringend notwendig seien.

Rom William Phillips, der amerikanische Botschafter am Quirinal, hatte die Nachricht seines Präsidenten erst kurz zuvor bekommen. Er erhielt den Auftrag, sie dem italienischen König zu übermitteln. Daraufhin suchte er den italienischen Außenminister auf und bat Ciano, für ihn eine Audienz beim König zu erwirken. Der König sei verreist, hieß es. Darauf Phillips: Er sei angewiesen worden, seine Botschaft dem Souverän persönlich zu überbringen. Ciano hatte Zweifel, ob es möglich sein werde, den König vor Ablauf von zwei, drei Tagen zu sprechen, da der Monarch in Norditalien weilte. Der König mache dort Ferien und vertreibe sich die Zeit mit

Fischen. Phillips entgegnete, er könne mit dem Zug dorthin reisen und an Ort und Stelle warten, bis der Monarch bereit sei, ihn zu empfangen. Ciano erklärte dem Amerikaner, dies sei eine sehr ungewöhnliche Bitte, die erste dieser Art, die ein fremder Missionschef während seiner Amtszeit an ihn gerichtet habe. Er entschuldigte sich für einen Augenblick und telefonierte von einem anderen Raum aus rasch mit Mussolini. Als er zurückkehrte, wirkte Ciano entspannter und sagte frohgemut, er werde die Sache in die Wege leiten. Der Botschafter fuhr in seine Residenz zurück. Wenig später kam ein Anruf von Ciano: Der Monarch sei bereit, ihn am Donnerstagnachmittag um 14 Uhr zu empfangen.
Der amerikanische Diplomat packte ein paar Kleinigkeiten ein und begab sich zusammen mit dem Dritten Sekretär seiner Botschaft zum Bahnhof. Sie nahmen den Nachtzug, der die Stazione Termini gegen 23 Uhr verließ. Am nächsten Morgen – es war der Donnerstag – kurz vor 10 Uhr trafen sie in Turin ein. Von da waren es fast noch zwei Stunden Fahrt mit dem Automobil. Der Ort, an dem der König sich aufhielt, lag in einem wilden Tal, durch das ein Fluß strömte, der für seine Forellen berühmt war. Der Monarch hielt sich in einem Lager auf, das aus einigen einfachen Holzhäusern bestand. Das Wetter ließ zu wünschen übrig, es nieselte unaufhörlich. Der König wartete bereits vor einem kleinen Fachwerkbau auf den Botschafter. Er empfing ihn in seinem Haus und führte ihn ins Wohnzimmer. Phillips erklärte dem Monarchen, er habe eine Botschaft für ihn, die Präsident Roosevelt vermutlich von Bord seines Schiffes vor der Küste Nordamerikas an ihn abgesandt habe. Dann las er ihm die Botschaft vor und händigte ihm zugleich das Schreiben aus. Eine Übersetzung war nicht notwendig, Viktor Emanuel III., der fließend Englisch sprach, verstand alles.
Als Phillips geendigt hatte, bat der König ihn, dem Präsidenten in seinem Namen Dank zu sagen und ihn wissen zu lassen, daß er diese Botschaft auf der Stelle seiner Regierung mitteilen werde. Er wolle gern helfen, bei den Deutschen zu vermitteln, niemand in Italien wünsche Krieg – niemand, wiederholte er bedeutungsvoll. Das gesamte Gespräch dauerte ungefähr eine halbe Stunde. Auf den Amerikaner machte Viktor Emanuel einen sehr freundlichen, ja herzlichen Eindruck. Phillips sei neben Henry White der einzige ameri-

kanische Botschafter, der ihn bislang in diesem Sommerlager besucht habe, sagte der König.
Auch ohne die deutlichen Worte des Königs hatte der Botschafter dessen Abwesenheit von der Hauptstadt so gedeutet, daß die italienische Regierung im Augenblick nicht zu einem Krieg bereit sei und keinen Kriegsausbruch – und keine Teilnahme an einem Krieg – wünsche.

+++ Freitag, **25. August 1939** +++

Mitteleuropa erfreute sich hochsommerlicher Temperaturen. Am Südrand eines kräftigen Hochdruckgebiets setzte sich in Deutschland die überwiegend heitere Witterung fort. Die Höchsttemperaturen erreichten Werte von über 25 Grad Celsius, was freilich auch die Neigung zu gewittrigen Störungen mit sich brachte.
Für den Samstag meldete der Reichswetterdienst vielfach dunstiges oder nebliges Wetter, sonst heiter bis wolkig, aber mit Neigung zu örtlicher Gewitterbildung, tagsüber warm. Es waren Winde angesagt, vorwiegend aus östlicher Richtung. Der Sonntag sollte im wesentlichen freundlich verlaufen, allerdings nicht störungsfrei.

New York Die Nacht von Donnerstag auf Freitag verbrachte Charles Lindbergh im Nachtzug, der ihn nach New York bringen sollte. Oberst Lindbergh war prominent, fast jeder hatte Bilder von ihm gesehen. Um nicht erkannt zu werden, trug er eine dunkle Brille. Er war eine Berühmtheit, seit er im Mai 1927, gerade fünfundzwanzig Jahre alt, mit einem kleinen einmotorigen Landflugzeug, der »Spirit of Saint Louis«, als erster Mensch allein den Atlantik überquert hatte. Dreiunddreißigeinhalb Stunden hatte sein Flug von New York über Neufundland nach Paris gedauert. Seither war Oberst Lindberg der erklärte Liebling der Nation.
Allerdings mußte er seinen Ruhm teuer bezahlen: Nach seinem Rekordflug lebte Lindbergh mit seiner Frau Anne und dem kleinen Sohn Charles ziemlich zurückgezogen in einem einsamen Haus in New Jersey. Von dort wurde Charles jr. im Frühjahr 1932 entführt. Die Entführer töteten das Kind wenige Kilometer von Lindberghs Landhaus entfernt. Der folgende Prozeß ging um die Welt und hielt sich lange im Bewußtsein der Öffentlichkeit. Danach war Lindbergh noch öffentlichkeitsscheuer als zuvor. 1935 hatte er mit seiner

Frau die USA mehrmals heimlich verlassen und in Großbritannien gelebt. Wieder zu Hause, verbrachte er seine Zeit am liebsten in den eigenen vier Wänden. Die Gegend an der Atlantikküste war ziemlich menschenleer um diese Zeit, nicht einmal ein Fischerboot in nächster Nähe.

Die internationale Lage beunruhigte Lindbergh. Er wußte seit Tagen von der deutsch-sowjetischen Annäherung und konnte an nichts anderes mehr denken als an den Krieg, den er vor sich sah. Wenn sie Besuch hatten, wurde über Krieg gesprochen, über Krieg und die Lage im eigenen Land, die Lindbergh gleichfalls für beängstigend hielt. Der Oberst war kein Freund von Präsident Roosevelt und dessen New Deal, kein Freund der Demokratischen Partei und der Förderung der Schwarzen. Der Bürgerkrieg habe das »negro problem« keinesfalls gelöst, meinte er. Nicht wenige dachten wie er. Trotzdem empfand er keine Bewunderung für das rassistische Deutschland. Allerdings mochte er auch nicht glauben, daß die Westmächte Deutschland nach einem Überfall auf Polen angreifen würden. England konnte die Nordsee blockieren, gut; aber damit ließe sich kaum ein Krieg gewinnen, ging es ihm durch den Kopf. Und wie wollten sie den Westwall angehen? Wie sollte Polen gerettet werden, um das es doch ging? Auf dem Landweg, von Rumänien aus? Noch neigte er stärker der Auffassung zu, daß es wohl nicht zu einem allgemeinen Krieg in Europa kommen würde; aber er wäre froh gewesen, wenn er sich dessen etwas sicherer hätte sein können.

Diese Meinung war weit verbreitet in den USA. Die Amerikaner, die gesunden Menschenverstand über alles schätzten, erwarteten eine Beilegung der deutsch-polnischen Spannungen, ohne daß es zu einer Weltkatastrophe kommen werde. Viele amerikanische Zeitungen waren der Auffassung, angesichts der Stärke Deutschlands und Italiens sei Widerstand von seiten Frankreichs und Englands aussichtslos. Besonders nach Unterzeichnung des Konsultations- und Nichtangriffspakts zwischen Deutschland und Rußland setzte sich diese Auffassung durch. Die *Washington Post* schrieb, selbst wenn die Engländer und Franzosen zu den Waffen griffen, wären sie doch nicht imstande, Polen zu retten, wenigstens nicht anfänglich.

Acht Stunden nachdem er den Zug bestiegen hatte, war Lindbergh

in New York. Er deponierte seinen Koffer und ging ein bißchen an die frische Luft. Er liebte diese große, laute Stadt kein bißchen; aber er bemerkte, daß um diese frühe Stunde andere Menschen unterwegs waren als am Nachmittag oder am späten Abend.
Das Wetter war nicht besonders, zu kühl für die Jahreszeit. Auf den ersten Seiten der New Yorker Zeitungen prangten die alarmierenden Nachrichten vom europäischen Kontinent. Die *New York Times* titelte gleich mehrfach auf der ersten Seite: Der Präsident bittet das Reich und Polen, direkt oder über eine dritte Partei miteinander zu verhandeln. Er spricht den italienischen König an – »Message to Victor Emanuel – Urges Him to Use His Influence for Peace«. Drei Friedensappelle: an Hitler, Präsident Mościcki und den italienischen König. Auf der folgenden Seite berichtete die *Times* von den vielen amerikanischen Staatsbürgern, die dauerhaft in Europa lebten. Sie wurden aufgefordert, nach Hause zurückzukehren. Es waren an die 60 000 Amerikaner, von denen man wußte, daß sie in Ländern wohnten, die nun am ehesten von Krieg bedroht waren. Hinzu kamen Tausende von amerikanischen Touristen in Europa. Im August 1939 waren in Polen 2569 US-Bürger ständig wohnhaft, weitere 28 lebten in Danzig. In Großbritannien waren es 10 522. Der amerikanische Botschafter in London, Kennedy, ließ ihnen sagen, daß die Abreisenden zwar ein oder zwei Tage lang Unannehmlichkeiten hätten, aber länger zu bleiben würde eine Gefahr bedeuten. In Frankreich lebten 12 964 amerikanische Staatsbürger. Wer keinen zwingenden Grund hatte, zu bleiben, sollte nach Hause zurückkehren. In Deutschland waren es 5787 Menschen, von denen die US-Botschaft wünschte, daß sie nun zurückkehrten. In Italien waren es noch sehr viel mehr, 23 330 Amerikaner, denen ebenfalls heimzukehren geraten wurde, es sei denn, sie hätten einen ganz besonderen Grund, im Land zu bleiben. Dieselbe Aufforderung erging auch an die 3793 US-Bürger, die in den seit kurzem vom Deutschen Reich annektierten Teilen der früheren Tschechoslowakei lebten.

Danzig Der 25. August wurde in der Freien Stadt Danzig wie ein Freudentag begangen. An diesem Freitagmorgen lief unter dem

Jubel der die Kais säumenden Bevölkerung die »Schleswig-Holstein« in den Hafen ein. Der deutsche Bevölkerungsteil Danzigs bereitete dem Schulschiff der Kriegsmarine einen begeisterten Empfang. Schon früh hatten sich die Menschen aufgemacht, diesen »Boten des wehrhaften Deutschen Reiches« zu begrüßen. Bis zum Hafenausgang waren Tausende dem Schiff entgegengegangen und begrüßten es nun mit immer wieder anschwellenden »Heil« Rufen. Die Besatzung des Schiffs war an Deck angetreten und winkte der Menge mit ihren Mützen zu. Die Bordkapelle schmetterte dazu ihre Märsche. Die Hochseeschlepper »Albert Forster« und »Danzig«, die beide geflaggt hatten, geleiteten das Schiff, auf dem sich 1200 Mann befanden, darunter Vertreter von Presse und Film, in den Hafen. Auf der ganzen Strecke waren Hakenkreuzfahnen geflaggt, nur auf der von Polen besetzten Westerplatte fehlte der Flaggenschmuck. Herausfordernd glitt das Schiff an dem polnischen Hafenteil vorbei, wo sich keine Menschenseele blicken ließ. Die Polen hatten die Westerplatte in den zwanziger Jahren mit Zustimmung des Völkerbundes zu einem »Munitionslager« gemacht – und dieses Depot in den folgenden Jahren so weit ausgebaut, daß es schon den Charakter einer regelrechten Festung hatte. Um 10 Uhr legte die »Schleswig-Holstein« unterhalb der Salzhäuser in Neufahrwasser an, genau gegenüber der Westerplatte, der sie ihre Steuerbordseite zukehrte. Der Kommandant sah sich die befestigte Westerplatte genau an: Er kam bald zu der Überzeugung, daß die Einnahme dieser polnischen Stellung gründlich vorbereitet werden müsse. Am Nachmittag des gleichen Tages noch besuchte General Eberhardt den Kommandanten. In Danzig herrschte Hochstimmung. Hatten in den Tagen zuvor die Zeitungen noch die bange Frage gestellt: »Will Polen Danzig blockieren?«, so erschienen jetzt sehr viel kriegerischere Schlagzeilen. »Danzig nicht mehr wehrlos«, hieß es nun. Gleichwohl, der Zwist um Danzig war mit der Ausrufung seiner Unabhängigkeit nicht zu Ende. Eigentlich hätte eine derart weitreichende Statusänderung rechtsgültig nur durch den Völkerbund vorgenommen werden können. Jetzt aber schrieb der *Danziger Vorposten* sogar, es könne kein Zweifel bestehen, »daß der Beschluß des Danziger Senats als eine Übergangsmaßnahme, als letzte Vorstufe der Eingliederung Danzigs in das Reich, zu betrachten ist«.

Aus diesem Grund ließ die polnische Regierung dem Senat der Freien Stadt Danzig an diesem Freitag zwei diplomatische Protestnoten überreichen. In der ersten Note, die an den Präsidenten des Senats, Greiser, gerichtet war, protestierte die Republik Polen gegen alle »unberechtigten Übergriffe«, die am Vortag von den Danziger Stellen gegenüber polnischen Eisenbahnbediensteten begangen worden waren. Die zweite Note protestierte gegen die Ernennung Forsters zum Staatsoberhaupt der Freien Stadt Danzig; dieser Akt stelle eine einseitige Verfassungsänderung dar, hieß es, die nicht zulässig sei und von Polen nicht hingenommen werden könne.
Diese jüngste Entwicklung wurde in der Freien Stadt teilweise mit Sorge wahrgenommen. Bis auf die diplomatischen Stäbe in den Missionen verließen die Ausländer die Stadt.
Am Nachmittag besetzte die deutsche Polizei Danzigs das polnische Konsulat in Danzig-Marienwerder. Die dort tätigen polnischen Konsulatsangehörigen und Diplomaten wurden von den Deutschen in Lager verbracht; der polnische Konsul wurde festgesetzt.

Warschau In Polen war die Stimmung nicht schlecht. Aber man rechnete mit Krieg, schloß ihn zumindest nicht mehr aus. Polen berief seine Rekruten ein. Die Jahrgänge 1910, 1911 und 1912, also die siebenundzwanzig- bis neunundzwanzigjährigen, mußten einrücken; ihre Gesamtzahl belief sich auf knapp eine halbe Million Mann. Viele von ihnen marschierten, einfach gekleidet und noch unbewaffnet, in Kolonnen durch die Straßen Warschaus, sangen patriotische Lieder und riefen: »Lang lebe Polen!«
Im Laufe des Tages brachten Lastkraftwagen immer neue Rekruten. Pferde und Kraftfahrzeuge wurden requiriert. In den Straßen sah man Menschen mit Gasmasken auf den Gesichtern Mazurka tanzen. Die Geschäfte der Stadt waren erdrückend voll. Die Bevölkerung richtete sich auf Krieg ein und wollte daher mit allem Lebensnotwendigen versorgt sein, vor allem mit Nahrungsmitteln. Aus dem Radio tönten immer wieder Appelle, die Ruhe zu bewahren. Die Regierung versicherte, alle notwendigen Vorräte seien angelegt. Der Verkauf von alkoholischen Getränken wurde an diesem Freitag

untersagt. Es gab einen Ansturm auf einzelne Läden, die Gasmasken verkauften. Lebensmittel, vor allem Schinken, Butter, Fette, Konserven, Salz, Kaffee, Tee und Zucker, wurden spürbar knapp; aber die Preise zogen noch nicht an. Aus Krakau war zu hören, daß dort von der Zivilbevölkerung bereits große Hamsterlager angelegt würden. Zugleich fand in Warschau ein Ansturm auf die Kreditinstitute statt, vor allem auf die Sparkassen. Die Direktoren aller Warschauer Banken trafen an diesem Tag zusammen, um die Lage zu erörtern. Eine allgemeine Kriegspsychose und Silbergeldmangel hätten zu bedeutenden Störungen des öffentlichen Lebens geführt. Die verängstigte Bevölkerung achtete nicht auf die Strafandrohungen.
Die Spannungen mit Deutschland waren allgemein bekannt. Auch die polnischen Zeitungen berichteten von Grenzverletzungen und Überfällen, allerdings war die Sichtweise genau umgekehrt, – hier gab man den Deutschen die Schuld an den Übergriffen. So berichteten an diesem Freitag die Zeitungen in Warschau, unweit von Szygloweg, in Schlesien, habe eine deutsche Patrouille über die Grenzlinie hinweg dreißig Schuß auf polnische Grenzbeamte abgegeben und außerdem eine Handgranate geworfen. Auch bei Rybnik seien polnische Grenzbeamte mit Handgranaten und mehreren Schüssen angegriffen worden. Deutsche Flugzeuge hätten über der Halbinsel Hela den polnischen Luftraum verletzt, und es sei daher von polnischer Seite auf sie geschossen worden.
Auch im internationalen Personenverkehr mehrten sich die Spannungen. Dreimal die Woche fuhr von Paris ein Expreß durch Warschau und weiter bis nach Wladiwostok. An diesem Tag traf der Zug aus Berlin kommend in Warschau ein, und sämtliche Fenster waren eingeschlagen. Polen wollte in dieser Situation sein rollendes Material nicht mehr außer Landes gehen lassen, daher mußten Reisende beim Überschreiten der Landesgrenzen in andere Züge umsteigen. Schlimme Nachrichten auch aus Danzig: Polnische Reisende berichteten, daß deutsche Truppen den Verkehr in der Stadt kontrollierten und daß deutsche Soldaten von See her in Danzig gelandet seien.
Als am Abend in Warschau die Nachricht von der Unterzeichnung des neuen englisch-polnischen Beistandsabkommens bekannt wurde, empfanden die Polen tiefe Befriedigung. Dieser Schritt wurde

als die beste Antwort auf den deutsch-sowjetischen Pakt angesehen.

London Die Leute von der Londoner *Times* ließen sich nicht verrückt machen. Das Äußere ihres Blattes wirkte an diesem Freitagmorgen wie an jedem anderen Tag auch: Die erste Seite begann, wie immer, mit Kleinanzeigen, Geburts- und Todesanzeigen. Dann kam erst einmal der Sport. So ging das über mehrere Seiten. Erst danach folgte die Politik, dafür aber knüppeldick: Da ging es um deutsche Minderheiten in Polen, um britische Maßnahmen gegen eine etwaige Aggression, um die Beziehungen des Deutschen Reiches zur Sowjetunion, um die Bewahrung der Freiheit. Auch Edens Rede war hier abgedruckt, ebenso die Rede von Lord Onslow. Dieser hatte am Tag zuvor im Parlament seine Deutung der deutschen Politik vorgetragen, wonach die deutsche Presse und deutsche Verlautbarungen klargemacht hätten, daß es der deutschen Regierung nicht nur um Danzig gehe. Danzig sei ursprünglich die Ursache der Klagen gewesen, ganz wie die Frage der Sudeten die ursprüngliche Ursache der Klagen im Falle der Tschechoslowakei gewesen war. In Wahrheit jedoch wolle Deutschland etwas ganz anderes, nämlich die Auflösung Polens, die Zurückgewinnung der deutschen Ostprovinzen, die vor dem Weltkrieg zu Deutschland gehört hatten, und eine neue Teilung Polens.
Von seiten des National Council of Labour erging schon zum zweitenmal eine Botschaft an das deutsche Volk, sie war an diesem Freitag unter der Überschrift »Why Kill Each Other?« in der *Times* abgedruckt. Darin hieß es: »Falls Krieg ausbricht, wird Deutschland vielleicht allein kämpfen, und es wird dabei die vereinigte Kraft Großbritanniens samt seiner autonomen Dominions gegen sich haben, dann außerdem noch Frankreich, Polen, und es mögen auch noch weitere Nationen hinzukommen. Wir verspüren nicht den geringsten Wunsch, das deutsche Volk zu zerschmettern. Wir waren und wir sind immer noch Freunde. Wir werden alles in unserer Macht Stehende tun, Euch jetzt die Wahrheit zu sagen, bevor es zu spät ist. Erinnert Euch, daß nicht Ihr es seid, die den Krieg wollen –

es ist nur eine kleine Handvoll Eurer Führer. Bedenkt, daß Ihr es sein werdet und wir, die für den Krieg bezahlen müssen; alle Kriege mit ihren tragischen Lasten treffen die einfachen Leute in den kriegführenden Ländern schwer.«

Auf dem Flughafen von London ging es an diesem Tag außerordentlich lebhaft zu: Viele Briten kamen vom Festland auf dem Luftweg nach Hause. Während es an anderen Augusttagen vier- oder fünfhundert waren, trafen allein heute fünfzehnhundert Urlauber in achtzig Maschinen in Croydon ein. Einen solchen Ansturm hat der Flughafen Croydon wohl niemals zuvor gesehen.

Warschau In der Amerikanischen Botschaft in Warschau herrschte schon am Morgen reges Treiben. Botschafter Anthony J. Drexel Biddle hatte ein Telegramm aufgesetzt, das um 8 Uhr morgens an den amerikanischen Außenminister Hull abging. Zunächst setzte Biddle Hull davon in Kenntnis, daß es dem polnischen Außenminister Beck schwerfalle, die eigenmächtigen und einseitigen Verfügungen des Danziger Senats hinzunehmen. Die Freie Stadt könne sich nach polnischem Verständnis nicht einfach zu einem Teil des Deutschen Reiches machen lassen. Der Botschafter berichtete weiter, daß die »Schleswig-Holstein« am frühen Morgen planmäßig in den Danziger Hafen eingelaufen sei. Er schrieb Hull auch, daß sich die vierundzwanzig Eisenbahner, die tags zuvor in Danzig verhaftet worden waren, inzwischen wieder auf freiem Fuß befänden, desgleichen auch der polnische Kurier, der in Breslau – zusammen mit diplomatischer Post – festgehalten worden war. Die Stimmung sei wie elektrisch geladen gewesen. Auch die Vermehrung des Militärs in den Straßen von Warschau und die Evakuierung der polnischen Schulkinder aufs Land habe zu dieser Stimmung beigetragen.

Was Hitler vorhatte, vermochte Biddle nicht zu sagen; aber er ahnte, daß es nichts Gutes war.

An diesem Freitag traf Graf Szembek mit Oberst Beck und General Carton de Wiart zusammen; Szembek hatte die beiden zu sich nach

Hause zum Essen eingeladen. Während des Essens berichtete General Carton de Wiart kurz von der Mobilmachung, die ganz hervorragend ablaufe. Beck, dessen Treffen vom Vortag mit dem Botschafter der Sowjetunion für einige Aufregung in Warschau gesorgt hatte, erzählte von einer Unterredung, die er kurz zuvor mit dem japanischen Botschafter Shuichi Sakoh gehabt hatte; dieser habe seine Empörung über die deutsche Politik kaum verbergen können. Die Freimütigkeit, mit der der Japaner seinen Ärger vortrug, hatte Beck erstaunt. Schließlich informierte Beck seine Gesprächspartner auch darüber, daß Deutschland seit zwei Stunden den Telefonverkehr mit dem Ausland unterbrochen habe. Er bat Szembek, die Botschafter Frankreichs und Großbritanniens zusammenzurufen und sie über die polnische Position im Hinblick auf Danzig zu informieren.

Im Anschluß an dieses Essen hatte Beck noch ein Gespräch mit dem französischen Botschafter Noël. Er klärte ihn namens der polnischen Regierung über die neue, einseitig veränderte Situation in Danzig auf. Die polnische Regierung könne eine solche Lage auf lange Sicht nicht dulden; sie müsse etwas dagegen unternehmen. Wichtig sei nun, daß die Reaktion nicht übertrieben ausfalle. Der französische Botschafter nahm diese Worte sichtlich zufrieden auf und setzte seinerseits seine Gesprächspartner davon in Kenntnis, daß auch die Telefonverbindung zwischen Berlin und Paris unterbrochen war.

Während sie noch miteinander sprachen, wurde Beck telefonisch von der Unterzeichnung des englisch-polnischen Beistandspakts informiert. Er gab die Neuigkeit sogleich Noël weiter, der sich darüber freute. Am Ende ihres Gesprächs übergab Noël ihm das Protokoll des Gesprächs, das Burckhardt nach seiner Unterredung mit Hitler angefertigt hatte. Dabei hatte Hitler Dinge geäußert, die Burckhardt einfach unglaubwürdig fand.

Nach dieser Unterredung sprach Noël mit dem Sekretär der Britischen Botschaft. Die beiden waren zu Szembek gekommen, um mit ihm über den Brief Roosevelts an den Präsidenten der Republik Polen, Mościcki, zu sprechen. Sie gaben der Hoffnung Ausdruck, daß die Antwort des polnischen Präsidenten »versöhnlich« und zustimmend ausfallen werde.

Szembek empfing an diesem Tag auch noch die Vertreter Argentiniens, der Tschechoslowakei und Estlands. Es war ein langer Arbeitstag. Und für den Abend war noch eine Sitzung des polnischen Kabinetts anberaumt. Dort würde fraglos die Außenpolitik des Landes zur Sprache kommen.

Der amerikanische Diplomat Joseph K. Davies, der die USA einige Jahre lang in der Sowjetunion vertreten hatte, kam an diesem Tag durch Warschau und stattete dem polnischen Außenminister einen Besuch ab. Beck war guter Dinge – angesichts der politischen Entwicklung sogar überraschend guter, meinte Davies. Beck brüstete sich damit, so schien es dem Amerikaner, daß seine Regierung auf die Verhandlungsvorschläge der Deutschen nicht eingehen wolle. Aber auch die kurz zuvor erfolgten Vorschläge des Heiligen Stuhls in bezug auf Danzig und den Korridor erschienen dem Polen unannehmbar. Seine Regierung beabsichtige, bedeutete er Davies, ihre gewaltige Streitmacht öffentlich vorzuführen. Davon versprach sich Beck allerhand. Falls Deutschland angreifen werde, würden polnische Truppen innerhalb von drei Wochen in Berlin sein. Vom deutschen Westwall hielt er gar nichts: das sei militärisch nichts weiter als ein Vorhang. Und auf russische Hilfe sei sein Land ganz und gar nicht angewiesen. Polen sei stolz auf seine ausgezeichnete Reiterei. Allerdings besaß es, wie Davies wußte, nur achthundert Flugzeuge.
Davies erschien dies alles unglaublich. Er entgegnete Beck, er halte es durchaus für möglich, daß Polen sehr bald dankbar wäre für sowjetische Militärhilfe. Er halte es für töricht, ließ er vorsichtig durchblicken, vom Nachbarn nicht einmal den angebotenen Gartenschlauch zu nehmen, wenn das Haus in Flammen stehe, nur weil man befürchte, es könne zu einer kleinen Überschwemmung kommen, bei der man sich vielleicht die Füße naß macht.
Davies hatte nach diesem Gespräch überhaupt keinen guten Eindruck. Seiner Meinung nach überschätzten die Polen sich und ihr Land, vor allem seine militärische Stärke.

Berlin In den deutschen Zeitungen wimmelte es an diesem Morgen von Berichten über »polnische Greuel« und – angeblich polnischerseits provozierte – Grenzzwischenfälle. Am Vormittag ließ sich Hitlers Adjutant von Below erst einmal über den Stand der militärischen Vorbereitungen in Kenntnis setzen, insbesondere über die Größe der einsatzbereiten Fliegerverbände und deren Aufträge für den Beginn des Angriffs auf Polen, der von Hitler für den Samstag angesetzt war. Dann traf Below sich mit seinen Kameraden in der Adjutantur zur Besprechung über Organisation und Aufgaben für das Führerhauptquartier während der nächsten Tage.

Der Staatssekretär im Auswärtigen Amt Weizsäcker verbrachte den größten Teil des Tages in der Reichskanzlei. Ribbentrop äußerte ihm gegenüber, es werde sicher gelingen, einen Keil zwischen Engländer und Polen zu treiben. Außerdem sei er davon überzeugt, daß Italien in dem bevorstehenden Krieg an der Seite Deutschlands marschieren werde. Als Weizsäcker seine Zweifel an der Bündnistreue Italiens ausdrückte, explodierte Ribbentrop förmlich: »Ich bin hundert Prozent anderer Ansicht«, brüllte er, »Mussolini ist dafür ein viel zu großer Mann.«

Einige Stunden später traf ein Telegramm der Deutschen Botschaft in Rom ein. Der Duce sei aufrichtig begeistert vom Abschluß des Pakts mit der Sowjetunion, schrieb der deutsche Botschafter in Rom, Hans von Mackensen. In der Reichskanzlei fand dieses Schreiben freundliche Aufnahme, Hitler und Ribbentrop deuteten es als günstiges Zeichen. Mussolini wolle ihnen damit andeuten, glaubten sie, von italienischer Seite seien bei einem eventuellen Kriegsausbruch keine Schwierigkeiten zu erwarten. Hitler wollte sogleich antworten, um den Duce brieflich über den Termin für den Angriff auf Polen, der für den nächsten Morgen angesetzt war, zu informieren. Bisher hatte er seinen Verbündeten darüber in Unkenntnis gelassen, daher fiel ihm dieser Brief jetzt schwer und er kam nicht recht voran damit. Hitler konnte sich unmöglich mit den Worten entschuldigen, er habe bislang immer gefürchtet, die italienische Regierung werde dieses wohlgehütete Geheimnis herausposaunen. Als er seinen Brief schließlich zu Ende gebracht hatte, übernahm es Ribbentrop, ihn fernmündlich an Mackensen durchzugeben und diesen zu bitten, Mussolini den Brief zu überbringen. Bei dieser Gelegenheit rief Ribbentrop bei seinem römischen Amtskollegen an und ließ Ciano bestellen, er werde sich später mit einem wichtigen Anruf bei ihm melden.

Gegen Mittag fragte Hitler seinen Pressechef Dr. Dietrich zu Beginn des Pressevortrags: »Haben Sie die neuesten Nachrichten und Pressestimmen aus London und Paris über die Rückwirkungen unseres Vertrages? Was bringen sie über die Kabinettskrisen?« Dietrich blickte verdutzt. Welche Kabinettskrisen? »Natürlich die britischen und französischen Kabinette«, entgegnete Hitler. »Keine demokratische Regierung kann sich halten, der eine solche Niederlage und zugleich Blamage zuteil geworden ist, wie Chamberlain und Daladier durch unseren Moskauer Vertrag.« Doch es gab keine Kabinettskrisen in Westeuropa, deshalb war Dietrich auch nichts davon bekannt. Er hatte im Augenblick sogar den Eindruck, Hitler hätte nicht einmal etwas dagegen gehabt, wenn in London einer von Chamberlains Kritikern – sei es Churchill, Eden oder Duff Cooper – die Regierung übernommen hätte.

Statt dessen war in der britischen Presse nun von ganz anderen Dingen die Rede; Hitler, der eigens deswegen Dr. Schmidt zu sich in die Reichskanzlei hatte rufen lassen, ließ sie sich vom Chefdolmetscher des Auswärtigen Amtes übersetzen. Es ging um die Reden, die Chamberlain und Halifax am Vortag im britischen Parlament gehalten hatten. »In Berlin ist die Verkündung mit außerordentlichem Zynismus als ein großer diplomatischer Sieg begrüßt worden, der jegliche Kriegsgefahr beseitige, da wir und Frankreich wahrscheinlich unsere Verpflichtungen Polen gegenüber nicht erfüllen werden«, übersetzte Schmidt Chamberlains Worte vor dem House of Commons. Die Ausführungen von Lord Halifax klangen ganz ähnlich. Hitler reagierte darauf mit Nachdenklichkeit, so schien es Schmidt.

Es war 12.45 Uhr, als den britischen Botschafter Henderson Hitlers Nachricht erreichte, der Führer erwarte ihn um 13.30 Uhr in der Reichskanzlei. Dem Botschafter blieb nicht viel Zeit zur Vorbereitung. Er mußte sich fertigmachen und sich auf den kurzen Weg in Richtung Wilhelmstraße begeben.

Noch bevor Henderson erschien, suchte der italienische Botschafter Attolico ganz unerwartet beim Reichsaußenminister um einen Gesprächstermin nach. Er habe eine Weisung seiner Regierung vorzutragen, die aber noch nicht eingetroffen sei, hieß es, zwischen 15 und 17 Uhr sei ein guter Zeitpunkt für die Übermittlung. Daraufhin

bat Ribbentrop, Attolico möge umgehend in die Reichskanzlei kommen. Erst war jedoch der britische Botschafter an der Reihe.
Hitler führte Henderson in sein Arbeitszimmer, einen imposanten Raum. Dort bedeutete er ihm, er habe sich Hendersons Berchtesgadener Äußerungen noch einmal durch den Kopf gehen lassen und wolle daher einen letzten Vorschlag für eine Regelung zwischen Deutschland und England machen. Dabei verwies Hitler auch auf die Erklärungen der britischen Führung, die Schmidt ihm kurz zuvor übersetzt hatte. Bislang war Hitler ganz ruhig erschienen, jetzt aber wurde er erregt. Er ließ sich zu einer Reihe von Anschuldigungen gegen Warschau hinreißen und erwähnte dabei unter anderem, daß Polen kurz zuvor deutsche Zivilflugzeuge beschossen hätten. »Die mazedonischen Zustände an unserer Ostgrenze müssen aufhören«, donnerte Hitler. Er sei nicht länger gewillt, Danzig und den Korridor als ein deutsches Problem zu dulden. »Ihr Premierminister«, sagte er erregt, »hat gestern im Unterhaus eine Rede gehalten, durch welche die deutsche Haltung auch nicht im geringsten geändert wird. Diesmal wird Deutschland nicht mehr an zwei Fronten zu kämpfen haben, denn das Abkommen mit Rußland ist bedingungslos.« Und am Ende seiner Ausführungen folgte die Prophezeihung: »Rußland und Deutschland werden niemals wieder die Waffen gegeneinander ergreifen.«
Schließlich bot Hitler dem Britischen Empire noch eine Besitzstandsgarantie an, verbunden mit der Zusage, dieses weltumspannende Reich jederzeit verteidigen zu helfen. Er deutete an, er werde die Grenzen im Westen respektieren und sich künftig an die Rüstungsbegrenzung halten. Dafür verlangte er allerdings unausgesprochen freie Hand im Osten. »Das deutsch-polnische Problem muß und wird gelöst werden«, sagte er bestimmt.
Schmidts Aufzeichnungen wurden sodann niedergeschrieben; der Dolmetscher erhielt den Auftrag, sie noch am gleichen Tag dem Botschafter zustellen zu lassen. Henderson gab die Aufzeichnungen dann am selben Abend telegrafisch nach London durch. Zusätzlich schlug Hitler vor, Henderson solle sie am folgenden Tag mit seinem Privatflugzeug nach London bringen.
Kaum hatte Henderson die Reichskanzlei verlassen, da erschien Attolico. Hitler erwartete ihn voller Ungeduld, weil er wissen woll-

te, was Mussolini ihm zu sagen hatte. Aber Attolico war lediglich ermächtigt, ihm mitzuteilen, eine Weisung seiner Regierung werde erst später am Tag ergehen. Hitler war jedoch so gespannt auf die Antwort des Duce, daß er Ribbentrop, der sichtlich nervös wirkte, beauftragte, rasch Ciano anzurufen. Der Reichsaußenminister verließ den Raum, um von einem anderen Zimmer aus in Ruhe eine Verbindung mit Rom herstellen zu lassen. Sie kam aber nicht zustande; Graf Ciano sei im Augenblick nicht zu erreichen, hieß es in Rom, er sei ans Meer gefahren. »Nun, dann werden wir den Krieg ohne die Italiener machen«, schnaubte Ribbentrop gereizt und ging zu Hitler zurück. Er teilte ihm mit, was er erfahren hatte. Nun konnte Attolico gehen. Die beiden Deutschen waren ärgerlich.

Dann kam der Chef des Oberkommandos der Wehrmacht, Generaloberst Wilhelm Keitel. Er blieb nicht lange. Um 15.15 Uhr kam er wieder heraus und gab Oberst Warlimont den Befehl zum Generalangriff auf Polen für den folgenden Vormittag, den 26. August, um 4.30 Uhr. Der nächste Tag war ein Samstag – Hitler plante also wieder einen Wochenendcoup, wie schon bei der Remilitarisierung des Rheinlands 1936 und bei der Besetzung Österreichs 1938. Man mußte zuschlagen, wenn es der Feind am wenigsten erwartete.

Als nächstes ließ Hitler den französischen Botschafter Coulondre für 17.30 Uhr in die Reichskanzlei bestellen. Doch eine halbe Stunde vor diesem Termin, Schlag 17 Uhr, rief der Vertreter des *Deutschen Nachrichten-Bureaus* in London, Dr. Fritz Hesse, die Presseabteilung des Auswärtigen Amts an und ließ ausrichten, daß in diesem Augenblick zwischen Briten und Polen eine feierliche Bestätigung des britisch-polnischen Beistandspakts stattfinde. Diese Neuigkeit wurde wenig später auch von der BBC übertragen. Tatsächlich war es eine knappe Dreiviertelstunde später soweit: Um 17.40 Uhr mitteleuropäischer Zeit wurde das Dokument unterzeichnet. Dieser Hieb traf Hitler heftig. Daß seine Nachricht aus London die Stimmung verändert hatte, spürte selbst der deutsche Pressemann über das Telefon.

Aber war diese Drohung wirklich ernst zu nehmen? Würden die Briten tatsächlich für Polen kämpfen? Für Danzig sterben? Bis zum

Eintreffen Coulondres blieb nur wenig Zeit, und Hitler hatte noch keine neue Entscheidung gefällt. Schmidt, der wieder dolmetschen sollte, war gleich in Hitlers Arbeitszimmer geblieben und wurde so Zeuge der Wirkung, die das Eintreffen der Garantieerklärung Englands an Polen auf Hitler hatte. Über seine Schultern hinweg konnte Schmidt lesen, was Hitler von der Presseabteilung hereingebracht wurde. Noch immer grübelnd, studierte Hitler die Meldung, als der französische Botschafter angekündigt wurde.

Robert Coulondre war eine elegante Erscheinung, ein Mensch mit dunklem Teint aus dem Süden Frankreichs, Hugenotte. In Berlin residierte er seit knapp einem Jahr. Er war von Moskau nach Berlin gewechselt. Früher hatte er einmal die Handelsvertragsabteilung im französischen Außenministerium geleitet, und aus dieser Zeit kannte Schmidt ihn gut. Der Chefdolmetscher des Auswärtigen Amts schätzte den Diplomaten sehr.

Beim Eintreten verspürte der Franzose Beklommenheit. Was gab es nach Hitlers Abkommen mit Stalin noch zu sagen? Nichts Gutes, fürchtete er. Er war sich bewußt, daß seine Regierung, wie auch die britische, diesen Schlag eingesteckt hatte, ohne darüber ihre Fassung zu verlieren oder ihre Politik zu ändern. Beide standen geschlossen an der Seite Polens. Der Botschafter wollte Hitler diese Festigkeit spüren lassen.

Hitler begann mit seinem Monolog, indem er Coulondre ganz ähnliche Eröffnungen machte wie zuvor dem britischen Botschafter. Er wolle sich die polnischen Provokationen nicht länger mit ansehen, nicht einmal die Gefahr eines deutsch-französischen Krieges könne ihn davon abbringen. Er wolle keinen Krieg mit Frankreich, die deutsch-französische Grenze sei für ihn endgültig, und mit dem Verlust von Elsaß-Lothringen habe er sich abgefunden. Er habe keine Forderungen an Frankreich, dies möge Coulondre Daladier übermitteln. Damit wollte Hitler die Unterredung abrupt beenden. Coulondre hatte schon länger den Eindruck, daß Hitler während seiner Ansprache in Wahrheit ganz andere Dinge beschäftigten.

Als Hitler davon gesprochen hatte, daß die polnischen Provokationen nicht länger hinzunehmen seien, war sich der Diplomat im klaren, was damit gemeint war: Hitler wollte Polen angreifen und versuchte in letzter Minute den Krieg räumlich zu begrenzen, indem er sich auf den psychologischen Effekt des neuen Vertrags mit Moskau zu stützen versuchte. Jetzt stand Hitler auf, für Coulondre das Zeichen, sich zu verabschieden. Doch trotz seiner geringeren Stellung wollte sich Coulondre nicht einfach als Briefträger benutzen und in dieser Weise abfertigen lassen; so erbat er sich von Hitler die Zustimmung, ihm antworten zu dürfen. »In einer so kritischen Lage wie der heutigen, Herr Reichskanzler«, begann Coulondre, bereits im Stehen, »sind Mißverständnisse das allergefährlichste. Um daher volle Klarheit zu schaffen, gebe ich Ihnen mein Ehrenwort als französischer Offizier, daß die französische Armee auf seiten Polens kämpfen wird, wenn dieses Land angegriffen werden sollte.« Und dann, mit erhobener Stimme: »Ich kann Ihnen auch mein Ehrenwort dafür geben, daß die französische Regierung bis zum letzten Augenblick bereit ist, alles zur Erhaltung des Friedens zu tun und auf Warschau mäßigend einzuwirken.« Darauf Hitler: »Warum haben Sie dann Polen eine Blankovollmacht erteilt?« Noch bevor der Botschafter antworten konnte, fuhr Hitler fort: »Es ist mir schmerzlich, gegen Frankreich Krieg führen zu müssen, aber die Entscheidung hängt nicht von mir ab.« Er streckte Coulondre die Hand entgegen. Seit dessen Eintreten war kaum eine halbe Stunde vergangen.

Rom Der Heilige Stuhl war über die politische Entwicklung in Mitteleuropa äußerst bestürzt. Der Hitler-Stalin-Pakt hatte auch hier eine Schockwelle ausgelöst. Papst Pius XII., der viel Verständnis und Liebe für Deutschland empfand, wollte gern das Seine dazu beitragen, einen Krieg in Mitteleuropa zu verhindern. Seine Heiligkeit empfand auch große Sorge um Polen, das, anders als Deutschland, ein katholisches Land war. Aber der Papst kannte Deutschland besser als Polen, er hatte viele Jahre dort als Nuntius verbracht. Er war auch ein wenig verärgert über die Polen, daß sie sich an Hitlers Seite an der Vergewaltigung der Tschechoslowakei beteiligt hatten. In den Augen des Papstes stellte der deutsch-sowjetische Pakt für die Außenpolitik der Westmächte eine herbe Niederlage dar. Ihre di-

plomatischen Verhandlungen mit Moskau waren gescheitert. Der Pakt bedeutete im Klartext eine Blankovollmacht für Berlin und Moskau, Polen anzugreifen, daran war für den Heiligen Stuhl nichts zu deuteln. Die englischen und französischen Streitkräfte könnten einem angegriffenen Polen schon aus räumlichen Gründen kaum zu Hilfe kommen.
Die sich zuspitzende Lage zwischen Deutschland und Polen beunruhigte den Papst zutiefst. An diesem Freitag hielt er eine Rede, die von Radio Vatican übertragen und auch von vielen anderen Sendern in aller Welt ausgestrahlt wurde. Die Rede des Papstes war kurz; Pius XII. ermahnte die Welt und die Regierungen, durch Verhandlungen und gegenseitiges Verstehen den Frieden zu bewahren. Er beschwor die Regierungen, ihre Anklagen und Drohungen gegeneinander aufzugeben, die Ursachen ihres Zwistes zu begraben und durch gegenseitige Abkommen ihre Differenzen zu beheben. Der Papst nannte keine der Regierungen mit Namen, er machte nicht einmal eine Anspielung. Er wollte versöhnen, nicht Partei ergreifen. »Die Gefahr eines Krieges steht drohend vor uns; aber noch ist es Zeit, den Frieden zu wahren. Solange Friede herrscht, ist nichts verloren; aber mit dem Ausbruch eines Krieges kann alles verloren sein.« Mit diesen Worten endete seine Ansprache.

Auf dem anderen Ufer des Tiber, in der Hauptstadt Italiens, gärte es. Es waren Gerüchte von einem bevorstehenden Krieg zwischen Deutschland und Polen in Umlauf. Die italienische Regierung schwankte stark – im einen Augenblick war Mussolini kriegsbereit, im nächsten zögerte er wieder. Die Nachrichten aus Berlin deuteten immer stärker darauf hin, daß Hitler auf einen Krieg zusteuerte. In der Nacht zuvor hatte Ciano zu sehr später Stunde mit Ribbentrop telefoniert. Der Führer lasse mitteilen, so der Reichsaußenminister, daß er die »polnischen Provokationen« nicht mehr sehr viel länger werde ertragen können; die Situation sei kritisch.
An diesem Freitagmorgen traf Ciano mit Giuseppe Bastianini zusammen, einem Diplomaten, der lange Zeit italienischer Botschafter in Warschau gewesen war. Ciano berichtete ihm von der Stimmung Mussolinis: sie sei gerade wieder äußerst kriegerisch. Ciano, der Mussolini umstimmen wollte, teilte ihm die Ansichten des Königs

mit. Es gelang ihm, den Duce zu überreden, daß dieser Hitler seine Unterstützung mit der Begründung verwehrte, die italienische Regierung müsse sich vorbehalten, zunächst die Situation zu prüfen, sobald das notwendige Kriegsgerät vorhanden sei. Ciano war mit seinem Erfolg zufrieden. Aber später rief ihn der Duce in den Palazzo Venezia zurück: Mussolini war in seiner Meinung erneut schwankend geworden und fürchtete das abschätzige Urteil der Deutschen. Er wollte jetzt doch von Anfang an mit dabeisein. Ciano hielt es für sinnlos, noch einmal mit ihm zu räsonieren, und kehrte niedergeschlagen in den Palazzo Chigi zurück.

Um 14 Uhr wurde Ciano eine Botschaft aus Berlin angekündigt, von Hitler für den Duce. Sie war in etwas unbestimmten Worten abgefaßt und schloß mit der Andeutung, daß es bald losgehen werde. Hitler bat um »das Verständnis Italiens«. Mit dieser Botschaft ging Ciano erneut zu Mussolini, bei dem er es erreichte, eine Botschaft für Hitler vorzubereiten: daß Italien nicht bereit sei, mitzumachen; es werde erst marschieren, wenn ausreichend Rohstoffe usw. vorhanden seien. Ciano telefonierte daraufhin mit seinem Botschafter in Berlin und beauftragte ihn, Hitler diese Mitteilung zu überbringen.

In römischen Diplomatenkreisen war bekannt, daß Hitler keineswegs nur die Absicht hatte, Danzig heim ins Reich zu holen. Er wollte vielmehr Polen zerschlagen. Der italienische Botschaftsrat in Berlin, Massimo Magistrati, war überzeugt davon und hatte dies lange zuvor Graf Ciano mitgeteilt. Magistrati kannte sogar genau das vorgesehene Datum des Kriegsausbruchs. All dies hatte sicherlich nicht dazu beigetragen, die Kriegsbegeisterung in den höchsten Kreisen Italiens anzufachen. Man durchschaute das Spiel der Deutschen. Davon erfuhren auch die polnischen Diplomaten. Ihrem Militärattaché in Rom, Marian Romeyko, war schon seit Tagen klar, daß Italien sich an diesem Krieg nicht beteiligen würde.

Allerdings machte sich das offizielle Italien übertriebene Vorstellungen von der Kampfkraft der polnischen Armee. Der italienische Militärattaché in Warschau, Mario Roatta, meinte umgekehrt, die deutsche Führung unterschätze Polens Widerstandskraft. Und das katholische antibolschewistische Italien war nach dem Abschluß des Pakts mit Stalin noch mehr davon überzeugt, daß Italien unmöglich an der Seite der mit den Bolschewiken verbündeten Deutschen gegen das katholische antibolschewistische Polen in den Krieg ziehen könne.

Berlin Hitlers nächster Besucher war Attolico, der die Antwort des Duce an Hitler überbrachte. Mussolins Brief umfaßte zwei Seiten und begann mit der Anrede »Führer«, so wie auch Hitler in seinen Schreiben Mussolini häufig mit »Duce« anredete. Der Brief war in knappen Sätzen in italienischer Sprache geschrieben und telefonisch übermittelt worden; das Original traf erst am folgenden Tag in Berlin ein. »Es ist für mich einer der schmerzlichsten Augenblicke meines Lebens«, schrieb Mussolini, »Ihnen mitteilen zu müssen, daß Italien nicht kriegsbereit ist. Nach dem, was mir von den verantwortlichen Chefs der Wehrmachtteile mitgeteilt wurde«, hieß es weiter, »sind die Benzinvorräte bei der italienischen Luftwaffe so gering, daß sie nur für drei Kriegswochen ausreichen würden. Ähnlich steht es mit der Bevorratung für das Heer sowie auf vielen anderen Rohstoffgebieten. Nur der Flottenchef hat mir erklären können, daß er sich keiner sträflichen Vernachlässigung schuldig gemacht habe, sondern daß die Flotte kampfbereit und mit genügend Brennstoff versehen sei.« Mussolini bat den Führer um Verständnis für seine Lage.
Hitler war tief enttäuscht und sichtlich verärgert. Er gab Attolico zu verstehen, daß er den Brief augenblicklich beantworten werde, und verabschiedete ihn mit eisiger Miene. »Die Italiener machen es genau wie 1914«, bemerkte er zu Ribbentrop, als Attolico fort war. In der nächsten halben Stunde ging es zwischen ihm und dem Reichsaußenminister um die Frage der Bündnistreue Italiens, und es fielen etliche abfällige Bemerkungen über den Verbündeten.
Hitler war überzeugt, daß Mussolinis Entscheidung, im Zustand der »Nicht-Kriegführung« zu verharren, auch in London bekanntgeworden war. Der Verschwiegenheit der italienischen Diplomatie traute er nicht. Jetzt verlangte er nach seinem militärischen Adjutanten Oberst Schmundt, der jedoch nicht zu erreichen war. An seiner Stelle erschien Generaloberst Keitel. Hitler fragte, ob es noch möglich sei, den Angriffsbefehl zurückzunehmen. Keitel bejahte. Schon

nach wenigen Minuten stürzte Keitel wieder aus dem Raum, und Schmidt hörte ihn aufgeregt mit seinem Adjutanten reden. Er vermochte nur einige Worte aufzuschnappen – »Der Vormarschbefehl muß sofort widerrufen werden.«
So erfuhr Schmidt, was er andeutungsweise schon wußte: Der Wehrmacht war ein Angriffsbefehl erteilt worden. Schmidt gesellte sich zu einigen in der Halle wartenden Offizieren. Sie sprachen über die neue Entwicklung. »Es wird ein furchtbares Durcheinander geben, wenn die auf dem Vormarsch befindlichen Truppen wieder rechtzeitig zurückbeordert werden sollen«, meinte ein Major. »An allem seid ihr Diplomaten schuld«, sagte er, halb im Scherz, zu Schmidt. »Hättet ihr euch die Sache doch eher überlegt und uns nicht erst losgeschickt, wenn nun doch wieder alles anders kommt.«
Der eigentliche Adressat dieser Kritik schrieb einen Brief an Mussolini. Es wurde ein kurzes, kühles Schreiben, das an Ironie grenzte. Hitler bat Mussolini, ihm Angaben darüber zu machen, welche Rohstoffe und Waffen er benötigte, vielleicht könne Deutschland aushelfen. Mussolinis Liste traf schon am folgenden Tag ein. Sie war außerordentlich lang.

Nicht überall wurde Hitlers Widerruf so bissig kommentiert. In Berlin gab es einen Kreis von Personen, die Hitler im Fall eines Kriegsausbruchs ausschalten und die Macht an sich reißen wollten. Die an dieser Verschwörung Beteiligten standen heute unter Hochspannung. Seit dem Abschluß des deutsch-sowjetischen Vertrags schienen ihnen die Weichen in Richtung Krieg gestellt zu sein. Der Oberbefehlshaber des Heeres, Brauchitsch, und Generalstabschef Halder waren in diese Pläne eingeweiht. Beide waren vor diesem 25. August nicht zu sprechen, nicht für Zivilisten.
Gegen 16 Uhr drang die Nachricht von der Erteilung des Marschbefehls zur Abwehr durch, in die Dienststelle von Admiral Wilhelm Canaris. Etwa eine Stunde später traf Hjalmar Schacht mit neueren Informationen bei den Verschwörern ein. Der Freundeskreis um Hans Bernhard Gisevius suchte sogleich General Thomas in seiner Privatwohnung auf. Auch Thomas, der Chef des Wehrwirtschafts- und Rüstungsamts, hielt den Augenblick für gekommen, bei Generaloberst Halder einen letzten Versuch zu wagen. Kurz nach 19 Uhr

fanden sich Thomas, Gisevius und Schacht in der Nähe der Bendlerstraße ein. Seit langem hatten sie in der benachbarten Hildebrandstraße ihren geheimen Treffpunkt. Sie wußten, daß die Autos in der Bendlerstraße und am Tirpitzufer laufend von der Gestapo überwacht wurden. Thomas ging zu Canaris ins Büro hinauf, während Schacht und Gisevius unten im Wagen sitzen blieben. Sie mußten lange warten, endlos, wie es ihnen schien. Inzwischen war es 20 Uhr. Dann kam, nach gut einer halben Stunde, Oberst Hans Oster zu ihnen, einer aus ihrem Kreis. Oster schien bester Laune zu sein. Er sagte dem Fahrer, er solle etwas in der Gegend herumfahren, ganz planlos. Er hatte es überhaupt nicht eilig, ihnen den Grund für seine gute Laune zu verraten. Dann ließ er die Wagenfenster hochkurbeln. »Das kommt davon, wenn ein Gefreiter Krieg führen will«, meinte er lachend und wiederholte diesen Satz. Er schien es zu genießen, daß die beiden anderen einfach erstaunt waren. Schließlich legte er ihnen dar, was im Verlauf dieses Nachmittags im Zentrum der Macht geschehen war: zuerst der Vormarschbefehl, dann der Widerruf. Jetzt wollten die beiden Zivilisten von ihm wissen, wie es weitergehen würde. »Wollen Brauchitsch und Halder nun losschlagen?« fragten sie ihn. Oster war über die Frage höchst erstaunt. Er schien sie zunächst gar nicht zu begreifen. Es schien ihm nicht einzuleuchten, warum sie jetzt noch gegen Hitler putschen sollten. Der Mann sei doch erledigt, meinte er.

Oster war es zufrieden. Er hatte seit sechs Jahren gegen Hitler und den Gestapo-Apparat angekämpft, jetzt war sein erstes Ziel erreicht: Der Krieg war ins Wasser gefallen, und der, der ihn haben wollte, hoffnungslos kompromittiert.

Auch im Auswärtigen Amt gab es Beamte, die derselben Meinung waren. Jetzt sei »erst einmal die Luft raus«, meinte von Weizsäcker, der Ball sei nun angestochen und werde sich nicht ein zweites Mal aufblasen lassen.

Am Abend dieses 25. August rief der Chef des Wehrmachtführungsstabes, Generalmajor Alfred Jodl, den Ersten Generalstabsoffizier der Operationsabteilung an. Jodl hatte von Hitler den Auftrag, den für den nächsten Morgen geplanten und vorbereiteten Angriff auf Polen abzublasen. Zunächst erkundigte sich Jodl danach, ob die

Bewegungen im Osten überhaupt noch anzuhalten seien und die Truppen bis Tagesanbruch wieder in ihre Ausgangslager zurückgebracht werden könnten. Der Generalstabsoffizier am anderen Ende der Leitung war verdutzt. »Ja, was ist denn nun los?« fragte er. Jodl deutete ihm kurz an, was sich im Laufe des Tages ereignet hatte, und erwähnte die Garantie der Briten für Polen. Der Generalstabsoffizier war vorläufig nicht darüber orientiert, ob der Angriff noch aufzuhalten sein würde. Das hänge von den Nachrichtenverbindungen ab, sagte er. »Ich muß zuerst mit Fellgiebel sprechen.« Jodl verlangte von dem Offizier einen Rückruf, sobald er Bescheid wisse.

Der erste Generalstabsoffizier rief bei Fellgiebel an. »Bitte nicht erschrecken, Herr General!« sagte er knapp. »Anfrage des Führers, ob die Bewegungen noch angehalten werden können.« Generalleutnant Fellgiebel, der Chef des Nachrichtenwesens, war außer sich. »Sind die da oben wahnsinnig geworden!« schrie er. »Das nenn ich das Spiel zu weit getrieben. Man kann doch eine solche Riesenfront nicht wie ein Bataillon kommandieren!« Für die äußersten Flügel in der Slowakei und Ostpreußen könne er keine Garantien geben, er sei sich nicht sicher, ob er die Verbindungen dorthin so rasch bekommen könne. »An der übrigen Front wird es wohl gehen«, brummte er. Der Erste Generalstabsoffizier war erleichtert und sagte ihm zu, nach einer Rückmeldung an Jodl endgültigen Bescheid zu geben. Jetzt verlangte er eine Verbindung mit Jodl. Als der General ans Telefon kam, meldete der Erste Generalstabsoffizier, daß das Anhalten zwar möglich sei, daß es aber an den äußersten Flügeln Schwierigkeiten geben könne. Jodl war zufrieden. »Geben Sie den Befehl!« sagte er. »Fellgiebel soll alles versuchen.«

Jetzt ratterten also an der Front die Telefone. Die im Aufbruch befindlichen Einheiten wurden zurückgepfiffen. In der Heide südlich von Johannisburg in Ostpreußen lagerte der Kommandeur eines Reiterregiments mit seinem Stab in einem kleinen Gasthaus unweit der ostpreußisch-polnischen Grenze. Als das Telefon läutete, nahm ein Oberst ab. »Hallo, wer ist dort?« meldete er sich. »Ach, Sie sind's. Was gibt's noch? [...] Ich will gerade losreiten.« Der Generalstabsoffizier am anderen Ende schnarrte herunter, was neuerdings beschlossen war. »Das Regiment soll möglichst noch vor Tagesanbruch die alten Unterkunftsräume erreicht haben«, sagte er zu dem Mann im Feld. »Falls Patrouillen schon über die Grenze vorstießen, sind sie sofort zurückzurufen.« Der Oberst war empört. »Was soll denn das?« rief er in den Hörer. »Man macht sich ja geradezu lächerlich vor den Leuten.«

»Ich kann's leider nicht ändern«, entgegnete der Generalstabsoffizier. »Ich kenne den Grund auch nicht. Sind schon Patrouillen fort?« wollte er noch wissen. »Natürlich«, schnaubte der Oberst, »das könnt ihr euch doch denken. Ob ich die noch zurückpfeifen kann, ist fraglich. Ordre – Contreorde – Désordre«, grollte er, bevor er den Hörer auflegte.

Jetzt konnte er versuchen, die Sache zu beheben, sofern es überhaupt noch möglich war. Es dauerte eine Weile, ehe er seinen Adjutanten erreichte. »Was ist aus den Patrouillen geworden?« wollte er wissen. »Die auf Kolno konnten wir gerade noch erreichen, die andere auf Grabowo anscheinend nicht mehr«, entgegnete der Adjutant. Man hörte Schießereien. Ein Leutnant trat zu ihnen. »Patrouille auf Grabowo zurück«, berichtete er knapp. »Ein Unteroffizier vermißt.« »Da haben wir's«, grunzte der Oberst. »Rin in die Kartoffeln, raus aus den Kartoffeln!«

Mohrungen, Ostpreußen Hans von Herwarth reiste an diesem Tag allein nach Mohrungen, zu seiner Einheit. Es war 4 Uhr nachmittags, als er bei seinem Regiment ankam. Ein Offizier namens Dawans zeigte ihm auf einer Karte, wo die einzelnen Regimenter der 3. Armee lagen. Herwarth hatte die Wahl und entschied sich für das 1. Reiterregiment. Sein Oberbefehlshaber war General von Küchler. Ihm wurde er nun vorgestellt, und der General hörte sich seine Schilderung von den Ereignissen der letzten Tage in Moskau gespannt an. Herwarth erfuhr bei dieser Gelegenheit, daß es einen Befehl gab, am folgenden Morgen Polen anzugreifen. Das war nun ihm wiederum neu.

Zu später Stunde fuhr Herwarth mit kriegsmäßig abgeblendeten Scheinwerfern an langen Militärkolonnen vorbei in Richtung polnische Grenze. In ein paar Stunden sollte es also losgehen. Er meldete sich bei Major Ingo von Collani vom Stab der 1. Kavalleriebrigade. Die Atmosphäre war mit Spannung geladen. Collani berichtete ihm kurz von einem Grenzzwischenfall, der sich sehr früh an diesem Tag ereignet hatte. Ein Unteroffizier von Herwarths Regiment hatte versehentlich die polnische Grenze überschritten und war erschossen worden.

Collani empfahl Herwarth, sich bald hinzulegen, der nächste Tag werde sehr anstrengend. Sie hatten ohnehin nur wenige Stunden, bis ein Kübelwagen sie von der Brigade zum Regiment bringen würde. Herwarth war bereits eingeschlafen, als das Telefon klingelte. Keiner machte Anstalten, den Hörer zu ergreifen, und so nahm der Diplomat, der Neue in diesem Haufen, das Telefon ab. »Feindseligkeiten gegen Polen sind nicht zu eröffnen«, hörte er eine Stimme am anderen Ende der Leitung sagen. Herwarth ging zu Collani und weckte ihn. Der Major war ärgerlich, der unerfahrene Reservist müsse sich verhört haben, meinte er. Collani machte also einen Rückruf und überzeugte sich selbst davon, daß die Nachricht stimmte.

Es war Mitternacht, als Herwarth zu einem vorgerückten Posten hinausfuhr, um ihm den Befehl zu überbringen, daß der Angriff abzublasen sei. Bei der Vorhut angekommen, blieb er noch einige Zeit auf und plauderte, an Schlaf war jetzt nicht mehr zu denken.

London Alexander Cadogan, Unterstaatssekretär im Foreign Office, war äußerst fleißig an diesem Tag: sechzehn lange Stunden schuftete er heute für seine Regierung. Den größten Teil des Vormittags verbrachte er in der Downing Street 10. Am späten Vormittag erfuhr er, daß Hitler den britischen Botschafter für 13.30 Uhr zu sich bestellt hatte. Cadogan rätselte über den Grund. Am Nachmittag erfuhr er mehr: Henderson rief an, um ihn wissen zu lassen, daß Hitler ihm gegenüber eine Erklärung abgegeben habe; außerdem habe der deutsche Regierungschef ihm empfohlen, sie persönlich nach England zu bringen. Nun wollte der Diplomat wissen, ob er mit Hitlers Nachricht persönlich nach London kommen solle. Cadogan bejahte. Anschließend informierte er Chamberlain.

Wenn die deutsche Wehrmacht Polen angriff, dann stand England im Krieg. Im Krieg gegen die stärkste Landmacht auf dem Kontinent. Die britische Währung, das Pfund Sterling, bekam diese Erwartung zu spüren: Es kam zu einem Sturz des Pfundes. Die Schwäche hatte schon ein paar Tage zuvor begonnen und setzte sich fort. Das Pfund Sterling fiel von 4,68 auf 4,43 US-Dollar. Und am Freitagnachmittag ging der Kursverlust noch weiter, die Notierung erreichte zeitweise nur noch einen Wert von 4,38 Dollar. Wie stets in unsicheren Zeiten stieg der Goldpreis ruckartig an. Immerhin gelang es der britischen Regierung, den Pfundkurs zu stützen und ihn bei 4,35 Dollar zu stabilisieren.

Im Unterhaus wurde an diesem Tag der gegenseitige englisch-polnische Hilfspakt ratifiziert. Bislang hatte sich Polen geweigert, ihn zu ratifizieren; der polnische Außenminister Beck wollte nämlich den potentiellen Aggressor nicht namentlich nennen, um Hitler nicht zu provozieren.

Halifax erhielt nun gleichfalls einen kurzen Anruf von Botschafter Henderson aus Berlin, der ihm mitteilte, daß er um 13.30 Uhr mit Hitler gesprochen habe. Dabei habe dieser ihm eine längere Mitteilung gemacht und ihm vorgeschlagen, den Inhalt London persönlich zu überbringen. Halifax war einverstanden. In einem Telegramm faßte Henderson Hitlers Vorschläge zusammen. Sie liefen darauf hinaus, daß als erstes die polnische Frage gelöst werden müsse; danach werde Hitler der britischen Regierung ein Angebot machen. Halifax lud den Botschafter für den folgenden Morgen zur Kabinettsitzung ein.

Aus den Dominions kam gute Kunde: Der australische Premierminister erklärte, daß Australien dem Mutterland helfen werde, falls England gezwungen sei, Krieg zu führen. Und auch Neuseeland ließ wissen, daß England im Falle eines Krieges mit seiner Hilfe rechnen könne.

Im Foreign Office sah sich Oliver Harvey Hendersons Telegramm an. Hitler sei sehr ruhig gewesen, aber absolut unnachgiebig, las Harvey. Er habe immer wieder seine Absicht wiederholt, Polen anzugreifen, wenn es mit der Verfolgung und Mißhandlung seiner Deutschen nicht bald ein Ende habe. Harvey schüttelte ungläubig den Kopf: Was Hitler da verlangte, dachte er sich, ist das Aller-

dümmste. Es lief auf seine alte Forderung hinaus: Ihr laßt mir freie Hand im Osten, gegenüber Polen. Neu war diesmal, daß er dafür Großbritannien seinen Besitz garantieren wollte.
Harvey verließ das Foreign Office zu gewohnter Stunde, kehrte aber am Abend, gegen 21 Uhr, noch einmal dorthin zurück. Außenminister Halifax sprach um diese Zeit noch mit Chamberlain.

Paris Es gab in Frankreich keinen großen Tourismus, aber es gab einzelne Touristen. Seit dem Amtsantritt der Volksfrontregierung im Jahr 1936 stand den Franzosen zwei Wochen bezahlter Urlaub zu. An der Riviera, zwischen Cannes und St. Tropez, traf sich die Jeunesse dorée. »Nie hatten so viele junge Menschen den Strand des Mittelmeeres bevölkert; [...] es war eine einzige Ballnacht unter der Devise: ›Morituri te salutant.‹ [...] Das Freiluft-Nachtlokal ›L'Amiral‹ in der Künstlerkolonie St. Tropez mit ihren rosa und hellblauen Häusern, pittoresken Leuchttürmen und ihrem alten Hafen [...] veranstaltete ›Nuit de volupté‹«, schreibt einer, der dabei war, Hans Habe. »Viele Jungen schliefen einfach auf dem heißen Sand von St. Maxime oder St. Raphael, und sobald man aufwachte, erholte man sich mit einer Flasche eiskalten Champagners.«
Jetzt reisten sie ab, allen voran die Ausländer. Die diplomatischen Vertretungen Großbritanniens und der Vereinigten Staaten hatten ihre Staatsangehörigen ermahnt, nach Hause zurückzukehren – achtundvierzig Stunden später waren die Sommerquartiere an der Riviera wie leergefegt. Auch die Fremdenverkehrsorte in den Französischen und Schweizer Alpen begannen sich rasch zu leeren. Die deutschen Besucher waren zumeist schon einige Tage zuvor abgereist.
Die französische Bahngesellschaft hatte die Zahl der Züge verdoppelt und verdreifacht, um dem Ansturm zu genügen. Trotzdem waren sie überfüllt. In den Gängen der Eisenbahnwaggons standen die Menschen dichtgedrängt zwischen Gepäckstücken, so daß man auf den Stationen nicht einmal mehr die Türen öffnen konnte. Aus sämtlichen Pariser Bahnhöfen strömten riesige Mengen von Reisenden. Die Autodroschken reichten nicht aus, die Ankommenden

rasch nach Hause zu befördern. Für die britischen Urlauber, die aus Frankreich auf ihre Insel zurückkehren wollten, wurden sogar eigens Sonderzüge eingesetzt.
Im Westen des Kontinents herrschte an diesem Tag kein gutes Wetter, vor allem im Umkreis der großen Flughäfen nicht, so daß es beim Abflug der Maschinen zu beträchtlichen Störungen und Verzögerungen kam. Die meisten Passagiere kamen aus Letoucque, Paris, Deauville und aus der Schweiz. Und auf den großen Atlantikschiffen wurden bei diesem Ansturm die Kabinen knapp. Männliche Passagiere auf dem Weg in die Vereinigten Staaten erklärten sich sogar bereit, auf Deck zu nächtigen, weil es keine Kabinen mehr gab.

Die politische Stimmung in Paris hatte sich merklich verschlechtert. Die Pariser Blätter erklärten, im Laufe des gestrigen Tages sei die Lage wesentlich kritischer geworden. Trotzdem blieb die Öffentlichkeit ruhig, selbst als von Regierungsseite Vorkehrungen militärischer Art getroffen wurden. Die Vorbereitungen zur Verdunkelung der Hauptstadt hatten schon begonnen. Die Straßenlaternen wurden gegen Flieger abgeblendet und die Fensterscheiben in den Bahnhöfen blau angestrichen. Der Minister für öffentliche Arbeiten teilte der Pariser Bevölkerung mit, daß die Eisenbahngesellschaft alle Vorkehrungen getroffen habe, die Bewohner der Hauptstadt zu evakuieren. Die Regierung forderte alle Personen, deren Verbleiben in der Hauptstadt nicht unumgänglich notwendig war, dazu auf, Paris zu verlassen. Vorläufig war allerdings eine Bewegung in umgekehrter Richtung im Gange, da die Pariser aus allen Teilen des Landes aus den Ferien in die Hauptstadt zurückeilten.
Im Amtsblatt erschien an diesem Tag eine Verordnung, durch welche sämtliche Unternehmen, Fabriken und Werkstätten, die Aufträge für das Kriegs-, Marine- oder Luftfahrtministerium erledigten, requiriert wurden – sowohl die Geschäftsleitung als auch das Personal wurden unter amtliche Aufsicht gestellt.
Verärgert und verwirrt wegen des Moskauer Vertrags war vor allem die Arbeiterschaft Frankreichs, auf sie machte der Pakt einen verheerenden Eindruck. Die französischen Arbeiter standen geschlossen gegen Hitler. Keine andere soziale Schicht Frankreichs lehnte

mit der gleichen Entschiedenheit alles ab, was Hitler verkörperte. Der Allgemeine Gewerkschaftsverband hatte eine Entschließung angenommen, die den deutsch-sowjetischen Pakt verurteilte. Der Exekutivausschuß des Seineverbandes der Sozialistischen Partei forderte in einer einstimmig gefaßten Entschließung die Kommunisten auf, mit Moskau zu brechen. Die französischen Kommunisten waren seit diesem Freitag heftigen Verfolgungen von seiten der Regierung ausgesetzt, die vor allem die Kommunistenführer jagte, um sie zu inhaftieren.

Die französische Öffentlichkeit verstand, daß mit diesem Bündnis zwischen Moskau und Berlin Inhalt und Geist des französisch-sowjetischen Beistandspakts hinfällig geworden waren. Der neue Pakt, glaubte man, werde aber keinerlei Einfluß auf die Einstellung Frankreichs zu Polen haben, obwohl auch klar war, daß Polen jetzt nicht einmal auf sowjetische Waffenlieferungen rechnen konnte und allein auf die Hilfe der Westmächte angewiesen war. Niemand zog in Zweifel, daß Frankreich zu seinen Bündnispflichten stehen werde. Die Reden von Chamberlain und Lord Halifax im britischen Parlament wurden in diesem Punkt einstimmig gebilligt.

Wie sollte es nun in Moskau weitergehen, wo noch immer eine britisch-französische Militärdelegation weilte? Lohnte es sich überhaupt, weiterzuverhandeln? Vorläufig lag der französischen Presse, entgegen früheren, anderslautenden Meldungen, kein amtlicher Beschluß über den Rückzug der Militärmission vor. Ob aber wirklich weiterverhandelt wurde, wußte niemand. Das zweite Thema des Tages war die Ernennung des Gauleiters von Danzig zum Staatsoberhaupt der Freien Stadt Danzig. Auch in Frankreich sah man darin den ersten Schritt zur Eingliederung Danzigs in das Deutsche Reich. Trotzdem hofften die Franzosen, daß Polen keine praktischen Folgerungen daraus ziehen werde.

In Pariser Regierungskreisen herrschte an diesem Freitagmorgen große Unruhe. Die Lenker der französischen Außenpolitik, Ministerpräsident Daladier und Außenminister Georges Bonnet, waren mit Lukasiewicz verabredet, dem polnischen Botschafter in Paris. Seit dem Abschluß des deutsch-sowjetischen Vertrages waren etwas mehr als vierundzwanzig Stunden vergangen, und in Lukasiewicz festigte sich der Eindruck, in Paris sei man nach wie vor zuversichtlich. Und auch aus London strahlte Optimismus herüber. Keiner seiner französischen Gesprächspartner vertrat an diesem Vormittag die Meinung, die französische Politik müsse sich grundlegend ändern. Offenbar sollte alles beim alten bleiben. Der polnische Diplomat faßte Vertrauen. Am Ende des Gesprächs hatte er den Eindruck, die französische Regierung werde ihren Bündnisverpflichtungen seinem Land gegenüber nachkommen. Auch die französische Presse nährte seinen Optimismus. Etwas beunruhigend fand er nur, daß einige Pariser Zeitungen schrieben, daß Polen insgeheim die Mobilisierung vornehme. Der Botschafter sprach den französischen Regierungschef darauf an, aber obwohl der ihm beipflichtete, konnte Lukasiewicz nicht erkennen, daß Daladier entsprechende Anweisungen erteilen würde, solche Meldungen zu dementieren.

Daladier war sehr beschäftigt heute. Zum Mittagessen hatte er den amerikanischen Botschafter Bullitt in seine Wohnung in der Rue Anatole-de-la-Forge eingeladen. Sie trafen sich dort unter vier Augen. Daladier schätzte Bullitt als kultivierten Mann. Der Amerikaner war mit Sigmund Freud persönlich bekannt; die beiden hatten zusammen sogar ein Buch über den amerikanischen Präsidenten Wilson geschrieben. Bullitt hatte die Fakten beigesteuert, der Vater der Psychoanalyse die psychologische Deutung. Nach dem Anschluß Österreichs hatte Bullitt geholfen, Freud aus Wien herauszuschaffen, nach London, wo der Achtzigjährige jetzt lebte und auf den Tod wartete.

Während des Essens bildeten die internationalen Spannungen den wichtigsten Gegenstand ihres Gesprächs. Beide wußten, daß die Menschen, deren Wohl in ihren Händen lag, Angst hatten, Angst vor einem neuen Krieg. Aber sie sprachen auch von der Vergangenheit, von der Überwindung der Weltwirtschaftskrise, und Daladier erzählte Bullitt, er habe noch an diesem Morgen zu General Gamelin gesagt, die wirtschaftliche Erholung Frankreichs in letzter Zeit sei mehr der Hilfe des amerikanischen Botschafters als ihm selbst zuzuschreiben.

Was das Gespräch zwischen Hitler und Coulondre gebracht hatte, war zu diesem Zeitpunkt noch nicht bekannt. In Paris wartete man daher mit größter Spannung auf Nachrichten darüber. Ministerpräsident Daladier wollte sich noch an diesem Abend in einer Rund-

funkrede an das französische Volk wenden. Diese Rede wäre die erste amtliche Äußerung Frankreichs über die internationale Lage, seit sich die Ereignisse so zugespitzt hatten.
Daladiers Rede wurde von der BBC auch in Großbritannien ausgestrahlt. Der Ministerpräsident legte ausführlich dar, wie die Koalition Paris–London die Politik Berlins zu kontern versuchte. Frankreich und Großbritannien bildeten zusammen einen Block, sagte er, beide Länder hätten ihre Kräfte vereinigt, um gemeinsam stärker zu sein. Man werde sich nicht der Gewalt und der Herrschaft des Unrechts beugen. Daladier wollte klarstellen, daß seine Regierung – mit der Unterstützung eines einigen Frankreichs und in enger Zusammenarbeit mit einem gleichfalls innerlich geeinten Großbritannien – entschlossen sei, um der Ehre und des nationalen Interesses willen für ihre Versprechungen gegenüber dem polnischen Volk einzustehen, und gleichzeitig bereit sei, alles in ihrer Macht Stehende zu tun, um eine Verhandlungslösung zu erzielen.
Frankreich begann sich für den Ernstfall zu rüsten. Die Nachrichten aus England bestärkten das Land darin. Die Regierung war entschlossen, diesmal nicht nachzugeben, auch wenn Daladier weitere Verhandlungen für möglich hielt. Er hatte sie sogar begrüßt, schließlich zog er eine friedliche Lösung vor. Er hatte daher auch die Friedensinitiativen des amerikanischen Präsidenten, des Papstes und des belgischen Königs Leopold willkommen geheißen. Allerdings wollte Daladier auch klarstellen, daß es ein weiteres Zurückweichen vor Hitlers Gewalt, ein neues München, mit ihm nicht geben werde. Aus diesem Grund hatte er bereits die »Alerte« ausgelöst. Damit waren die äußeren Verteidigungslinien des Landes, die Maginot-Linie eingeschlossen, in Alarmbereitschaft versetzt. Die Reservisten hatten den Ruf zu den Fahnen erhalten; an diesem Freitag standen vertraulichen Informationen zufolge in Frankreich und Großbritannien zusammen 1,9 Millionen Mann unter Waffen. Zwei Tage später sollten es, Gamelin zufolge, schon 2,67 Millionen sein. Die französische Armee hatte die Taxen requiriert, um möglichst mobil zu sein. Notfalls wollte man, wie 1914, die Soldaten per Taxi an die Front fahren. Gleichwohl war der Begriff »allgemeine Mobilmachung« in Frankreich bislang noch nicht gefallen.
Die Soldaten, die in diesen Tagen in die Maginot-Linie einrückten,

gingen ohne Begeisterung, eher mit Wut und Ärger auf Hitler. Eine Bauersfrau schrieb: »Ich habe sie abreisen sehen – mit verkrampftem Herzen.« Die Franzosen waren bereit, die Mühen des Krieges und der Verteidigung zu tragen; aber es fehlte ihnen an Begeisterung. »Il faut en finir«, sagten sie – endlich Schluß damit. Sie wollten es hinter sich bringen. »Quel malheur, quel malheur«, das hörte man allerorten.

Am Abend tagt in der Rue Le Pelletier 44 die französische KP-Führung. Im Mittelpunkt der Beratung steht der neue Pakt. Die Atmosphäre ist gespannt. Renaud Jean, für seine derbe Offenheit bekannt, verlangt eine Erklärung für diesen Schritt. »Das heißt doch Krieg«, sagt er. Der Vorsitzende Maurice Thorez gibt zögernd eine verlegene Antwort. Eigentlich weiß er über die Hintergründe nicht mehr als die anderen Genossen. Da macht Gustave Sausset, ein Abgeordneter aus der Dordogne, den Vorschlag, eine Delegation zur sowjetischen Botschaft zu schicken, um eine Erklärung zu verlangen, daß sich die Sowjetunion im Falle eines Angriffs der Wehrmacht auf Danzig, der eine kriegerische Auseinandersetzung mit den westlichen Demokratien nach sich ziehen würde, automatisch auf die Seite der angegriffenen Länder stellen werde. Aber der bislang eher vorsichtige und zögerliche Thorez reagiert nun außergewöhnlich heftig. Er brüllt geradezu. »Wir haben uns nicht in auswärtige Angelegenheiten Rußlands einzumischen«, schreit er. »Ein solcher Vorschlag kommt einem Verrat gleich. Dadurch würden wir zeigen, daß wir kein Vertrauen zu Moskau haben.« Bedrückt gehen die Genossen an diesem Abend auseinander.

Im Quai d'Orsay, dem französischen Außenministerium, herrschte um diese Zeit noch immer hektische Betriebsamkeit. Das Licht brannte die ganze Nacht hindurch. Bonnets Mitarbeiter waren damit beschäftigt, die aus den europäischen Hauptstädten eingehenden Telegramme gründlich zu lesen – es hing so vieles davon ab. Diese nächtliche Tätigkeit dauerte die ganze folgende Woche an.

Es war kurz vor Mitternacht, als die Amerikanische Botschaft in Paris ein eiliges Telegramm nach Washington sandte. Dank der Zeitverschiebung ging es noch am selben Tag um 19.51 Uhr Ortszeit in Washington ein. Botschafter Bullitt berichtete über die Vorgänge am Nachmittag dieses Tages. Er hatte schon kurz mit Präsident Roosevelt telefoniert, um ihm das Wichtigste selber zu sagen. Von Bonnet wußte er zu dieser Zeit bereits, daß Hitler dem französischen Botschafter an diesem Nachmittag in Berlin gesagt hatte, er wolle Frankreich nicht angreifen, könne aber die Behandlung deutscher Minderheiten durch die Polen nicht länger hinnehmen. Als deutscher Regierungschef sei er jetzt zum Handeln gezwungen. Der französische Außenminister habe den Eindruck, schrieb Bullitt, Hitler wolle eine letzte Warnung geben, bevor er zuschlage. Bonnet glaube offenbar, dies werde sehr bald geschehen. Allerdings habe Hitler auch klarzumachen versucht, daß er keinen allgemeinen Krieg wolle. Bonnet war sich also nicht ganz darüber im klaren, ob Hitler das Problem Danzig nicht doch auf dem Verhandlungswege lösen wollte.

Kurz vor Mitternacht ging im Quai d'Orsay ein wichtiges Telegramm aus Berlin ein. Bonnet las es durch und teilte seinen Inhalt gleich Daladier mit. Eine gute Stunde später kam eine neue Nachricht aus Berlin. Der französische Botschafter Coulondre hatte mit seinem polnischen Kollegen Lipski gesprochen und berichtete, daß man versucht hätte, sich Lösungen auszudenken: Es war von einem Austausch der Bevölkerungen in den grenznahen Gebieten die Rede gewesen, also von einer Umsiedlung der Deutschen aus Polen und der polnischen Minderheit aus Deutschland. War das vielleicht die Lösung? Die für die Außenpolitik in Paris Verantwortlichen setzten sich einige Stunden später zusammen und brüteten über diesem Vorschlag.

Nürnberg Seit 1933 hieß Nürnberg die »Stadt der Reichsparteitage«. Jahr für Jahr fanden sie hier statt, im September. 1939 sollte der NSDAP-Parteitag vom 2. bis zum 11. September stattfinden. In einer Woche sollte es losgehen, Nürnberg wartete auf den Ansturm der Gäste und Besucher. Diesmal erwartete die Stadt mit ihren knapp 400 000 Einwohnern weit mehr als doppelt so viele Besucher, wie sie Einwohner zählte. Zu guter Letzt, nach dem Abschluß des deutsch-sowjetischen Pakts, hatte es sogar noch geheißen, auch die Sowjetregierung werde möglicherweise eine Delegation zum Reichsparteitag entsenden.

Um des erwarteten Besucheransturms Herr zu werden, hatte die Stadtverwaltung unter Oberbürgermeister Willy Liebel Straßenbahnen und Autobusse zum Reichsparteitagsgelände bereitgestellt; viele andere Großstädte stellten insgesamt über tausend Straßenbahnschaffner nach Nürnberg ab. Außerdem wurden mehr als tausend SS-Männer als Straßenbahnsicherungsdienst eingesetzt. Viele Tausend Fahnenmasten waren errichtet worden, die Stadt ein einziges Flaggenmeer. Unzählige Quartiere – bei Privatleuten, in Schulhäusern und Gaststätten – waren vorbestellt. Auch das Zeltlager für den weiblichen freiwilligen Arbeitsdienst war bereits errichtet. Das Städtische Krankenhaus hielt eigens Betten bereit, denn einige hundert Besucher mußten jedesmal medizinisch versorgt werden.

Es kamen Vertreter aus allen Teilen Deutschlands, aus allen Gauen, wie man jetzt sagte. Überall stand in der Presse in diesen Tagen zu lesen, daß viele aufgebrochen seien in Richtung Nürnberg. »Seit Wochen zum Teil sind die Marscheinheiten des Adolf-Hitler-Marsches mit den Bannfahnen der Hitler-Jugend unterwegs nach Nürnberg«, hieß es im *Fränkischen Anzeiger*, der Regionalzeitung von Rothenburg ob der Tauber, wo Scharen der Hitler-Jugend, vor allem die aus dem Westen des Deutschen Reichs, noch einmal einkehrten und Rast machten, bevor sie dann in die »Stadt der Reichsparteitage« zogen. Diese Sternmärsche waren willkommene Propaganda: »Sie tragen mit ihren Fahnen die Grüße der deutschen Jugend zum Führer. Sie durchziehen das Land eines rastlos schaffenden Kulturvolkes«, schrieb die Zeitung.

Auch Rothenburg ob der Tauber war auf seine Gäste vorbereitet. Die Stadt hatte sich mit Fahnen geschmückt; die jugendlichen Besucher wurden auf Kosten der Kommune in dem romantischen Städtchen untergebracht. Bis zum Beginn des Parteitags war es zwar noch eine ganze Woche; aber in der Tauberstadt war man gerüstet, denn die Jugend blieb gern ein oder zwei Tage, bevor sie weiterzog nach Nürnberg.

»Ein heller, sonnendurchfluteter Donnerstag neigte sich seinem Ende zu, als auf dem Marktplatz der Standort der Hitler-Jugend mit Spielmannszug aufmarschierte«, schrieb der *Fränkische Anzeiger*. »Das Rathaus lag im hellen Lichte der Scheinwerfer, als die Marscheinheit des Gebietes Ruhr-Niederrhein mit den Bannfahnen

dieses Gebietes [...] in den Platz einmarschierte. [...] Kräftig hallt der Marschtritt dieser strammen, kräftigen Jungen aus dem Gebiet um Ruhr und Niederrhein. Seit 26 Tagen sind sie unterwegs und haben am Tag ihrer Ankunft einen Marschweg von 25 Kilometern hinter sich.«
Am folgenden Tag wollen sie weitermarschieren in Richtung Nürnberg, noch einmal achtzig Kilometer. Doch an diesem 26. August trifft Hitler die Entscheidung, daß der diesjährige Reichsparteitag nicht stattfinden wird. Der »Reichsparteitag des Friedens« muß ausfallen.

London Thomas Mann hatte Deutschland verlassen, als die Nationalsozialisten 1933 an die Macht kamen. Er lebte in der Schweiz. In diesen letzten Augusttagen des Jahres 1939 hielt er sich vorübergehend in London auf. Hier erfuhr er auch vom Abschluß des deutsch-sowjetischen Nichtangriffspakts. »Kein Zweifel, daß die Kriegsgefahr verstärkt«, notierte er daraufhin in sein Tagebuch. »Gefühl von dem cynischen Leichtsinn des Schrittes, der nur von Hitlers wütender Ungeduld eingegeben, sich an Polen zu rächen«, schrieb er. Mann selbst hegte trotzdem Zweifel, ob es zum Kriege kommen würde. Der Krieg sei, auch bei russischer Neutralität, »ein unabsehbares Abenteuer, das sie nicht leicht riskieren werden«, meinte er mit Blick auf die deutsche Regierung. »Auch ist Stalin gewiß nicht für die Teilung Polens.«
Am Mittwoch hatte er England in Richtung Schweden verlassen. Die Paßkontrolle gestaltete sich langwierig, es gingen an diesem Tag viele heimkehrende Schweden an Bord der »Suecia«. Den Donnerstag verbrachte der Schriftsteller auf See. Den größten Teil der Überfahrt hielt er sich im Liegestuhl an Deck auf. Auf dem Schiff erfuhr er von Chamberlains Rede im Unterhaus und dem Festhalten der Briten an ihrer Garantieerklärung zugunsten Polens.
An diesem Freitag fuhr Thomas Mann mit der Eisenbahn von Göteborg nach Stockholm. »Seen, Felsen, das Land sommerlich«, notierte er. Die Politik machte ihn melancholisch. »Die Situation immer schwer den Sinn beschäftigend. Deutschland vom ›Westen‹

vielleicht für immer geschieden, auf die östliche Seite gefallen.« Um sich herum gewahrte er »überall fieberhafte Vorbereitungen. Immer noch bleiben Friedensüberraschungen möglich, aber ich verhehle mir nicht, daß ich den Krieg wünsche, weil er in seinen Folgen unabsehbar ist und aus dem jetzigen Zustand hinausführt, wahrscheinlich auch in Deutschland. Vor allem wäre ein neuer kampfloser Einmarsch Hitlers dermaßen widerlich, daß alles ihm vorzuziehen ist«. Die Appelle des amerikanischen Präsidenten hielt er für wirkungslos gegenüber dem Diktator in Deutschland. Um 15 Uhr traf der Zug in Stockholm ein. Im Hotel lag bereits eine Menge Post für Mann, darunter auch die Satzfahnen des Romans *Lotte in Weimar*. Noch gab es in den schwedischen Druckereien keine Setzer, die die deutsche Sprache beherrschten, und so wimmelte es von Satzfehlern. Da nur Linotype-Setzmaschinen zur Verfügung standen, mußte immer eine ganze Zeile aus dem Satz genommen werden, selbst wenn nur ein einziger Buchstabe zu ersetzen war – dies zog immer neue Fehler nach sich. Das Korrekturlesen war eine Qual.

An diesem Tag befördert die Reichspost einen Brief in Richtung London. Die Absenderin ist deutsche Jüdin. »Die Auswanderung«, schreibt sie an ihre Freundin, »das ist ja ein besonderes Kapitel. Mit Palästina kann man doch bei der bewachten Situation kaum rechnen, meine Brüder bemühen sich zwar weiter, aber wir sind recht skeptisch. Es ist ja überhaupt beinahe komisch, sich diesbezügliche Gedanken zu machen. Aber kann man sich auf Euch Engländer verlassen? – Vielleicht kommt doch kein Krieg. Na, morgen werden wir vielleicht mehr wissen. Wie war Euch gestern zu Mute? Ich las früh, wie immer, in der Metro die Überschriften fremder Zeitungen und fiel beinahe in Ohnmacht.«
Sie schließt ihren Brief mit den Worten: »Heute, nachdem ich den Wortlaut des Paktes kenne, hat es gar keinen Zweck mehr, über irgend etwas sich den Kopf zu zerbrechen. Das Einzige, was uns zu tun bleibt, ist, unser aller Schicksal nicht allzu sehr in den Vordergrund zu stellen, es geht um Größeres, ob wir's überleben, ist unwichtig.«

Dahlerus flog an diesem Freitag um 8 Uhr morgens mit der ersten regulären Maschine von Berlin nach London. Die Maschine landete erst um 13.30 Uhr auf dem Flughafen Croydon. Im Laufe des Nachmittags traf Dahlerus in einem Büro in Westminster mit seinen politischen Freunden zusammen. Der schwedische Geschäftsmann faßte einen schriftlichen Bericht ab, der sofort zum Wohnsitz des Premierministers in die Downing Street 10 gebracht wurde, wo er einer kleinen Kabinettsrunde vorgelegt wurde.
Es war schon später Nachmittag, gegen 17 Uhr, als Dahlerus von seinem Freund Charles Spencer erfuhr, daß der britische Botschafter in Berlin Hitler am frühen Nachmittag in der Reichskanzlei aufgesucht hatte. Dahlerus deutete dies als ein gutes Zeichen. Er selbst wurde für 18.30 Uhr ins Foreign Office bestellt, wo er mit Außenminister Halifax zusammentreffen sollte. Dieser hatte gerade den Bündnisvertrag mit Polen unterzeichnet, wovon jedoch sein Gesprächspartner nichts wußte. Halifax ließ sich nun von dem Schweden über dessen Unterredung mit Göring berichten. Aus dem Besuch Hendersons bei Hitler schlossen beide, daß eine friedliche Lösung möglich sein könnte. Das Gespräch mit Halifax dauerte nicht lange, bis gegen 19.30 Uhr, danach fuhr Dahlerus zum Hotel »Carlton«, wo er mit Bekannten gemeinsam zu Abend aß.
Seine Freunde drängten ihn, Göring anzurufen. Sie wollten erfahren, wie sich die Lage in Deutschland nach Hendersons Besuch bei Hitler darstellte. Dahlerus versuchte es; er bekam vom Hotel aus keine Leitung nach Berlin, die Telefonverbindung mit Deutschland sei unterbrochen, hieß es. Daraufhin rief er im Foreign Office an, mit dessen Hilfe es ihm gegen 22.20 Uhr gelang, eine Verbindung mit der Reichskanzlei zu bekommen. General Bodenschatz war am Apparat und erklärte, Göring sei noch mit Hitler im Gespräch. Nach einer Weile kam Göring selbst an den Apparat. Er machte einen nervösen Eindruck auf Dahlerus. Er fürchte das Schlimmste – der Krieg könne jeden Augenblick ausbrechen, sagte Göring. Jetzt baue er auf Dahlerus. Nun wollte Dahlerus wissen, was die Änderung bewirkt habe. Göring rückte nicht gleich damit heraus; aber allmählich verstand Dahlerus, daß die Briten an ebendiesem Freitagnachmittag den Vertrag mit Polen ratifiziert hatten. Der »Führer« fühle sich dadurch provoziert, sagte Göring. Hitler

tat so, als versuche England damit eine friedliche Lösung zu verhindern.
Dahlerus hatte ursprünglich vor, am nächsten Morgen nach Schweden zurückzureisen. Aber seine Mission in London war eigentlich noch nicht beendet, seine Vermittlungsbemühungen mußten weitergehen. So beschloß er, noch zu bleiben und sich um eine weitere Unterredung mit dem Außenminister zu bemühen.

Der amerikanische Botschafter in London, Joseph P. Kennedy, berichtete an diesem Abend gegen 19 Uhr an das State Department. Kennedy stand mit dem türkischen Geschäftsträger in London auf recht gutem Fuß, und von ihm hatte er Dinge vertraulich erfahren, über die er sogleich berichten wollte: Zu dem deutsch-sowjetischen Vertrag vom Vortag sollte es eine Geheimklausel geben, so wollte der türkische Kollege wissen, und darin sei von einer Annektierung von Nachbargebieten die Rede. Auch im britischen Foreign Office konnte man nicht glauben, daß Deutschland den Russen nicht mehr eingeräumt haben sollte als das, was inzwischen allgemein bekannt war. Aber niemand wußte Näheres. Angeblich hatte Sowjetrußland auch freie Hand gegenüber Japan erhalten. Wahrscheinlich stehe also eine Teilung Polens bevor und die Anerkennung von Sonderinteressen der Sowjetunion im Baltikum, eine Rückkehr zu den alten Grenzen zwischen dem Deutschen Reich und dem Russischen Reich, wie sie bis 1914 bestanden hatten.
Gegen Mitternacht setzte Kennedy erneut ein Telegramm nach Washington ab, diesmal mit dem ausdrücklichen Hinweis »Eilig«. Kennedy kam gerade aus der Downing Street 10 zurück, wo er mit dem Premierminister, Außenminister Halifax, Cadogan und Horace Wilson, einem Berater Chamberlains, konferiert hatte. Die Briten hatten ihm von dem Gespräch zwischen Hitler und Henderson erzählt. In groben Zügen gab Kennedy das Wesentliche weiter: Hitler habe ruhig und ernst gewirkt, er habe seine Bereitschaft hervorgehoben, mit Großbritannien zu einer Einigung zu kommen. Aber die ständigen Verletzungen der Polen hätten ihn verärgert. Er wolle Polen gegenüber die Rechte der Deutschen wahren, selbst wenn es einen großen Krieg bedeute. Dieser Krieg würde England mehr Leid verursachen als seinem Land. Jetzt stehe Rußland hinter ihm, mit

Nachschub, daher könne er sich das leisten. Wenn es aber irgendwie gelingen sollte, die Schwierigkeiten mit Polen zu beheben, dann würde er den Briten eine Garantie für ihr Empire für alle Zeiten geben. Er sei bereit zu Abrüstungen; danach könnten Deutschland und England zu wirtschaftlicher Blüte gelangen. Henderson habe Hitler gegenüber betont, daß Großbritannien sich auf nichts einlassen könne, was die Polen nicht wollten; und Hitler habe erwidert, er wolle nicht, daß England sein Wort breche. Im nächsten Atemzug habe Hitler allerdings hinzugefügt, daß es für Polen ohnehin keine Zukunft gebe, weil Deutschland und Rußland sich gemeinsam dieses Problems annehmen würden. Henderson sei dies als der springende Punkt der ganzen Unterhaltung erschienen. Am Ende habe Hitler den Botschafter gedrängt, seine Regierung zu überzeugen, folgenden Vorschlag anzunehmen: 1. Polen bereinigt auf der Stelle seine Differenzen mit Deutschland. 2. England stimmt dem zu und macht seinen Einfluß dahingehend geltend; im Gegenzug wird Deutschland das Britische Weltreich respektieren und sogar für seinen Bestand kämpfen. 3. Hitler wird die Rüstung begrenzen und friedliche Wege einschlagen, was er sowieso von sich aus wolle. (Daran hatte Kennedy so seine Zweifel, wie er in Klammern hinzusetzte.) 4. Wenn dies keine Zustimmung findet, wird es einen Krieg geben, der noch schlimmer sein wird als der Weltkrieg.

Washington Über dem Nordatlantik, vor Neufundland, zog sich das Wetter zu, in Europa köchelte die Krise vor sich hin, und Präsident Roosevelt war zeitweise von jeder Funkverbindung abgeschnitten. Er entschloß sich, möglichst rasch nach Washington zurückzureisen. Man erwartete ihn an diesem Freitag. Außenminister Hull holte ihn ab; gemeinsam fuhren sie zum Weißen Haus.

Unterwegs schilderte Hull dem Präsidenten die vielen schrecklichen Dinge, die sich in Europa zugetragen hatten. Die Tage des Friedens könne man an den Händen abzählen, sagte er. Soeben sei noch ein Telegramm von Bullitt aus Paris eingegangen, kurz vor seiner Abfahrt. Der amerikanische Botschafter sei gerade von London in seine Pariser Botschaft zurückgekehrt; in London habe er sowohl von

Chamberlain als auch von Halifax erfahren, daß sie den Krieg für unausweichlich und all ihre Anstrengungen für vergeblich hielten. Sie fürchteten, ein deutscher Angriff könne jederzeit erfolgen.
Roosevelt machte sich Sorgen um den Frieden in Europa; aber was konnte er tun? Würde nicht ein Versuch, dort einzugreifen, eher gegenteilige Auswirkungen haben? Ausgerechnet der Mann, an den er sich an diesem Tag so eindringlich wandte, der Kanzler des Deutschen Reichs, empfand nur Abscheu für ihn, so daß seine Depesche eher die gegenteilige Wirkung hatte: Hitler, der offen auf einen Krieg zusteuerte, erklärte Roosevelt zum Kriegstreiber.
Hull versprach sich von Roosevelts Appellen an Hitler und an den polnischen Präsidenten gar nichts. Er sah darin lediglich den Vorteil, daß sie den Aggressor leichter kenntlich machten, und stimmte der Demarche aus diesem Grund zu. Roosevelt schlug in seiner Botschaft vor, den Streit entweder durch Verhandlungen, durch einen Schiedsrichter oder durch die Vermittlung Dritter beizulegen, wozu auch er seine Hilfe anbot.
Die Antwort von Mościcki kam am folgenden Tag. Der polnische Präsident stimmte Verhandlungen oder einer Vermittlung zu. Derjenige, auf den es ankam, Hitler, gab keine Antwort, und die deutschen Zeitungen erwähnten Roosevelts Friedensappell mit keinem Wort. Hitler empfand Roosevelt gegenüber Haß und Neid; »politischer Scharlatan« zählte noch zu den maßvolleren Beschimpfungen des US-Präsidenten. Er unterstellte Roosevelt, dieser wolle die USA nur aus dem einen Grund in den Krieg führen, um seine »Fehlschläge« in der Innenpolitik zu verschleiern.
Für diesen Freitag hatte Roosevelt eine Sondersitzung des Kabinetts einberufen. Nur die wenigsten seiner Minister waren anwesend, noch immer war Ferienzeit. Neben Außenminister Hull erschienen Innenminister Harold Ickes und Kriegsminister Harry H. Woodring, außerdem der stellvertretende Finanzminister Hanes, der amtierende Marineminister Edison und der stellvertretende Handelsminister Noble. Roosevelts enger Berater, Handelsminister Harry Hopkins, war tags zuvor mit Krebsverdacht in die Mayo-Klinik eingeliefert worden.
Im Kabinett sprach man fast nur über die Situation in Europa. Roosevelt berichtete seinen Ministern von den Schreiben, die er an

Hitler, König Viktor Emanuel und den polnischen Präsidenten gerichtet hatte. Er wolle einen Krieg verhindern und auf eine einvernehmliche Lösung zwischen Deutschland und Polen hinwirken, sei es durch Verhandlungen oder ein Schiedsgericht. Polen habe seinen Vorschlag angenommen, während Hitler nicht reagiert habe. Noch am selben Abend wandte sich der Präsident ein zweites Mal an den deutschen Reichskanzler.

Natürlich kam man im Kabinett auch auf den deutsch-sowjetischen Nichtangriffspakt zu sprechen, der in Washington ebenfalls einen Schock hervorgerufen hatte. Man fürchtete die Folgen, vor allem eine Teilung Polens. Ein großer Krieg in Mitteleuropa war nicht auszuschließen. Dann könnte sich Spaniens neuer Diktator, General Franco, der das Land seit dem Frühjahr regierte, den Achsenmächten anschließen, und möglicherweise geriete auch Portugal unter den Einfluß der Achse. Vermutlich würde Deutschland auch seine Nachbarn im Norden bedrohen und dort seinen Einfluß verstärken. Außerdem drohte von Japan Gefahr. Ickes war alles andere als zuversichtlich. Er machte weniger Sowjetrußland für die neue kriegsschwangere Situation verantwortlich als vielmehr den britischen Premierminister Chamberlain und dessen Nachgiebigkeit gegenüber Hitler. England habe sich allzulange gesperrt, so Ickes, mit den Sowjets zu einem Abschluß zu kommen. Rußland suche eine Allianz mit dem Westen – gegen Hitler –, glaubte Ickes. Aber nun war es zu spät. Daß die Sowjets sich mit den Nazis eingelassen hatten, fand er abscheulich.

Wie würde es zwischen Deutschland und Polen weitergehen? Konnte Großbritannien einer Aufteilung Polens tatenlos zusehen? Roosevelt hielt das für ausgeschlossen. Er glaubte, in England habe sich die Stimmung beträchtlich verhärtet. Er wußte, daß das Parlament während der Sommerpause einberufen worden war und der Regierung Sondervollmachten erteilt hatte und daß auch die Opposition dieser Politik zustimmte. Chamberlains neue, festere Haltung wurde in der Bevölkerung begrüßt. Ähnlich war die Situation in Frankreich. Und die Polen – hatten sie den Willen und den Mut, sich gegen die deutsche Übermacht zu wehren? Falls die Deutschen angriffen, würde sich Polen nach Roosevelts Überzeugung zur Wehr setzen – anders als die Tschechoslowakei im Vorjahr –, und

das hieß Krieg. Derselben Meinung war auch Innenminister Ickes. Zu Chamberlain hatte Ickes hingegen kein Vertrauen; ihn hielt er für wachsweich.
Nachmittags sandte Roosevelt eine weitere Nachricht an König Leopold von Belgien, der sich gleichfalls für Frieden ausgesprochen hatte. Und abends richtete er eine zweite Botschaft an Hitler. Er war nicht sehr zuversichtlich, damit Erfolg zu haben; aber er versuchte es trotzdem. Roosevelt zitierte aus der Antwort des polnischen Staatspräsidenten und schloß mit den Worten: »Unzählige Menschenleben können gerettet werden und die Hoffnung kann zurückkehren, daß die Nationen der Welt von heute noch eine Grundlage für friedliche und glücklichere Beziehungen legen können, wenn Sie und die Regierung des Deutschen Reiches den friedlichen Wegen zustimmen, welche die Regierung von Polen angenommen hat. Alle Welt betet, daß nun auch Deutschland annehmen wird.«
Der Abgeordnete Bloom schaute an diesem Freitag im Büro von Innenminister Ickes vorbei und erzählte, er halte die Krise in Europa für entschärft. Ickes war überrascht und wollte mehr wissen. Bloom wußte angeblich – oder glaubte zu wissen –, warum Hitler mit den Sowjets ins reine gekommen war: Stalin solle sich bereit erklärt haben, Hitler Asyl zu gewähren, falls die Deutschen ihn eines Tages hinauswerfen sollten. Kein anderes Land der Welt würde ihn aufnehmen!
Aber von einem Aufstand gegen Hitler konnte keine Rede sein. Die Nachrichten, die Washington erreichten, waren alles andere als beruhigend – sie wurden von Stunde zu Stunde alarmierender. In Europa begannen die Mobilmachungen; Deutschland schloß sich vom Telefon- und Telegrafenverkehr aus; fremde Militärattachés durften die Reichshauptstadt plötzlich nicht mehr ohne Genehmigung der deutschen Regierung verlassen. Dann hieß es, die Tannenbergfeier sei abgeblasen. Und nun wartete das amtliche Washington auf die Vorschläge, die Hitler dem britischen Botschafter bei ihrer Mittagskonferenz übermitteln würde. Krieg oder Frieden?
Im Laufe des Tages wurde das State Department mit Telegrammen förmlich überschüttet. Aus allen wichtigen Hauptstädten Europas trafen sie ein. Bullitt und Kennedy, die amerikanischen Botschafter

in Paris und London, riefen an diesem Tag mehr als einmal im Weißen Haus und im State Department an. Die Beamten in den mit Außenangelegenheiten befaßten Ministerien verfolgten die Entwicklung höchst aufmerksam. Außenminister Hull verfügte, daß im State Department jederzeit jemand erreichbar sein müsse, nachts gewöhnlich drei Personen. Sie wurden genau angewiesen, was in den Nachtstunden zu tun sei, und erhielten großzügige Vollmachten.
Auch umgekehrt, von Washington ostwärts über den Atlantik, in Richtung auf die Alte Welt, herrschte große Betriebsamkeit. An diesem Tag gab der deutsche Militärattaché in Washington, Generalleutnant von Boetticher, ein Telegramm auf, das er als »Geheim!« klassifizierte. Darin hieß es, das amerikanische Heer und die Luftwaffe seien in schwächlichem Zustand, vor Ablauf von zwölf Monaten sei kein Einsatz möglich. Die soeben beendeten Manöver hätten ihm dies deutlich gemacht.

Madrid Spanien hatte im Sommer 1939 den längsten und grausamsten Bürgerkrieg seiner Geschichte hinter sich. Die spanische Wirtschaft produzierte um ein Drittel weniger Waren als vor dem Krieg. Das Land war ausgelaugt, die Bevölkerung erschöpft. Überall herrschte Hunger. Die Arm- und Beinamputierten waren Legion; die Zahl der Bettler hatte sich mancherorts vervierfacht. Frauen liefen in Kartoffelsäcke gekleidet umher oder in Fetzen von Armeewolldecken gehüllt, die Beine und Gesichter mit Schmutz verkrustet. Was Reisende am meisten betroffen machte, war der gleichzeitig offen zur Schau gestellte Luxus der Reichen.
Hitlers Moskauer Schachzug machte auf Spanien einen verheerenden Eindruck. Er war tagelang das Gesprächsthema Nummer eins in der Öffentlichkeit. Unmittelbar nach Bekanntwerden von Ribbentrops Reise demonstrierten große Menschengruppen vor dem Sommersitz der Deutschen Botschaft in San Sebastian. Dem durchschnittlichen Anhänger des Bürgerkriegssiegers General Franco erschien es absurd, daß Deutschland, das sich bis vor kurzem noch als Vorkämpfer gegen die bolschewistische Hydra ausgegeben hatte, nun mit diesem Feind der Menschheit paktierte. Zuerst forderte

Deutschland seine europäischen Nachbarn auf, sich dem Antikominternpakt anzuschließen – und dann zerriß dasselbe Deutschland diesen Pakt und reichte den Russen die Hand.

Der französische Botschafter in Spanien, Marschall Pétain, erfuhr an diesem Freitag, daß der spanische Ministerrat vor kurzem einstimmig entschieden hatte, in einem etwaigen Krieg neutral zu bleiben. Die amtlichen Kreise hielten sich allerdings mit Stellungnahmen zurück. Ein Krieg Deutschlands gegen Polen war für sie kein Thema. An diesem Tag kamen bei einer Sitzung des spanischen Kabinetts auch die deutschen Pläne gen Osten zur Sprache. Franco, so schien es, war nicht übertrieben schockiert, dafür hatte er eine zu zynische Meinung von der deutschen Politik. Der Staatschef zeigte sich entschlossen, in einem etwaigen Krieg neutral zu bleiben, und zwar nicht aus Ärger über die Deutschen, sondern angesichts des Trümmerfelds, das Spanien war. Sein oberstes Augenmerk galt dem Wiederaufbau und der Stärkung Spaniens. Franco war sich der militärischen und wirtschaftlichen Schwäche seines Landes vollkommen bewußt, daher wollte er jetzt sogar mit Frankreich einen Freundschafts- und Handelsvertrag abschließen. Mit Blick auf Mitteleuropa vertraute er an diesem Freitag dem portugiesischen Botschafter an, daß Polen nachgeben werde und es daher gar nicht erst zum Krieg käme.

Eberhard von Stohrer, der deutsche Botschafter in Madrid, hatte auf Weizsäckers Anweisung hin den spanischen Außenminister Oberst Juan Beigbeder gerade ausführlich über die polnischen Provokationen ins Bild gesetzt. Franco war über das polnische Vorgehen erstaunt; er schien gedacht zu haben, die Westmächte würden auf Polen einwirken, es nicht so weit kommen zu lassen. Um den Deutschen eine Freundlichkeit zu erweisen, teilte Franco von Stohrer mit, er habe seine Posten an der Grenze zu Frankreich und auch in Nordafrika, gegenüber Französisch-Marokko, verstärken lassen, und es sei unmöglich, daß Paris auch nur einen einzigen Mann von dort abziehe.

In Wahrheit war das spanische Militär durchaus verärgert über die Deutschen, und der spanische Botschafter in London, der Herzog von Alba, vertraute dem portugiesischen Botschafter an, Innenminister Ramón Serrano Suñer finde es merkwürdig, daß Spanien nun plötzlich auf Umwegen mit den Russen verbündet sei. Serrano Suñer, der in Deutschland als Militärattaché gedient hatte und stark der Achse zuneigte, kümmerte sich selbst ein wenig um Außenpolitik. Vor allem aber war dies Francos Domäne. Der Caudillo hatte weitreichende Pläne. Er dachte daran, Gibraltar anzugreifen und es den Briten abzujagen. Ein Staatsbesuch in Rom war geplant, mit dem Franco weitere Hilfe von Italien zu erhalten hoffte.

+++ Samstag, **26. August 1939** +++

Paris Im Quai d'Orsay brannten die Lampen die ganze Nacht. Gegen 1 Uhr morgens traf eine neue Nachricht des französischen Botschafters in Berlin ein. Coulondre berichtete kurz über den Vorschlag, den er sich nach einer Unterredung mit dem polnischen Botschafter in Berlin überlegt hatte, nämlich einen Bevölkerungsaustausch in der gesamten Grenzregion zwischen Deutschen und Polen anzuregen, um die Aufnahme der Gespräche zwischen Deutschland und Polen zu erleichtern. Um 2.20 Uhr telegrafierte Außenminister Bonnet an Botschafter Noël nach Warschau und wies ihn an, bei der polnischen Regierung Coulondres Vorschlag zu unterstützen.
Innenminister Albert Sarraut hatte die kommunistischen Zeitungen *L'Humanité*, eine der großen Tageszeitungen mit einer Auflage von 320 000 Exemplaren, und *Ce Soir* ab sofort verboten, weil sie, wie es hieß, die öffentliche Ordnung gefährdeten. Zahlreiche Polizeibeamte hatten vom Freitag auf Samstag die Druckerei der *Humanité* überwacht und die Maschinen angehalten. Trotz der Proteste von Druckern und Setzern war es zu keinem Zwischenfall gekommen. Die Austräger einer kommunistischen Broschüre, die die Politik des Kreml rechtfertigte, wurden festgenommen.
Außerhalb von Paris fuhr man fort, bedeutende Kunstschätze auszulagern. An diesem Samstagvormittag wurde mit der Entfernung der gotischen Glasmalereien in der Kathedrale von Chartres begonnen. Die Kirche selbst war seit einigen Tagen geschlossen.

München In Deutschland berichteten an diesem Samstag viele Tageszeitungen über die »außerordentlich hohe Getreideernte« – so beispielsweise die *Frankfurter Zeitung*. Vorläufig war die Ernte aber noch gar nicht eingebracht, das Ernteergebnis beruhte also auf amtlichen Schätzungen. Es war sogar ungewöhnlich, daß diese Ergebnisse so früh der Öffentlichkeit mitgeteilt wurden – aber mitgeteilt wurden sie! Demnach entsprach die Ernte von 1939 der vorjährigen Rekordernte und war somit wesentlich höher als die Ernten zwischen 1932 und 1937, die samt und sonders unter dem Durchschnitt lagen. Beim Winterweizen betrug der Hektarertrag 22,8 Doppelzentner; bei Roggen lag er in diesem Jahr um fast zwei Doppelzentner über dem Durchschnittsertrag von 1932 bis 1937. Auch das Sommergetreide brachte wesentlich höhere Erträge als in den Vorjahren, obwohl Nordwestdeutschland unter der Trockenheit im Frühjahr zu leiden hatte, schrieb die *Frankfurter Zeitung*. Noch zu Beginn der Ernte, die in diesem Jahr – dank der vielen Erntehelfer – früher und rascher eingebracht wurde, verfügte das Deutsche Reich über hohe Getreidereserven, nämlich rund 8,6 Millionen Tonnen.

Die *Münchner Neuesten Nachrichten* bringen heute eine kleine Anzeige, in der zum 1.9. ein möbliertes Zimmer in zentraler Lage gesucht wird. Der Inserent erwartet Preisangebote unter einer Chiffre. Er sucht vor allem ein billiges Zimmer.

Georg Elser wohnt seit Anfang August in der Blumenstraße 19, im 2. Stock, bei L. in Untermiete. Das Zimmer kostet ihn 30 Mark im Monat und weitere 20 Mark fürs Frühstück. Das ist ihm zu teuer, daher hat er annonciert. Der Mann hat keine feste Anstellung und lebt von seinen Ersparnissen.

Elser ist kein gebürtiger Münchner, sondern ein Württemberger mit dem harten Dialekt der Schwäbischen Alb. Er ist mittelgroß, mit dunklen Augen und dunklem, widerspenstigen Haar, das er ungescheitelt trägt. Ein ruhiger lediger Mann, etwas verschlossen, der viel Zeit in seinem Zimmer verbringt. Wenn die Vermieterin bei ihm anklopft, liegt er häufig auf dem Sofa. Er war ein gutmütiger Kerl, das wußte sie, er erledigte für sie Einkäufe oder hackte Holz. Sein Zimmer verläßt er eigentlich nur zu den Mahlzeiten. Allerdings hatten die Vermieter auch bemerkt, daß er nicht selten am Abend ausging und die ganze Nacht wegblieb. Er arbeite an einer Erfindung, sagte er geheimnisvoll, und diese zwinge ihn dazu, nachts gelegentlich außer Haus zu sein.

An den Tagen, an denen Elser am späten Nachmittag sein Zimmer verläßt und in der folgenden Nacht nicht zurückkehrt, trägt er eine Vielzahl von Dingen bei sich, mit denen der gelernte Schreiner umzugehen weiß: mehrere Uhrwerke, eine Batterie mit zwei Zellen, die er in einer Autowerkstatt erworben hat, drei Autowinker, eine 8-cm-Granathülse, die fast 25 Zentimeter hoch ist, dann zwei Uhrengewichte, rund 250 Preßluftblättchen Schwarzpulver, 150 Sprengpatronen, weit über 100 Sprengkapseln – sie stammen noch aus dem Steinbruch, in dem er bis vor kurzem gearbeitet hat –, dann eine Schachtel mit Gewehrmunition. Etliches an Werkzeugen: ein Satz Hobel, mehrere Stechbeitel, Flachzangen, Holzraspel, Gehrungsmaß, Fischbandeisen, verschiedene Holzbohrer, Beißzangen, verschiedene Feilen, zwei Winkel, Streich- und Schrägmaß, mehrere Eisenbohrer, eine Rohrwinde, Meißel, ein Fuchsschwanz – das alles wollte verstaut sein.

Was hatte Elser damit vor? Braucht er das alles für seine Erfindung? Die Sache lag ein bißchen anders: Elser, eigentlich ein unpolitischer Mensch, war sich darüber klargeworden, daß Hitler Krieg bedeutete. Deshalb wollte er ein Attentat auf ihn verüben und ihn beseitigen. Aus diesem Grund verbrachte er seit Anfang August etwa jede dritte Nacht im »Bürgerbräukeller«, wo er einen Stützpfeiler im großen Saal anbohrte, um dort eine Sprengladung mit Zeitzünder anzubringen. Er wollte Hitler Anfang November, wenn dieser anläßlich der Feierlichkeiten zum Gedenken an den Marsch auf die Feldherrnhalle und der Ehrung der Toten in dieses Lokal käme, in die Luft sprengen.

London Viele Londoner hatten die Hauptstadt verlassen, weil sie jederzeit mit dem Kriegsausbruch rechneten. Das amtliche London bereitete sich darauf vor. Infolge der Teilmobilmachung war der Eisenbahnverkehr erheblichen Belastungen unterworfen, was zu stundenlangen Verspätungen führte.

An diesem Morgen gegen 11 Uhr gelang es Dahlerus endlich, Lord Halifax in der Downing Street 10 anzutreffen. Dahlerus berichtete ihm von dem Gespräch mit Göring. Er ließ keinen Zweifel daran, daß er die Lage für ernst hielt. Er sei überzeugt, daß Göring – vielleicht als einziger in der deutschen Regierung – einen Krieg verhindern wolle. Dahlerus bot Außenminister Halifax an, Göring einen persönlichen Brief zu überbringen, der in Berlin die Wogen glätten helfen sollte. Halifax mußte sich erst mit Chamberlain absprechen; dann stimmte er Dahlerus zu. Als der Brief fertig war, las Halifax ihn dem Schweden vor. Der Außenminister erklärte darin seinen aufrichtigen Wunsch, mit Deutschland zu einer Verständigung zu kommen.

Die nächste reguläre Maschine startete um 13.25 Uhr von London nach Amsterdam, und es war sehr fraglich, ob Dahlerus sie noch erreichen würde. Der englische Luftfahrtminister, Sir Kingsley Wood, schaltete sich ein: Er ließ das Flugzeug zurückhalten. Außerdem bat er die niederländische Regierung bei dieser Gelegenheit auch gleich um Erlaubnis, daß Hitlers Privatflugzeug mit Henderson an Bord den Weg über Amsterdam nehmen und den niederländischen Luftraum durchqueren könne.

Dahlerus mußte sich sputen, um rechtzeitig nach Croydon zu gelangen. Ein Freund brachte ihn mit dem Wagen hin, er fuhr wie ein Henker. In Croydon angekommen, sprang Dahlerus in die wartende Maschine; um 14 Uhr erhob sie sich in den Sommerhimmel, und es ging über Amsterdam nach Berlin.

Berlin Als Dahlerus in Tempelhof ankam, war es kurz vor 19 Uhr. Ein Oberstleutnant Conrad wartete schon auf ihn, um ihn nach Karinhall zu bringen. Als die beiden dort eintrafen, erfuhren sie, daß Göring gerade in seinem Sonderzug zum Hauptquartier abgereist war. Daraufhin ließ sich Dahlerus nach Friedrichswalde bringen, einer kleinen Station, wo Göring ihn in seinem Zug empfing. Der Feldmarschall blickte sehr ernst und klagte über das Vorgehen der Polen gegen die deutsche Minderheit. Dahlerus seinerseits hob den Unwillen der Briten gegen die deutsche Gewaltpolitik hervor. Er deutete an, daß man die polnischen »Greueltaten«, von denen die deutsche Presse seit Tagen unaufhörlich berichtete, in London keineswegs glaubte. Sie sprachen etwa eine Stunde miteinander. Den Brief von Halifax hielt Dahlerus vorerst zurück, erst gegen Ende des

Gesprächs überreichte er ihn. Nervös riß Göring den Umschlag auf, öffnete das Schreiben und begann zu buchstabieren. Seine Englischkenntnisse waren bescheiden, so daß er Dahlerus bat, ihm den Inhalt rasch zu übersetzen und dabei auf alle Nuancen zu achten. Der Brief schien auf Göring, der Dahlerus aufmerksam zugehört hatte, einen tiefen Eindruck zu machen, und so wollte er ihn Hitler persönlich überbringen.

Hitler zählte nicht zu den Frühaufstehern. Er lebte jetzt in der Alten Reichskanzlei, wo er sich im Obergeschoß eingerichtet hatte. Als er sich an diesem Samstagmorgen gegen 10 Uhr nebenan in der Neuen Reichskanzlei in der Voßstraße zeigte, wirkte er entspannter als am Vortag. Er hatte entschieden besser geschlafen als in der Nacht zuvor, das war ihm anzusehen.

Er ließ sich heute morgen von General von Vormann über die militärischen Vorbereitungen der Westmächte unterrichten. In Berlin waren längst zahlreiche Vorkehrungen für die zivile Verteidigung getroffen, und an diesem Tag wurde beim Hotel »Adlon«, wo die meisten Abgeordneten des Reichstags abstiegen, wenn sie sich in Berlin aufhielten, eine Flakbatterie aufgestellt. Hitler hatte vor, in den nächsten Tagen den Reichstag zu einer Sitzung einzuberufen – die Einladung erging an diesem Tag nicht weniger als dreimal und wurde ebensooft widerrufen.

Zu Görings Dienststelle zählte auch das Forschungsamt, dessen Aufgabe darin bestand, zu ermitteln, was die fremden Botschaften mit ihren Behörden zu Hause besprachen. Allein in Berlin wurden rund fünfhundert Anschlüsse Tag und Nacht abgehört; fünfzig Mitlauf-Fernschreiber gaben den gesamten Fernschreibverkehr wieder. Auch die internationalen Kabelverbindungen zwischen Wien, Prag, Moskau und London wurden, soweit sie durch Reichsgebiet liefen, angezapft. Um 11.52 Uhr an diesem Vormittag belauschten die Beamten ein Telefongespräch zwischen Attolico und Ciano. Rom übermittelte die Liste mit kriegswichtigen Dingen. Als Attolico hundert Minuten später Hitler diese Liste vorlegte, tat dieser sehr neugierig und verriet durch kein noch so kleines Zeichen, daß er den Inhalt längst kannte.

An diesem Samstag erhält die Französische Botschaft in Berlin die Antwort Daladiers auf die persönliche Mitteilung Hitlers. Coulondre überbringt sie Hitler um 19 Uhr. »Das Los des Friedens ist immer noch in Ihren Händen«, heißt es darin, »zweifeln Sie nicht an der Treue Frankreichs zu seinen Verpflichtungen gegenüber anderen Nationen. Ich meinerseits bin bereit, alle Anstrengungen eines Ehrenmannes auf mich zu nehmen.« Während Hitler liest, verhärten sich seine Züge, und Coulondre versteht plötzlich, daß der Kampf, der nun ansteht, verzweifelt hart geführt werden wird. Er ist sich jetzt sicher, daß Hitler den Krieg mit Polen haben will. Und er spürt auch, daß Hitler ein geborener Schauspieler ist.
Nachdem er die Nachricht gelesen hat, richtet Hitler die Augen auf den Botschafter. Mit spröder Stimme macht er einige ehrende Bemerkungen über die in Daladiers Schreiben angesprochenen Gefühle. In der Sache selbst bleibt er unnachgiebig. »Seit Polen die englische Garantie besitzt«, fährt Hitler fort, »ist es vergebens, es zu einem rationalen Verstehen der Situation zu bringen.« Als Coulondre zu einer Erwiderung ansetzen will, macht Hitler eine Geste, als sei alles Reden nutzlos. Aber der Fluß von Coulondres Herz zu seinen Lippen ist unaufhaltsam: »Die Dinge sind noch nicht zu weit gediehen, der Krieg kann noch angehalten werden, solange nichts Irreparables geschehen ist. Können Sie taub sein und sich verweigern gegenüber diesem Appell, statt diese Initiative zu ergreifen, damit ein allgemeiner Krieg vermieden wird?« fragt er. Er kenne die Zerstörungen, die ein solcher Krieg anrichtet. Coulondre spricht auf die Frauen und Kinder an, die – neben den Soldaten – leiden werden, deren Blut vergossen wird. Er bittet darum, diese letzte Chance nicht zu übergehen, appelliert an Hitler, der ein so großes Reich ohne Blutvergießen aufgebaut habe. Hitler brummt: »Ach, die Frauen und die Kinder, daran habe ich oft gedacht.«
Hitler hebt noch einmal den Blick und schaut zu Ribbentrop, der neben ihm steht und sich seit Beginn des Gesprächs eine steinerne Miene bewahrt hat. Dann erhebt sich Hitler, faßt Ribbentrop am Arm und führt ihn in eine Ecke des Raumes. Eine Minute lang hat Coulondre eine verrückte, wilde Hoffnung. Hitlers Gesicht, das einen Augenblick zuvor einen menschlicheren Ausdruck angenommen hat, ist jetzt wieder hart geworden, scheint es ihm. War das

alles nur Komödie und ich der einzige, der davon bewegt wurde? durchfährt es ihn. »Das ist vergeblich«, sagt Hitler. »Polen wird Danzig nicht hergeben, und ich will, daß Danzig zurückkommt ans Reich. Ich werde außerdem Herrn Daladier antworten.«
Weitere zwanzig Minuten spricht Coulondre mit dem deutschen Regierungschef, wohl wissend, daß dies vergebliche Liebesmüh ist. Um wenigstens noch eine Tür offenzulassen, drückt der Diplomat im Weggehen die Hoffnung aus, daß dies noch nicht das letzte Wort gewesen sei. Danach kehrt er zurück in seine Botschaft und telefoniert mit Daladier. »Der Kanzler«, sagt er zu ihm, »hat Ihren Vorschlag nicht angenommen.«

Dahlerus und Göring fuhren zurück nach Berlin. Unterwegs berichtete Göring von Ribbentrops Moskaureise. Es war schon gegen Mitternacht, als sie an der Reichskanzlei ankamen. Das Gebäude war dunkel; ein Oberst teilte mit, der »Führer« habe sich bereits zur Ruhe begeben. Daraufhin bat Göring Dahlerus, erst einmal ins Hotel zu gehen und dort eine Weile zu warten, vielleicht würde Hitler ihn noch sprechen wollen.
Dahlerus setzte sich im Hotel »Esplanade« in die menschenleere Halle. Er saß nicht lange, vielleicht eine Viertelstunde, als plötzlich zwei Militärs hereinkamen. »Der Führer läßt bitten«, erklären sie. Dahlerus geht mit ihnen zu ihrem offenen Wagen. Sie fahren los, ziemlich schnell, durch das mitternächtliche Berlin. Keiner spricht ein Wort.
Der Wilhelmsplatz ist voller Menschen und die Reichskanzlei hell erleuchtet, als sie in den Innenhof einfahren. Das militärische Zeremoniell beim Eintreten verblüfft den schwedischen Geschäftsmann, es kommt ihm etwas theatralisch vor. Einige Herren schließen sich ihnen an und führen Dahlerus durch die langen Gänge der Reichskanzlei zu einem großen Wartezimmer vor Hitlers Arbeitsraum, dessen Wände mit Werken alter Meister dekoriert sind. Auf dem Boden liegen Teppiche von ausgesuchter Güte; in großen Vasen strahlen herrliche Orchideen.
Eine Tür geht auf, sie öffnet sich zu einem schmalen Vorraum zu Hitlers Arbeitszimmer. Dahlerus wird zu Hitler hineingeführt. Hitler steht in der Mitte des riesigen Raumes, ernst, wie es scheint, und

starrt auf seinen späten Besucher, neben ihm Göring. Sie schütteln sich die Hand; Hitlers Händedruck ist lasch. Nach der Begrüßung bittet Hitler, in einer Ecke Platz zu nehmen.
Hitler machte auf seine Besucher einen ziemlich unterschiedlichen Eindruck. Von Angesicht zu Angesicht wirkte er größer als auf Fotografien, und er zeigte nicht die lächerlich anmutenden Eigenheiten, die auf Bildern und im Film so stark hervortraten. Der Fünfzigjährige war in guter körperlicher Verfassung, besaß eine lebendige Gesichtsfarbe und klare, aber jetzt müde wirkende Augen. Auch die Stimme wirkte in privater Unterhaltung nicht auffällig, außer wenn er erregt war oder so tat, dann nahm sie die rauhe Heiserkeit und Schrillheit an, wie man sie von seinen öffentlichen Auftritten kannte. Hitler verstand es, sich klar und genau auszudrücken, und konnte im Gespräch, wenn er wollte, sehr angenehm sein, geradezu liebenswürdig. Darin war er ganz anders als der Duce mit seiner protzenden Selbstdarstellung. Wenn man sich aber einmal mit Hitler anlegte, zeigte sich bei ihm bösartige Arroganz, und Tücke und Bosheit sprangen in seine hellen Augen. Im Ärger hatte er die Angewohnheit, seine Worte wie ein Gesetz in scharfe, gekappte Sätze zu fassen, wobei er das Satzende mit einem scharfen Klopfen seiner Hand auf den Tisch begleitete oder mit einer halben Drehung zur Seite hin, dazu kreuzte er wie Napoleon plötzlich die Arme und sandte einen starren Blick zur Decke hinauf – manch einen machte diese Geste schier wahnsinnig. Auch hatte er eine angsteinflößende Ungeduld an sich.
Diesmal legt Hitler sogleich los, wie er es so oft tut, und spielt den von England Gekränkten – auch diese Rolle spielte er gern und überzeugend –, dessen Werben bislang vergeblich war. Zwanzig Minuten mochte das so gehen, und Hitler wurde zunehmend erregter. Als er eine Pause macht, merkt Dahlerus an, daß er seine Kritik an Großbritannien und dem englischen Volk nicht teilen könne. Hitler unterbricht ihn unvermittelt. »Was sagen Sie? Haben Sie als gewöhnlicher Arbeiter in England gearbeitet? Erzählen Sie!« Einen Augenblick lang scheint sein Mitteilungsbedürfnis seiner Neugierde zu weichen. Nun beginnt ein längeres Gespräch über England, unterbrochen von vielen Fragen. Dahlerus hebt hervor, daß er allen Schichten des englischen Volkes begegnet sei, und erzählt einzelne

Begebenheiten, um den guten Charakter der Briten hervorzuheben, ihre Zähigkeit und Beharrlichkeit. Immer wieder unterbricht Hitler ihn mit Fragen, aber auch, um die englischen Geldsäcke zu geißeln. Hitler äußert großen Widerwillen gegen die »bornierten, altkonservativen« britischen Politiker, wie er sie bezeichnet. Zugleich jedoch bewundert er das englische »Herrenvolk«. Er ist offenbar hin und her gerissen, empfindet Neid und Anerkennung in einem. Eine halbe Stunde lang geht das so, Mitternacht ist längst vorüber.
Obwohl sich Dahlerus erst später richtig darüber klar wird, hat ihm Hitler gleich vom ersten Augenblick an nicht gefallen. Alles an ihm wirkte unnatürlich. Von der großen Anziehungskraft, die Hitler auf so viele Menschen ausübte, verspürte er nichts. Der erfahrene Geschäftsmann hatte vielmehr den Eindruck, er habe es mit einem Querulanten zu tun. Am meisten schien Hitler zu gefallen, daß Dahlerus tatsächlich in England auch mit Arbeitern zusammengekommen war – da schien sein Mißtrauen zu schwinden. Göring behandelte er übrigens ziemlich von oben herab, was wiederum Dahlerus mißfiel, denn er hielt Göring für Hitlers »Freund und Kameraden der Kampfjahre«. Schließlich wendet sich das Gespräch dringlicheren Dingen zu. Hitler geht im Zimmer auf und ab, er wirkt erregt. Er berichtet von der Zusammenkunft mit Botschafter Henderson am gestrigen Freitagmittag. Dahlerus hat den Eindruck, als könne Hitler seinen eigenen Standpunkt meisterhaft darstellen, sei aber unfähig, den eines Gegners zu begreifen. Hitler kommt auf die Wehrmacht zu sprechen. Er hebt ihre neue Taktik hervor, Menschen sparsam einzusetzen. Dann die Panzerwaffe – von ihr erzählt er hingerissen. Als er geendigt hat, räumt sein Gesprächspartner ein, daß dies alles sehr wohl zutreffen möge, daß jedoch auch Deutschlands Gegner sich gerüstet und mit neuen Waffen versehen hätten. Dahlerus spricht absichtlich langsam und vorsichtig, weil er Hitlers Nerven schonen will. Das seelische Gleichgewicht dieses Mannes scheint ihm labil zu sein.
Und plötzlich steht Hitler auf, geht nervös auf und ab spricht wie zu sich selbst. Deutschland sei unwiderstehlich und könne jeden Gegner schlagen. Er bleibt stehen, die Sätze keuchen stoßweise aus ihm heraus. »Gibt es Krieg«, sagt er, »dann werde ich U-Boote bauen, U-Boote, U-Boote, U-Boote.« Nach einigem unverständlichen

Gemurmel beginnt er sogar zu schreien: »Ich werde Flugzeuge bauen, Flugzeuge, Flugzeuge, Flugzeuge, und ich werde meine Feinde vernichten.« Dahlerus wird es ein bißchen unheimlich. Dies ist der Mann, der nicht nur das Schicksal seines Volkes in der Hand hat, von dessen Entscheidungen vielmehr ein ganzer Erdteil, ja die ganze Welt und das Wohl und Wehe von Millionen abhängen, fährt es ihm durch den Kopf. Wie im Traum redet Hitler weiter: »Ein Krieg schreckt mich nicht, eine Einkreisung Deutschlands ist unmöglich, mein Volk bewundert mich und folgt mir treu. Wenn die Deutschen Notzeiten entgegengehen, so werde ich der erste sein, der hungert und seinem Volk mit gutem Beispiel vorangeht. Das wird mein Volk zu übermenschlichen Anstrengungen anspornen.« Seine Augen irren mit starrem Blick umher. Wieder beginnt er, in dem Riesenraum auf und ab zu gehen. Er tritt nahe an Dahlerus heran. »Sie kennen England so gut«, sagt er. »Können Sie mir die Ursache meines ständigen Mißerfolges, mit England übereinzukommen, erklären?«

Dahlerus ist ein wenig mulmig zumute. Er will eine möglichst beruhigende Antwort geben, um Hitler nicht herauszufordern. Es fehle wohl an Vertrauen, sagt er. Hitler streckt den rechten Arm aus, mit dem linken schlägt er sich vor die Brust und ruft aus: »Idioten, habe ich je in meinem Leben eine Unwahrheit gesagt?«

Dahlerus hebt noch einmal auf die fehlende Vertrauensbasis ab, während Hitler weiter auf und ab schreitet. Plötzlich bleibt er vor dem Schweden stehen und sagt: »Sie, Herr Dahlerus, haben meine Auffassung gehört! Sie müssen sofort nach England reisen, um sie der englischen Regierung mitzuteilen. Ich glaube nicht, daß Henderson mich verstanden hat, und ich wünsche aufrichtig, daß eine Verständigung zustande kommt.«

Dahlerus deutet an, daß er als Privatmann nur bedingt in der Lage sei, diese Verständigung herbeizuführen; aber er sei bereit, es zu versuchen. Hitler sagt mit Nachdruck, daß die einzelnen Punkte – seine Wünsche – ganz deutlich gemacht werden müßten. Als Beispiel nennt er den vorgeschlagenen Durchgang nach Danzig. Über seine Lippen huscht ein Lächeln. Hitler wendet sich Göring zu. Der Feldmarschall nimmt einen Atlas zur Hand, reißt eine Seite heraus und beginnt, mit einem Rotstift das Gebiet zu schraffieren, auf das

Deutschland Anspruch erhebt. Sodann erörtern die drei die wichtigsten Punkte des Vorschlags, den Hitler über Henderson an die britische Regierung gesandt hat: Deutschland wünscht einen Pakt oder ein Bündnis mit England, damit künftig alle Streitfragen leichter zu lösen seien. Außerdem soll England daran mitwirken, daß Deutschland Danzig oder den Korridor erhält, und Polen soll sich mit einem Durchfahrtsweg, einem »Korridor« nach Gdingen zufriedengeben. Dafür will Deutschland Polens Grenzen garantieren. Über die deutschen Kolonien soll ein Abkommen getroffen werden. Für die Behandlung der deutschen Minderheit in Polen verlangt Hitler ausreichende Garantien. Schließlich bietet er dem Britischen Empire eine Garantie an.
Es war sehr spät geworden, als Hitler, Dahlerus und Göring sich trennten. Dahlerus und Hitler hatten das Gespräch fast allein bestritten. Am Ende, beim Abschiednehmen, wies Hitler darauf hin, daß vieles davon abhänge, daß all dies in London zufriedenstellend dargelegt werde. Im Vorzimmer meldete ihm ein Adjutant, ein deutsches Flugzeug stehe für 8 Uhr bereit, von der niederländischen Regierung sei das Überflugrecht erbeten worden.
Zurück in seinem Hotel, verspürte Dahlerus wenig Lust, sich noch ins Bett zu begeben. Es war 4.30 Uhr. Er packte seinen Koffer, rief Bankdirektor Wettermark an und teilte ihm mit, er werde hoffentlich bald aus London zurück sein. Dann ließ er sich mit Charles Spencer verbinden. Um 7.40 Uhr verließ Dahlerus das Hotel und fuhr in Richtung Tempelhof. Dort wartete eine kleine Maschine, und der Pilot lud ihn ein, vorn neben ihm Platz zu nehmen. Aber Dahlerus wollte lieber seinen Gedanken nachhängen und lehnte ab. Die Maschine nahm in niedriger Höhe Kurs auf England.

+++ Sonntag, **27. August 1939** +++

Warschau In der polnischen Hauptstadt begann der Tag sehr ruhig, zumindest nach außen hin. Die Stadt machte den Eindruck, als sei sie auf alles vorbereitet. Es war warm, viele Menschen waren in den Straßen unterwegs. Mit Spannung wartete die Bevölkerung auf Nachrichten aus Paris und London, wo über das Schicksal Polens mitentschieden wurde.

Die Verantwortlichen in Warschau wußten, daß es um die polnische Luftabwehr und den Luftschutz ziemlich schlecht bestellt war. Die Luftverteidigung war Polens schwächster Punkt. Allerdings hatte man in den Parks von Warschau bereits Fliegerabwehrstellungen einrichten lassen, so daß die Anlagen der Öffentlichkeit nun verschlossen blieben. Auf den Plätzen der Stadt waren in aller Eile Luftschutzgräben ausgehoben worden, und rings um die Stadt wurde ein Gürtel von Abwehrbatterien gezogen.

An diesem Nachmittag übermittelte der polnische Botschafter Raczynski aus London die Nachricht, er fürchte, im britischen Kabinett herrsche Defätismus. Whitehall hatte gerade erfahren, daß der Nürnberger Reichsparteitag abgeblasen worden war, und das amtliche London nahm diese Neuigkeit beunruhigt auf. Nun, so die Folgerung, könnten tatsächlich jeden Augenblick die Waffen sprechen. Auf das Drängen des britischen Botschafters in Berlin, die Polen sollten endlich mit der deutschen Regierung verhandeln, meinte Kennard, sein britischer Kollege in Warschau, Hitler werde wohl nicht wegen Danzig einen Krieg beginnen. Wenn er sich für den Krieg entscheide, dann nur, um die Unabhängigkeit Polens zu zerstören.

Bukarest Der deutsche Gesandte in Bukarest, Fritz Fabricius, hatte sich kundig gemacht. Er konnte seiner Regierung in Berlin an

diesem Tag mitteilen, daß Rumänien – so hatte ihm Außenminister Gafencu versichert – in einem Konflikt zwischen Deutschland und Polen neutral bleiben werde. Diese Neutralität werde Rumänien auch dann bewahren, wenn Großbritannien und Frankreich auf seiten Polens in den Krieg eingriffen. Gafencu hatte zugleich versichert, daß Rumänien militärisch gerüstet sei, falls Ungarn oder Bulgarien es wagen sollten, sein Land anzugreifen.
Eine aufschlußreiche Neuigkeit hatte der deutsche Diplomat vom rumänischen König erfahren. Der Monarch wollte an ein Eingreifen der Westmächte nicht so recht glauben, ließ er wissen. Frankreich und Großbritannien würden sicherlich im allerletzten Augenblick eine friedliche Lösung anstreben. Bei seinen Gesprächen mit den rumänischen Staatsmännern hatte der deutsche Gesandte nicht versucht, den Ernst der Lage an der deutsch-polnischen Grenze herunterzuspielen.

Brüssel Der deutsche Botschafter in Belgien, Graf von Bülow-Schante, und die deutschen Gesandten in der Schweiz, den Niederlanden und Luxemburg gaben an diesem Tag den Regierungen, bei denen sie akkreditiert waren, eine Erklärung ab, daß die Reichsregierung entschlossen sei, im Falle eines Krieges ihre Neutralität zu achten und weiterhin freundschaftliche Beziehungen zu ihnen zu unterhalten. Damit versuchte Deutschland den diplomatischen Schaden eines Feldzugs gegen Polen möglichst zu begrenzen.
Die Regierungen dieser Länder nahmen die deutsche Erklärung befriedigt auf. Belgien hatte sich bis 1936 in seiner Verteidigungspolitik eng an Frankreich angelehnt, sie seither aber in die eigenen Hände genommen. Aus den Niederlanden war zu hören, daß die Westmächte vermutlich bald ähnliche Erklärungen abgeben würden.
Die neutralen Regierungen Nordwesteuropas waren sich des Ernstes der Lage bewußt. Ihnen war klar, daß ihre Neutralität sich auf tatsächliche Verteidigungsgewalt stützen mußte – nur dann würde sie wirklich respektiert. Sie mußten den Kriegführenden vor Augen halten, daß eine Verletzung fremden Territoriums – auch des Luft-

raums – automatisch dazu führen würde, daß sie sich das bislang neutrale Land zum Gegner machten. Nicht auf Sympathien kam es also an, sondern darauf, wer die Neutralität verletzte. Die Regierung in Den Haag betonte ausdrücklich, sie werde den ersten Angreifer als Feind betrachten.

In Nordwesteuropa war man auf einen Konflikt vorbereitet. In aller Ruhe war die Vormobilmachung durchgeführt worden. Die Straßenbilder in den großen Städten wirkten plötzlich ganz verändert. Der aktive und der passive Luftschutz wurden in aller Eile ausgebaut. Und es war viel Militär zu sehen, auch wenn die Mobilisation noch nicht die volle Mobilmachung bedeutete. Die Kriegsminister blieben flexibel, je nach Lage der Dinge konnten sie jederzeit weitere Jahrgänge einberufen.

Die niederländische Regierung hatte bereits einen Gesetzentwurf angenommen, der dem König für den Kriegsfall Vollmachten zur Durchführung dringender Verteidigungsmaßnahmen einräumte. So konnte der Monarch zum Beispiel die Arbeitszeit verlängern. Selbst die Gewerkschaften hatten sich der Mitwirkung bei sozialen Maßnahmen nicht versagt. Die Evakuierung der Städte war nicht geplant, zumal das Risiko, mit Krieg überzogen zu werden, geringer schien als in Paris oder London. Eisenbahn und Post verkehrten noch regelmäßig, allerdings war der Verkehr nach und von Deutschland mit der Bahn und auf der Straße zum größten Teil unterbrochen. Vorläufig konnte man deutsche Häfen nur noch von Rotterdam und Amsterdam aus ansteuern, auch waren etliche deutsche und englische Schiffe noch in niederländischen Häfen anzutreffen, während Belgien sie nicht mehr bei sich duldete. Auch die Telefonleitungen zwischen den Niederlanden und Deutschland arbeiteten an diesem Sonntag noch ungestört.

In einigen belgischen Städten hatte sich die Bevölkerung zu Hamsterkäufen hinreißen lassen, was eine Ermahnung des Wirtschaftsministeriums zur Folge hatte: Belgien sei mit allen lebenswichtigen Gütern wohlversorgt. Nur Benzin war knapp – doch da die Regierung viele Privatautos beschlagnahmte, fiel dieser Mangel nicht gar sosehr ins Gewicht. Wozu Autos, wenn es sowieso keinen Sprit gab?

Berlin In Deutschland war die Stimmung nicht gut. In dieser Nacht hatte die Regierung mit der Einführung von Bezugskarten für Lebensmittel, Seife, bestimmte Textilien und Kohle begonnen. Brot, Kartoffeln und Mehl wurden vorerst nicht rationiert. Die offizielle Begründung für die Einführung der Lebensmittelkarten lautete, nur so sei eine gerechte Verteilung wichtiger Verbrauchsgüter zu gewährleisten. Ältere Menschen fühlten sich an 1914 erinnert.
Vieles gab es künftig nur noch gegen Marken. Restaurants und Krankenhäuser erhielten besondere Bezugsscheine. Gaststätten gaben ihre Gerichte vorerst noch ohne Marken ab, allerdings in beschränkter Menge. Die Bewirtschaftung von Schuhen und Textilien sollte zu einem späteren Zeitpunkt erfolgen. Die Karten für Privathaushalte sollten im Verlauf der nächsten vierundzwanzig Stunden ausgegeben werden.
Jüdische Haushalte mußten ihre Karten selbst abholen; den anderen wurden sie zugestellt. Die Karten für die jüdische Bevölkerung trugen ein rotes J. Was dies praktisch bedeutete, erfuhren die meisten deutschen Juden erst etwas später: Das J schloß sie von allen Sonderzuteilungen und vom Kauf nichtrationierter Lebensmittel aus.
Jochen Klepper, der protestantische Dichter, und seine jüdische Ehefrau kannten die Sorgen der Juden. Viele waren ausgewandert. Geblieben waren vor allem die Älteren, die Armen und Hilflosen, die Unentschlossenen. Klepper beobachtete die mehrtägige Postsperre, die Einschränkungen des Bahn- und Luftverkehrs. Er sah die Menschen mit sorgenvollen Mienen in ihren Gärten sitzen. Welche Gedanken bewegten sie heute? Es kam ihm vor, als wirkten die Menschen, denen er an diesem Sonntag begegnete, gefaßt und ernst.
Die Deutschen hatten Angst vor dem Krieg. Ulrich von Hassell, bis zu seiner Entlassung durch Ribbentrop Botschafter in Rom, hatte den Eindruck, die Bevölkerung sei in höchster Sorge. Wenn er in Berlin in ein Taxi stieg, fragte der Chauffeur gleich, ob es Krieg geben werde. Hassell sah junge Paare zu den Standesämtern eilen, mit Tränen in den Augen, um sich noch rasch trauen zu lassen, denn der Bräutigam hielt seine Einberufung schon in Händen. Die Mobilisierung rollte, seit Freitag hatte es unzählige junge Männer getroffen: Reservisten bis zum Alter von 48 Jahren. Da und dort hörte man heftiges Schimpfen: Es fehle an allem, hieß es. Heute drohe Krieg in

einer Ausgangssituation, die der von 1918 ähnele, sagten ein paar Alte – aber damals war der Krieg vorbei gewesen, während er jetzt erst beginne. Der Pakt mit den Russen vermieste den Leuten die Stimmung. Wer konnte den Deutschen jetzt noch trauen? In der Hauptstadt war die Stimmung so schlecht wie die Verpflegung. Einzelne Villen sollten bereits daraufhin durchsucht worden sein, ob die Bewohner Lebensmittel gehortet hätten. In der Nähe von Ingolstadt war in der Nacht ein Munitionszug in die Luft geflogen.
Der private Reiseverkehr wurde ab diesem Tag stark eingeschränkt. Von Sonntagabend 22 Uhr an habe keine Privatperson mehr Anspruch auf Beförderung durch die Bahn, ließ die Deutsche Reichsbahn verlauten, und wer dennoch auf gut Glück losfuhr, riskierte, irgendwo hinausgesetzt zu werden, weil die Bahn den Truppentransporten Vorrang einräumen mußte. Auch die Beförderung privater Güter war nur noch in beschränktem Umfang gestattet. Der zivile Luftverkehr über dem Reichsgebiet war eingeschränkt, nur den regelmäßig verkehrenden Fluglinien war der Überflug noch gestattet. Die meisten internationalen Gesellschaften hatten ihren Betrieb eingestellt.
Die Vorräte an Gasmasken waren erschöpft. Benzin war für die Wehrmacht reserviert. Die Requisition von Autos war längst im Gang. Die Post hatte ihren Dienst gleichfalls eingeschränkt, so daß die außerhalb ihrer Garnisonen stehenden Einheiten in den nächsten Tagen nicht mit Briefpost rechnen konnten.

Im Auswärtigen Amt liegt eine Nachricht vor, die Weizsäcker etwas irritiert: Die sowjetischen Truppen ziehen sich angeblich von der polnischen Grenze zurück. Das ergibt doch keinen Sinn, denkt er sich. Er drahtet sofort nach Moskau und bittet um Bestätigung und ob man es nicht rückgängig machen könne. Eine Bedrohung Polens von Osten her würde natürlich im Westen Entlastung bedeuten.
Der deutsche Botschafter gibt die Anfrage an Molotow weiter. Er nimmt dabei kein Blatt vor den Mund: »In Fällen wie dem vorliegenden pflege man seine Grenztruppen zu verstärken und nicht zu schwächen«, schreibt er. Molotow soll hell aufgelacht und erklärt haben, die Zeitungsmeldung sei falsch, es werde heute soviel Unsinn in der Presse veröffentlicht.

Aus Rom berichtet der deutsche Botschafter, er habe sich um 9 Uhr zu Benito Mussolini begeben. Mackensen hatte den Auftrag, den Duce zu bitten, wenigstens eine Scheinmobilmachung durchzuführen. Doch der Duce war an diesem Tag von allem Kriegerischen wenig erbaut. Er sagte zu Mackensen, Deutschland könne seine Ziele auch ohne einen Krieg erreichen. Er schlage daher vor, einen Konflikt um drei, vier Jahre hinauszuschieben, wie dies auch von den führenden Militärs in beiden Armeen als notwendig erachtet werde.

Über Berlin liegt heute eine drückende Schwüle. Walter Schellenberg, der für die deutsche Abwehr tätig ist, für Canaris, erhält an diesem Vormittag einen Anruf von einem seiner Bekannten, Dr. Mehlhorn, der ihn fragt, ob er sich am Abend für ihn freimachen könne, er würde ihn gern in einer persönlichen Angelegenheit außerhalb seiner Dienststelle sprechen.
Als sie sich am Abend in der Stadtmitte zum Essen treffen, sprechen sie kaum ein Wort. Nach dem Essen fahren sie westwärts, über Budapester und Tauentzienstraße zum Kurfürstendamm. Berlin leuchtet wie in alten Zeiten: unzählige Leuchtreklamen und geschmackvoll eingerichtete Schaufenster, ein Strom von Autos, Doppeldekkerbussen und Straßenbahnen, dazwischen Passanten in leichter Kleidung, Spaziergänger. Mehlhorn dirigiert Schellenberg in Richtung Wannsee – er brauche frische Luft, sagt er. Dort erst beginnt er zu reden, erregt, abgehackt. »Es wird Krieg geben«, sagt er. »Er ist unabwendbar geworden. Hitler hat sich schon seit langem dazu entschlossen, daran vermag niemand mehr zu rütteln. Selbst wenn die Westmächte, wenn Polen noch einlenken, wenn Italien intervenieren wollte – das alles vermag an Hitlers Entschluß nichts mehr zu ändern. Die Vorbereitungen sind getroffen.«
Er macht eine kurze Pause. Dann, noch erregter als zuvor: Heydrich habe ihn, seinen alten Gegner, zu sich bestellt und ihm einen Geheimbefehl Hitlers anvertraut. Er bleibt stehen und faßt Schellenberg am Arm. »Ein entsetzlicher Befehl«, stößt er hervor: Es müsse bis zum 1. September ein konkreter Kriegsgrund für einen Angriff auf Polen geliefert werden. Ein Grund, der Polen zum Angreifer stemple. Es sei geplant, einen Angriff durch »polnische« Wehr-

machtsangehörige auf den Sender Gleiwitz durchzuführen. Hitler habe sowohl Reinhard Heydrich als auch Canaris mit dieser Aktion beauftragt, nun liege der Befehl bei Heydrich. Angeblich habe sich Canaris mit der Bemerkung, zu viele Köche würden den Brei verderben, aus der Affäre gezogen. Wie auch immer, polnische Uniformen seien auf Weisung von Keitel bereits vom Oberkommando der Wehrmacht aus Heeresbeständen geliefert worden. Mehlhorn weiß auch, daß KZler in polnischen Uniformen für die Aktion ausersehen sind. Mehlhorn ist entschlossen, nicht mitzumachen.

Botschafter Coulondre muß an diesem Tag mehrmals nach Paris drahten. In den frühen Morgenstunden berichtet er über die Neuigkeiten im Reich: Der Reichsparteitag ist soeben abgesagt worden. Um 10.30 Uhr übermittelt Coulondre telefonisch die Nachricht von der bevorstehenden Kartenausgabe, außerdem soll es Bezugsscheine für Kohle, Seife und weitere Haushaltsmittel geben. Per Kurier teilt er dem Außenminister dann noch mit, daß in Berlin keinerlei Kriegsbegeisterung zu spüren sei. Die Deutschen hielten möglicherweise zwar die Rückkehr Danzigs für notwendig, aber die große Mehrheit möchte dafür keinesfalls einen europäischen Krieg riskieren. Coulondre kann sich des Eindrucks nicht erwehren, daß der Abschluß des deutsch-russischen Pakts den kriegerischen Geist der Deutschen etwas gedämpft hat. Da hat man diesem Volk jahrelang von Einkreisung und Erstickung gesprochen – und plötzlich fühlt es sich davon befreit. Vier Tage lang habe die öffentliche Meinung in Deutschland guten Glaubens angenommen, daß mit dem Pakt die Gefahr eines allgemeinen Krieges gebannt sei. Jetzt werde es den deutschen Politikern schwerfallen, zuzugeben, daß der Coup von Moskau nicht das Ergebnis bringt, das ihn in den Augen der Deutschen einzig und allein rechtfertigen könnte: die Rettung des Friedens nämlich. Coulondre fragt sich, ob sich nach all den außenpolitischen Coups der letzten Monate bei den Deutschen nicht allmählich die Auffassung durchsetzen müßte, daß sie *nicht* die Friedensengel und die Benachteiligten seien.

Hitler hatte eine schlaflose Nacht hinter sich, das war ihm den ganzen Tag über anzumerken. Um 16 Uhr empfing er Coulondre, um ihm seine Antwort auf Daladiers Brief auszuhändigen. Im Gespräch mit dem Diplomaten erging er sich zunächst wieder einmal ausführlich über den Terror der Polen gegen die Volksdeutschen. Er sprach von Verfolgungen und Mißhandlungen, ja sogar von bestialischen Morden. Derlei Zustände seien unerträglich, sie müßten beendet werden.

Dann überreichte er sein Schreiben, es war langatmig und voller rhetorischer Finessen. Hitler wies darin ausdrücklich darauf hin, daß der neue Westwall für ihn die endgültige Reichsgrenze sei und bleiben werde. Er fordere Danzig und den Korridor und sei nunmehr entschlossen, diese Frage zu lösen, so oder so. Dann attackierte er wieder die Garantie der Westmächte an Warschau, das sich deswegen unangreifbar fühle und daher nicht zum Nachgeben zu bewegen sei.

Um 17.30 Uhr hat Hitler einen kurzen Termin mit den Reichstagsabgeordneten, die sich im Empfangssaal der Neuen Reichskanzlei versammelt haben. Sie wirken ein wenig verärgert. Hitler spricht nur kurz zu ihnen. Dabei wirken seine Bewegungen linkisch, sein Gesichtsausdruck ist starr, die Stimme heiser. Anschließend schickt er sie einfach wieder nach Hause.

Hitlers Adjutant von Below beobachtet dies alles mit großer Aufmerksamkeit. Auch wenn er nicht dahinterkommt, was dies zu bedeuten hat, erscheint es ihm doch nicht als schlechtes Zeichen.

Am Westwall wird heute gearbeitet wie an jedem anderen Tag. Die Stimmung ist keineswegs schlecht. Die Arbeiter meckern nicht, denn sie kennen den Zweck dieses Bauwerks: das Vaterland nach Westen hin zu schützen. Sie gehen an diesem Sonntag mit dem gleichen Frohsinn an die Arbeit wie an anderen Tagen. Vater Staat bezahlt sie gut. Manch einer war vor ein paar Jahren arbeitslos und mußte mit sehr geringer Unterstützung auskommen. Daß die Arbeitslosigkeit mit Hitler ein Ende nahm, wissen sie. Nicht wenige der Arbeiter haben jetzt den Gestellungsbefehl erhalten. Sie verabschieden sich von den Kollegen und ziehen ab.

Der Nichtangriffspakt mit der Sowjetunion hat die Männer hier am Westwall nachdenklich gemacht. Krieg kann trotzdem kommen, das ist ihnen klar, das heißt Krieg gegen Polen. Aber selbst wenn es nun so weit kommt, denken sie, dann wenigstens nur gegen Polen

und nicht auch noch gegen das große Rußland. Das hebt die Stimmung.
So schuften sie an diesem schönen Sommertag bis zum Abend. Sie betätigen Maschinen und heben Gräben aus, sie mischen Beton und machen tausend andere Arbeiten. Abends sind sie rechtschaffen müde und fallen bei ihren Bauern in die Betten. Wie wird es in der großen Politik weitergehen? Sie wissen es nicht, aber die meisten glauben, der »Führer« werde es schon richtig machen.
Ganz in ihrer Nähe kampieren Soldaten, die vor kurzem eingezogen wurden. Den einen traf es mitten in der Ernte, den anderen an seiner Arbeitsstätte in der Fabrik, den dritten im Büro oder gar im Urlaub. Zu manch einem kam der Gestellungsbefehl in der Nacht. Der Eisengießer Joseph Vahrenkamp aus Vilich bei Bonn, Jahrgang 1908, hat seinen gestern vormittag erhalten. Heute steht er nun hier in der Eifel unter seinen neuen Kameraden. Untergebracht sind die Männer vorläufig in Notquartieren. Am gestrigen Abend zu sehr später Stunde hat man ihnen ganz überraschend noch ein paar Pferde gebracht. Aber wer konnte damit umgehen? Einer, ein Leutnant, entpuppte sich plötzlich als Bauer. Er faßte die Sache beherzt an, besorgte sich ein Drahtseil und sperrte damit ein viereckiges Waldstück ab, da hinein trieben sie die Tiere. Gegen 4 Uhr nachts trafen weitere sechzig Pferde ein. An Schlaf war nicht mehr zu denken. Sie stellten Wachen auf, die die Tiere im Auge behielten. Den Städtern unter ihnen war das nächtliche Wiehern, Stampfen und Schlagen der Tiere unheimlich.
Heute gibt es viel zu tun. Die Pferde können unmöglich in dem engen Waldstück bleiben, sie müssen versorgt werden. Die frischgebackenen Soldaten müssen selber Hand anlegen und Schuppen und Scheunen ausfindig machen. Schon im Laufe des Vormittags stoßen weitere Mannschaften zu ihnen, die einen ernst und verdrossen, die anderen fröhlich oder schon feuchtfröhlich. Bis zum Nachmittag ist ihre Zahl auf knapp 150 angestiegen. Da sie nur 108 Pferde zählen, hoffen einige, wieder nach Hause geschickt zu werden.

Skandinavien Stark beunruhigt zeigen sich die Anrainerstaaten an der Ostsee. In der schwedischen Öffentlichkeit herrscht zwar nach dem Abschluß des Ribbentrop-Molotow-Pakts der Eindruck vor, daß es im Ostseeraum keine größeren militärischen Aktionen geben werde, zumindest nicht gleich zu Beginn eines Krieges. Aber die Regierungen sind vorsichtig und schicken sich an, sich wirtschaftlich auf einen Krieg einzustellen und Vorräte anzulegen. Sie folgern aus dem Vertrag, daß ein Krieg in Ostmitteleuropa möglich sei und somit auch die Ostseeländer besser gewappnet sein sollten.

In Skandinavien wie auch in den Städten des Baltikums ahnt man, daß die Deutschen den Russen einen Preis für die Unterzeichnung des Nichtangriffspakts bezahlt haben. Aber welchen? Im Baltikum geht jetzt die Befürchtung um, der Pakt gebe den Sowjets freie Hand bei der Besetzung der baltischen Länder, aus denen Rußland sich erst vor rund zwanzig Jahren zurückgezogen hat. Allerdings hat sich die Deutsche Gesandtschaft in Helsingfors gerade dahingehend geäußert, daß der Pakt nicht auf Kosten der baltischen Länder oder Finnlands abgeschlossen worden sei. Dies wird mit Interesse aufgenommen.

In der dänischen Hauptstadt hat man erfahren, daß das Deutsche Reich den Regierungen der Schweiz, Belgiens und der Niederlande bereits die Respektierung ihrer Neutralität zugesichert habe. In Kopenhagen hält man eine solche Erklärung nicht für nötig. Allerdings hat Dänemark bereits die Einberufung von – zunächst nur zwei – Reservistenjahrgängen für den Fall eines Kriegsausbruchs angekündigt. Die Grenze zu Deutschland wird inzwischen scharf bewacht, der Verkehr ist stark gedrosselt. Ab diesem Sonntagabend soll der Eisenbahnverkehr zwischen den beiden Ländern gänzlich unterbrochen werden. Die dänische Regierung hat auch im Luftschutz besondere Sicherheitsmaßnahmen angeordnet; für die Hauptstadt, so heißt es, gebe es einen Evakuierungsplan, und ähnliches ist aus Schweden zu vernehmen.

In Dänemark ist nicht unbemerkt geblieben, daß schon seit Tagen starke englische Streitkräfte im Skagerrak kreuzen. Die Dänen fürchten, die Briten würden im Kriegsfall durchs Kattegat vorstoßen.

Dänemark hat seine Flotte im Hafen von Kopenhagen zusammengezogen; die Schiffe haben reichlich Munition an Bord genommen, um im Kriegsfall den Zugang zur Ostsee mit Minen zu sperren. Auch die schwedische Flotte an der Westküste ist in Alarmbereitschaft versetzt, und die Zufahrten zur Ostsee sind vermint.

Thomas Mann hielt sich in Schweden auf, in Saltsjöbaden. Er unternahm an diesem Sonntagnachmittag mit Bekannten eine einstündige Fahrt durch das Schärenmeer nach Dalarö, wo die Gesellschaft von Freunden zu einer Brotzeit im Garten erwartet wurde. Man sprach über Politik, und angesichts der internationalen Spannungen und der drohenden Kriegsgefahr wandte sich das Gespräch immer wieder dem Krieg zu. »Viel über die scheinbar ausweglose Krisis«, schreibt Mann in sein Tagebuch. Die Heimfahrt erfolgte spät, nach 21 Uhr. »Neu erweckte Skepsis den Krieg betreffend. Er kommt nicht. Zwar ist eine Verständigungsmöglichkeit, die wirklich aus dem gegenwärtigen Zustande herausführte, nicht erkennbar; aber es ist wieder so gut wie gewiß, daß der Krieg nicht sein soll. Mussolini ist der eifrigste Friedensagitator. Er hat seine Gründe. Aber«, fügt Thomas Mann dann ein, »es dürfen nicht Millionen Menschen geopfert werden, heißt doch immer noch: Man muß uns alles geben, was wir verlangen. Was not thut, ist nicht möglich bei dieser Denkungsweise, diesen Menschen. Also?«

Paris Georges Bonnet hatte bis 4 Uhr morgens im Quai d'Orsay Berichte aus aller Welt studiert. Daladier saß derweil im Kriegsministerium, wo er in ständigem Kontakt mit dem Generalstab war. Die Mobilisierung der französischen Truppen näherte sich langsam einer allgemeinen Mobilmachung.
Bonnet hat heute ein volles Programm. Er muß vor allem Coulondres Bericht über das Gespräch mit Hitler sorgfältig durchsehen und neue Instruktionen für den Botschafter vorbereiten. Am frühen Morgen hat er zusammen mit Alexis Léger den Ministerpräsidenten aufgesucht, um mit ihm die Antwort an Hitler abzustimmen, dem es eindringlich zu vermitteln gilt, daß Frankreich zu seinem Wort

stehen wird. Am Nachmittag empfängt er den italienischen Botschafter Raffaele Guariglia. Dieser bestätigt ihm, was Ciano vor wenigen Tagen in Rom zu François-Poncet gesagt hat: Italien wolle versuchen, bezüglich Danzigs zu einer friedlichen Lösung zu gelangen und sich selbst nicht in einen Krieg hineinziehen zu lassen. Bonnet bekräftigt dann seinerseits, daß einem deutschen Angriff auf Polen die sofortige Intervention Frankreichs und Großbritanniens folgen werde.

Heute trifft Bonnet auch mit Graf Sforza zusammen, der durch Paris reist. Der Graf meint, die französische Regierung müsse im Falle eines Krieges Mussolini sogleich ein Ultimatum stellen: Entweder stellt sich der Duce auf die Seite Frankreichs, oder Frankreich besetzt als Pfand ein, zwei italienische Städte. Dies würde wohl Krieg bedeuten, erklärt der Graf – aber gerade dazu sei Italien nicht bereit. Nur ein solcher Schritt könne Italien daran hindern, sich Deutschland anzuschließen, sobald die polnische Niederlage so gut wie vollendet sei.

Jules Romains, ein Mitarbeiter des Quai d'Orsay, der dieser Unterredung beiwohnt, beobachtet, daß dieser Vorschlag auf Bonnet großen Eindruck macht, der ihn anschließend tatsächlich Daladier mitteilt. Aber der Ministerpräsident kann sich dafür nicht erwärmen. Der Generalstab, meint er, würde nicht zustimmen, daß Frankreich im Herbst in Norditalien Krieg führe.

Es folgt ein Gespräch mit dem polnischen Botschafter, der Bonnet vor allen Aktionen warnt, die nicht mit Warschau abgesprochen seien. Später hat auch Daladier ein Gespräch mit Lukasiewicz. Er will ihn auf das für den nächsten Tag anberaumte Gespräch mit Bonnet vorbereiten. Nicht von Staatsmann zu Diplomat wolle er sprechen, beginnt Daladier, sondern von Mensch zu Mensch. Die folgenden Wochen würden über Leben und Tod von Millionen Menschen entscheiden. Als Ministerpräsident Frankreichs sei er entschlossen, allen Verpflichtungen gegenüber Polen nachzukommen. Falls es zum Krieg komme, werde sein Sohn als Soldat daran teilnehmen; falls der Krieg für Frankreich ungünstig ausgehe, werde er selbst die Uniform anlegen.

Dann bittet er Lukasiewicz, ihm vom letzten Gespräch mit Bonnet zu erzählen. Lukasiewicz berichtet von den Kontakten aus Rom. Er

beklagt sich über Bonnet, und Daladier stimmt ihm zu, Bonnet sei schwierig, aber der Botschafter könne sich jederzeit an ihn persönlich wenden, Tag und Nacht. Oder an Léger. Er, Daladier, glaube, daß Hitler noch keine endgültige Entscheidung getroffen habe.
Dann fragt Daladier, was Lukasiewicz von den Absichten Stalins halte. Der Pole meint, Stalin wolle erst einmal abwarten, ob es auf polnischem Territorium zum Krieg komme, und sehen, wie die Franzosen und Briten reagierten. Emphatisch sagt er, verlassen könne man sich auf Stalin nicht. Seine Unterschrift unter den Vertrag mit Hitler bedeute Krieg.
Danach hat Lukasiewicz noch ein langes Gespräch mit Generalkonsul Alexander Kawalskowski. Es geht darum, ob man die in Frankreich lebenden Polen nicht zu militärischen Einheiten zusammenfassen könne. Der Generalkonsul hat sich seit dem Frühjahr mit dieser Frage beschäftigt und sie schon mit polnischen Stellen besprochen. Lukasiewicz bittet Außenminister Beck um Hilfe, damit Frankreich diese Einheiten mit Waffen ausrüsten könne.

Am späten Nachmittag bekommt Bonnet Besuch vom belgischen Botschafter Le Tellier, den er für einen klugen, bedächtigen und weitblickenden Mann hält und für einen Freund Frankreichs. Le Tellier spricht zuerst von der besonderen Lage seines Landes und bittet – auch wenn niemand in Belgien daran zweifle – um eine Erklärung Frankreichs, im Kriegsfalle Belgiens Neutralität zu achten. Bonnet erwidert, Frankreich werde sie, wie schon 1914, achten; der französische Botschafter in Brüssel, Paul Bargeton, sei angewiesen, den König noch an diesem Tag dahingehend zu beruhigen. Hitler allerdings, fürchtet er, werde nicht die gleichen Skrupel haben und Belgien vielleicht – wie 1914 – überfallen. »Wir wären dann die ersten, Sie um Ihre Hilfe zu bitten«, erwidert der belgische Diplomat. Le Tellier vertraut Bonnet auch an, daß man Angst habe um die Zukunft Belgiens. Er glaubt zu wissen, daß der König seine Vermittlung angeboten habe, um einen Krieg zu vermeiden. Wie Frankreich dazu stehe? »Wir haben in Berlin klargestellt«, erwidert Bonnet, »daß jede neue deutsche Aggression gegen Polen unmittelbar den Kriegseintritt Frankreichs zur Folge haben werde, aber wir wünschen, daß zwischen Polen und Deutschland ein Einvernehmen

zustande kommt, und wir können die Hilfe Dritter, die dies herbeiführen möchten, nur begrüßen.«
Daladier trifft an diesem Abend gegen 20.30 Uhr noch mit dem amerikanischen Botschafter zusammen. Er will Bullitt unbedingt Hitlers Antwort zur Kenntnis bringen, die eine halbe Stunde zuvor eingegangen ist. Hitler zeige kein Interesse, mit Polen über Danzig zu verhandeln; Danzig müsse ohne Verhandlungen ans Reich zurückkommen. Später hat Daladier auch noch eine Unterredung mit dem früheren Generalstabschef General Weygand. Er will von ihm wissen, wie er als erfahrener Militär die Verteidigungsanlagen und die Aussichten Frankreichs einschätzt.

Am Abend liegt Paris im Dunkel, nur von den Rathäusern in den Bezirken, den Telegrafenämtern, Bahnhöfen und großen Zeitungsgebäuden strahlt Licht aus. Und von den Automobilen, die die ganze Nacht über fahren. Die Bevölkerung macht sich auf das Kommende gefaßt. Die für den nächsten Morgen einberufenen Reservisten und viele andere, die ihre Einberufung erwarten, feiern Abschied. Überall sieht man einzelne und ganze Gruppen, die die letzten Stunden ihres Zusammenseins so lange wie möglich dehnen wollen, bis tief in die Nacht. Die Boulevards und die Cafés wollen heute überhaupt nicht zur Ruhe kommen.
Die französische Bevölkerung macht einen entschlossenen Eindruck. Genau dies wollte Daladier mit seiner Rundfunkansprache erreichen. Er hat seinen Landsleuten in aller Deutlichkeit gesagt, wie es steht und worum es jetzt geht. Damit hat er wohl den meisten aus der Seele gesprochen. Frankreich kann Polen nicht aufgeben. Mit der Freiheit Polens steht und fällt auch das Schicksal Frankreichs. Wenn Frankreich Polen im Stich läßt, verliert es seine Ehre; und wenn es seine Ehre verliert, dann verliert es seine Freunde. Diese Auffassung hat sich durchgesetzt.
Ähnliches verkündet an diesem Tag der Publizist Henri de Kérillis in der Zeitschrift *Epoque*. »Wir können uns darüber keine Illusionen machen«, schreibt er, »daß eine neue Kapitulation in Danzig das Dritte Reich in seiner Machtpolitik aufhalten und es sich hinfort zu den friedlichen Nationen gesellen würde. Es würde, nachdem es sich die russischen Hilfsmittel zunutze gemacht hat, im Frühjahr

seinen Marsch gegen Westen aufnehmen. Es will Frankreich zerschmettern, ihm Metz, Straßburg und die Kolonien abnehmen, ihm den Rang einer Großmacht streitig machen und seine bürgerlich-demokratische Zivilisation treffen. Das Problem ist heute von tragischer Klarheit: Die freien Völker, die noch unter dem europäischen Himmel atmen, haben keine Wahl – sie werden sich gemeinsam retten oder müssen zusammen untergehen.«

Genf Robert Musil lebt in einem Genfer Hotel, Rue de Lausanne, und arbeitet am zweiten Band seines Romans *Der Mann ohne Eigenschaften.* Er schreibt viele Briefe an Freunde und Bekannte, denn er ist in Sorge um den Frieden. An diesem Sonntag verfaßt er einen Brief an Annina Rosenthal, um ihr zu sagen, daß er und seine Frau noch eine ganze Weile hier bleiben wollen. »Wir lesen viele Zeitungen und werden dadurch um nichts sicherer informiert«, schreibt er. »Ich glaube, daß nicht einmal die obersten Lenker der Geschicke wissen, was nächstens passiert. (Ihr wart wohl auch recht erstaunt über das neueste Bündnis? Ich meine, Deutschland und Sowjet; denn vielleicht gibt es ein neueres, bis dieser Brief bei Euch ist.)«
Die Schweizer Zeitungen berichten an diesem Tag über den Genfer Zionistenkongreß, der nun mit Rücksicht auf die internationalen Spannungen vorzeitig zu Ende ging. Der Vorsitzende, Chaim Weizmann, hat Genf bereits verlassen, was gar nicht einfach war, denn einige Grenzen waren bereits geschlossen, und der Reiseverkehr unterlag starken Einschränkungen.
In der Geschichte der Zionistenkongresse war dieser der kürzeste. Auf keinem vorher herrschte soviel Niedergeschlagenheit. Delegierte aus Deutschland, aus der Tschechoslowakei und aus Österreich trafen hier unter dem Schatten des englischen Weißbuchs zusammen, das den Juden die Zerstörung ihrer nationalen Heimstätte androhte. Erstmals war Deutsch nicht die offizielle Kongreßsprache. Der Krieg war das andere Damoklesschwert über ihnen, er konnte die Zerstörung der menschlichen Grundrechte, vielleicht sogar der Menschheit zur Folge haben. Dabei war die Bedeutung der zionisti-

schen Bewegung immer mehr gestiegen, denn die Zahl der Einwanderer nach Palästina hatte allein in den letzten drei Jahren gewaltig zugenommen.
Die äußeren Spannungen waren möglicherweise der Grund, warum es bei diesem Kongreß so friedlich zuging. In seiner Eröffnungsrede sagte Chaim Weizmann, daß dem jüdischen Volk bitter Unrecht geschehen sei. »Wir glaubten an Großbritannien«, bemerkte er enttäuscht. Er ging die Ereignisse des letzten Jahres noch einmal durch und meinte, es sei offenbar die Aufgabe der zionistischen Bewegung, den Hebelpunkt in einer verwirrten Welt zu finden – ein Ding der Unmöglichkeit. Die Juden würden in dieser dunklen Stunde die englische Demokratie unterstützen, dem Weißbuch zum Trotz. David Ben Gurion erklärte, für ihn existiere dieses Weißbuch überhaupt nicht. Der Kongreß äußerte grundsätzliche Kritik daran, daß man sich auf eine imperialistische Macht gestützt habe. Eine sozialistische Revolution hätte man statt dessen machen sollen, meinten einige.
Die bewegendste Rede hielt Dr. Franz Kahn aus der Tschechoslowakei: »Palästina ist in diesen Tagen allgemeiner Feindseligkeit unser einziger Anker«, sagte er. »Wenn die Tore Palästinas geschlossen werden, bleibt uns keine weitere Hoffnung.«
Weizmann sprach das Schlußwort. Die Juden lebten in einer Welt der Dunkelheit, meinte er. Schweren Herzens nehme man voneinander Abschied. Und weiter: »Wenn wir, wie ich hoffe, am Leben bleiben und unsere Arbeit weitergeht, dann wird vielleicht – wer weiß? – ein neues Licht die Finsternis durchdringen und auf uns scheinen. Es gibt Dinge, die einfach gar nicht anders kommen können, Dinge, ohne die man sich die Welt nicht vorstellen kann. Die übrigen werden weiterarbeiten, weiterkämpfen, weiterleben auf bessere Tage hin. Mit Blick auf diese Stunde hin grüße ich euch. Mögen wir uns noch einmal in Frieden begegnen.«
Er umarmte seine Kollegen auf dem Podium. Weizmann schloß Ben Gurion und Ussikhin in die Arme, als wollte er sie niemals wieder loslassen. In vielen Augen standen Tränen. Alte Gegensätze waren vergessen, wenigstens für diesen einen Augenblick. Hunderte von Händen streckten sich nach Weizmann aus, als er den Saal verließ.

London Dahlerus' Maschine landete um 12.20 Uhr in Croydon. Der gesamte zivile Flugverkehr mit dem Ausland war eingestellt und der Flughafen daher wie ausgestorben. Das Eintreffen einer deutschen Maschine erregte Aufsehen. Einige Beamte führten den Schweden sogleich in das Verwaltungsgebäude, wo seine Gesprächspartner aus dem Foreign Office ihn erwarteten. Er mußte ihnen kurz über die Ereignisse in Berlin berichten. Eine Sekretärin tippte alles gleich in die Maschine. Dann eilte ein Kurier mit dem Bericht zu Halifax.
Durch einen rückwärtigen Ausgang führte der Flughafenchef Dahlerus zu einem kleinen Zweisitzer. Zunächst ging es zu einem Privatbüro in Westminster und von dort mit einem Taxi weiter in die Downing Street. Im Sitzungssaal des Kabinetts erwarteten ihn Chamberlain, Lord Halifax und Cadogan. Sie machten einen ruhigen und ernsten Eindruck.
Dahlerus gab einen ausführlichen Bericht von seinem Gespräch mit Hitler und gab vor allem dessen Forderungen getreulich wieder. Die Mienen seiner Gesprächspartner verrieten ihm, daß sein Bericht sich nicht in allen Punkten mit dem Hendersons deckte. Chamberlain fragte, ob Dahlerus Hitlers Worte auch wirklich richtig verstanden habe, und Dahlerus erklärte, er verstehe tadellos Deutsch, ein Mißverständnis sei ausgeschlossen. Jede Frage sei gründlich erörtert worden; aber natürlich könne er nicht garantieren, daß Hitler zu Henderson das gleiche gesagt habe.
Dahlerus spürte, daß die Atmosphäre hier ganz anders war als in der Reichskanzlei. Hier gab es keine bombastischen Redensarten, keine rhetorischen Abschweifungen. Hier ging es zur Sache. Nur eines war gleich – das Mißtrauen. Vor allem in Chamberlains Worten spürte er dieses Mißtrauen gegenüber Deutschland und seinem Führer, zugleich jedoch den festen Willen, eine Katastrophe abzuwenden. Auf Chamberlains Frage, welchen Eindruck Hitler auf ihn gemacht habe, entgegnete Dahlerus: »Ich möchte ihn nicht als Geschäftspartner haben.« Chamberlain schmunzelte.
Dahlerus schlug nun vor, ihm die britische Antwort auf die von Hitler unterbreiteten Punkte zu übergeben und ihm zu erlauben, sie nach Berlin zu bringen. Henderson werde das persönlich erledigen, entgegnete Chamberlain. Darauf empfahl Dahlerus, daß Henderson

bis Montag in London bliebe, während er die englische Antwort überbringe, das spare Weg. Chamberlain war einverstanden, wenn auch die Deutschen zustimmten. Mit zwei Telefonaten holte Dahlerus sich Görings Einverständnis und flog noch am gleichen Abend nach Berlin zurück, um mitzuteilen, daß London erstens nicht weniger auf Frieden bedacht sei als Berlin, zweitens unwiderrufliche Verpflichtungen gegenüber Polen habe und daß drittens eine Lösung zwischen Deutschland und Polen genau dies berücksichtigen müsse.
Chamberlain, Halifax, Cadogan und ein paar andere feilten inzwischen weiter an der englischen Antwort. Man kam nicht recht voran damit, denn Henderson erhob immer wieder Einwände, die Harvey langsam auf die Nerven gingen. Der Diplomat Harvey hatte aber den Eindruck, die Dinge hätten sich nun etwas entspannt. Offenbar zögerte Hitler, zumal auch Mussolini nicht nach seiner Pfeife tanzte. Die Briten hatten Beck mittlerweile gebeten, einen Bevölkerungsaustausch unter neutraler Beobachtung vorzuschlagen. Was man aus Tokio hörte, klang gleichfalls hoffnungsvoll; dort war nach dem Sturz der japanischen Regierung jetzt mit einer englandfreundlicheren Politik zu rechnen – eine Folge des deutsch-sowjetischen Pakts. Harvey war über diesen Pakt nicht sonderlich schockiert, sondern deutete ihn vielmehr als Verzweiflungstat Hitlers. Er war der Meinung, man müsse Hitler jetzt unbedingt entschlossen entgegentreten. Als man am Abend auseinanderging, war der Brief noch nicht fertig.
Dahlerus landete kurz vor 23 Uhr in Tempelhof. Ein Auto stand für ihn bereit. Ohne eine Minute zu verlieren, fuhr er in höchstem Tempo los. Um 23.10 Uhr saß er bei Göring in dessen Berliner Residenz. Er teilte ihm seinen persönlichen Eindruck mit, daß Großbritanniens Regierung und Volk unbedingt den Frieden wünschten, zugleich aber fest entschlossen seien, unter keinen Umständen eine auf Gewaltpolitik beruhende Regelung in Europa hinzunehmen. Göring rieb sich die Nase. Die Antwort konnte ihn kaum befriedigen. Er könne die Briten verstehen, sagte er nach einer Weile, aber Hitler? Göring erklärte, er werde Hitler unter vier Augen informieren. Während er umgehend in die Reichskanzlei fuhr, kehrte Dahlerus in sein Hotel zurück. Er fragte sich, ob er seine Sache wirklich gut gemacht hatte.

+++ Montag, **28. August 1939** +++

Dahlerus war noch nicht lange im Hotel, als um 1.30 Uhr das Telefon läutete. Es war Göring, seine Stimme klang freundlich. Hitler begrüße den englischen Wunsch nach Frieden und besseren Beziehungen zu Deutschland, aber suche London wirklich ein Bündnis mit ihm? Den englischen Vorschlag, das Problem Danzig und Korridor durch direkte Verhandlungen mit Polen zu lösen, nahm Hitler an.
Gleich rief Dahlerus die Britische Botschaft an. Ein Mr. Holman antwortete, Mr. Forbes habe sich längst nach Hause begeben. Holman gab ihm dessen Privatnummer, unter der Dahlerus ihn erreichte. Kurz nach 2 Uhr morgens traf er sich mit Forbes in der Britischen Botschaft. Forbes, ein Schotte, wirkte mißtrauisch, als Dahlerus ihm alles erzählte. Kurz vor 3 Uhr stürzte dann Holman herein und überbrachte ein noch unchiffriertes Telegramm, das soeben aus London eingegangen war. Damit war das Eis gebrochen, und Forbes hörte sich in Ruhe Görings Reaktion an, um sie gleich nach London weiterzugeben. Dahlerus warnte den Diplomaten vor dem deutschen Nachrichtenwesen, vor allem vor dem Forschungsamt; doch Forbes erwiderte, die Botschaft sei von englischen Technikern und Elektrikern gründlich untersucht worden.
Um 5.30 Uhr ging Dahlerus in sein Hotel zurück. Er nahm ein Bad, kleidete sich an und fuhr zu Görings Sonderzug bei Potsdam. Der Hausherr empfing ihn in erbsengrünem Schlafrock mit juwelengeschmückter Schärpenschnalle. Er führte Dahlerus sogleich zu einem Kartentisch, um ihm zu zeigen, daß Polen selbst nach einer deutschen Gebietserweiterung strategisch nicht gefährdet sei. Und er zeigte ihm auch, wo die Kämpfe zwischen Deutschen und Polen voraussichtlich stattfinden würden.

Paris Das amtliche Paris hatte den Eindruck, daß die Spannungen mit Deutschland noch stiegen. Im Laufe des Tages teilte die Leitung des Gare du Nord – wo auch die Züge aus Norddeutschland eintrafen – der Öffentlichkeit mit, daß derzeit keine einzige direkte Bahnverbindung mit dem Deutschen Reich mehr bestehe: Die Grenze zwischen den beiden Staaten sei geschlossen, alle französischen und belgischen Züge nach Deutschland und alle deutschen Züge nach Belgien und Frankreich seien in Herbesthal an der deutsch-belgischen Grenze festgehalten werden. Aus den Hafenstädten war zu hören, daß amerikanische Dampfer angewiesen worden seien, in keinem deutschen Hafen mehr anzulegen, um die Rückkehr der Passagiere in die USA nicht zu verzögern.
Georges Bonnet bekam an diesem Tag von seinem Botschafter in Washington, René Doynel des Saint-Quentin, eine interessante Information. Der französische Diplomat hatte von einem niederländischen Kollegen, der aber nicht genannt werden wollte, erfahren, daß Den Haag aus zuverlässiger Quelle wisse, die Kampfmoral in Deutschland, vor allem in der rheinischen Industrieregion und an der Grenze zu den Niederlanden, sei keineswegs gut.

Warschau Die Polen waren verärgert über die Beschuldigungen, die die Deutschen wegen ihrer Minderheitenpolitik erhoben. Außenminister Beck hatte vor, gegen diese verlogene Kampagne zu protestieren. Mit Blick auf die Zukunft war er optimistisch: Polens militärische Vorbereitungen verschafften dem Land eine gute Position. Außerdem unternahm auch sein wichtigster Verbündeter, Frankreich, gewaltige militärische Anstrengungen, die Deutschland unmöglich mißverstehen konnte. An der Maginot-Linie standen zwei Millionen Mann, die darauf brannten, die Deutschen zu empfangen. Und Deutschlands Verbündeter? Italiens Regierung sei windelweich, frohlockte Beck.
Der französische Botschafter in Warschau, Noël, glaubte den deutschen Anschuldigungen sowieso nicht. Sie glichen allzusehr denen, die Deutschland im Vorjahr gegen die Tschechen erhoben hatte. In einem Telegramm vom späten Nachmittag an das Quai d'Orsay er-

klärte er, daß er die Greueltaten, die Hitler Polen anlastete, die Morde und Kastrationen, für Lügenwerk halte. Es sei unmöglich, schrieb er, daß Deutsche in der Umgebung von Danzig oder Bielso getötet wurden, ohne daß Franzosen, die in der Region lebten, davon wüßten. Die Deutschen nannten keine Namen, keine Daten; sie machten keinerlei Angaben zur Sache. Das gab ihm zu denken.

Preßburg Der slowakische Ministerpräsident Tiso erließ an diesem Montagabend einen Aufruf. »Zum Schutze der Unabhängigkeit und Unversehrtheit unseres jungen slowakischen Staates gegen eine Bedrohung durch Polen«, hieß es darin, »werden aufgrund des zwischen der Slowakischen Republik und dem Deutschen Reich geschlossenen Schutzvertrages und der hierzu getroffenen Vereinbarungen deutsche Truppen im slowakischen Staatsgebiet eingesetzt, um erforderlichenfalls Schulter an Schulter mit unserer tapferen slowakischen Armee den Feind von der Grenze unseres Staates fernzuhalten. Wir fordern die Bevölkerung auf, die deutschen Truppen als Freunde zu begrüßen und ihnen jede mögliche Hilfe zu gewähren.«

Berlin In der Reichshauptstadt geht das Leben weiter, allerdings mit angehaltenem Atem. Die Morgenblätter berichten über den Briefwechsel zwischen Hitler und Daladier und erwähnen das »So oder so« aus Hitlers Mund. In der Presse herrscht Verstimmung, weil die französische Zeitung *Le Temps* sich den Kommentar erlaubt hat, die Vorschläge Hitlers an England deuteten auf seine Unentschlossenheit hin; damit wolle er versuchen, vor dem deutschen Volk sein Gesicht zu wahren.

Die Bahnhöfe sind heute ungewöhnlich belebt: Viele zieht es aufs Land, wo man weniger gefährdet ist. Die Korrespondenten ausländischer Zeitungen müssen damit rechnen, daß sie ihre Tätigkeit von einer Stunde zur anderen einstellen müssen. Mit diesem Montagmorgen beginnen im ganzen Reich strengere Maßnahmen zu greifen; die Zeitungen deuten auf eine Verschärfung der äußeren Lage hin. Die Schlagzeilen gleichen sich: »Vor einem Überfall auf Deutsch-Schlesien!«, »Neue schwere polnische Grenzzwischenfälle!«, »Das Attentat auf den Frieden!«, »Ausrottungskommandos wüten gegen Volksdeutsche«, »Menschenjagd polnischer Räuberbanden!«, »Polen bereitet Panzervorstoß auf Danzig vor!« Ausrufezeichen beherrschen heute die Titelseiten. Die Truppentransporte sind an diesem Morgen nicht zu übersehen. Wer jung ist und männlichen Geschlechts, wird einberufen. Die Truppen gehen nach Osten. Drei Sonderzüge verlassen den Anhalter Bahnhof in Richtung polnische Grenze. Der Sonderzug Hitlers mit den Wehrmachtsstäben und die Sonderzüge von Göring und Himmler stehen bereit. Schon am gestrigen Sonntagmorgen waren die Berliner Vorortzüge mit Reservisten überfüllt, die noch in Zivil und mit Köfferchen und Körben den Sammelplätzen zustrebten. Von allen Gesichtern ist der Ernst der Lage abzulesen. In manchen Nebenstraßen sind die von den Militärbehörden requirierten Privatautos in langen Reihen aufgestellt, wo Beamte sie auf ihre Verwendbarbeit prüfen.

In Berlin nimmt das öffentliche Leben trotz vieler Hemmnisse, die der allmähliche Übergang zum Kriegszustand mit sich bringt, seinen Fortgang. Nach außen gefaßt, aber innerlich erschüttert und von Sorgen erfüllt, sehen die Menschen der Zukunft entgegen. Die quälende Ungewißheit der letzten Tage hat die Frauen vielleicht noch stärker erfaßt als die Männer. An diesem Montag ist ein starker Andrang bei Seifen- und Lebensmittelgeschäften zu beobachten, von denen einige schon am Vormittag schließen müssen. Den ganzen Tag über werden die rationierten Waren nur gegen Bezugscheine verkauft.

Die Berliner Bevölkerung wahrt die Ruhe, aber darin verbirgt sich auch Schwermut. Resigniert sehen die Menschen dem drohenden Krieg entgegen. Sie können es nicht fassen; und sie können es nicht ändern. Im Regierungsviertel, zwischen Reichskanzlei und Propagandaministerium, stehen seit einigen Tagen Trauben von Menschen beieinander, an die dreihundert Personen vielleicht. Keiner spricht ein Wort, und ihr Schweigen ist nicht weniger bedrückend als die brütende Augusthitze, die heute über der Stadt liegt. Wenn ein Lautsprecherauto seine Nachrichten verbreitet, umstehen die

Leute mit steinernen Mienen das Gefährt. Besuchern in der Wilhelmstraße beantwortet man ihre Fragen, indem man darauf verweist, wie vermessen es wäre, die Politik des »Führers« mit Prophezeiungen vorwegnehmen zu wollen.

Am Nachmittag ist aus der Reichskanzlei zu vernehmen, die Lage sei sehr ernst. Hitler warte jetzt nur noch eine Antwort ab, seine Mindestforderung laute: Danzig *und* Korridor. Beides! Wenn diese Forderung nicht erfüllt werde, dann gebe es Krieg, und zwar mit brutalsten und unmenschlichsten Mitteln. Hitler sei gewillt, wie Friedrich der Große alles auf eine Karte zu setzen und selber in vorderster Front zu kämpfen. Der Krieg werde schwer werden, vielleicht sogar aussichtslos; aber ein Untergang in Ehren sei einer Kapitulation vorzuziehen. Solange er lebe, werde davon nicht gesprochen. »Wenn einer von Ihnen glaubt, daß ich nicht nur aus Liebe zu Deutschland handle, so gebe ich ihm das Recht, mich niederzuschießen«, soll er erregt ausgerufen haben. Hitler machte einen nervösen, übernächtigten Eindruck, das verrieten seine fahrigen Blicke und Bewegungen.

Im Auswärtigen Amt wartet man indessen ungeduldig auf die Ankunft des neuen sowjetischen Botschafters und noch ungeduldiger auf den neuen Militärattaché. Ein neuernannter Botschaftsrat ist soeben eingetroffen, Alexander Schkwarze mit Namen, von Nationalität Großrusse, 39 Jahre alt. Die beiden anderen sowjetischen Diplomaten würden auch bald eintreffen, heißt es aus Moskau.

Im Auswärtigen Amt kursiert an diesem Tag ein seltsames Gerücht, das offenbar der Diplomat Likus unter dem Siegel der Vertraulichkeit in Umlauf gebracht hat. Diesem Gerücht zufolge soll der britische Politiker Samuel Hoare, der in Berlin als prominenter Vertreter der Appeasement-Politik gilt, vor dem britischen Ministerrat geäußert haben, er könne sich für Großbritannien folgende pragmatische Lösung vorstellen: Um eine Kriegserklärung käme London zwar nicht herum, falls Deutschland Polen überfalle – aber dabei könne man es auch bewenden lassen. Niemand weiß wirklich zu sagen, was von diesem Gerücht zu halten ist.

Rom An diesem Morgen vertraut ein im Vatikanstaat beschäftigter Laie einem der Sekretäre des französischen Botschafters am Heiligen Stuhl, François Charles-Roux, an, er habe gerade von einem hohen Beamten des Palazzo Chigi erfahren, die Neutralität Italiens sei bereits beschlossene Sache. Der Duce habe sich vom Chef der italienischen Staatspolizei, Arturo Bocchini, eine Untersuchung darüber vorlegen lassen, wie das italienische Volk zu einer Teilnahme am Krieg auf seiten Deutschlands stehe. Eine überwältigende Mehrheit der Italiener sei gegen einen Krieg! Botschafter Charles-Roux teilt diese interessante Neuigkeit sogleich François-Poncet mit, seinem französischen Kollegen beim Quirinal, sowie, telegrafisch, auch dem Quai d'Orsay.
François-Poncet hat an diesem Montag eine Unterredung mit seinem englischen Kollegen Sir Percy Loraine. Er vertraut ihm an, daß Frankreich Italien einige Zugeständnisse machen wolle, um es davon abzuhalten, auf der Seite Deutschlands zu kämpfen, falls dieses Polen angreifen werde. Man denke an ein Entgegenkommen in Tunis oder Dschibuti.

Bern Seit dem Wochenende beginnen sich die Spannungen auch auf die Schiffahrt auf dem Rhein auszuwirken. Der Rhein ist ein internationaler Strom, der bislang von Schiffen unter verschiedenen Flaggen befahren wurde. Aber in Basel treffen an diesem Tag Meldungen aus Mannheim ein, daß die Schlepper ihre Bergfahrt dort unterbrochen hätten, um abzuwarten, wie es in der Politik weitergeht. Die Rheinstädte Straßburg und Kehl melden gleichfalls, die Bergfahrt sei eingestellt. In Basel treffen an diesem Montag überhaupt keine Schiffe ein, und nur ganz vereinzelt fahren noch Leerschiffe talwärts. Allerdings bleibt es zunächst den Reedereien überlassen, ob sie den Schiffsbetrieb einstellen oder nicht.
Auch die Schweiz will gerüstet sein. An diesem Montagnachmittag faßt der Berner Bundesrat den Beschluß, binnen kürzester Zeit die Grenzschutztruppen zu mobilisieren. Dies soll am nächsten Morgen auf Plakaten bekanntgegeben werden. Zugleich wird die Schweizerische Bundesversammlung für den Mittwoch einberufen. Auf der

Tagesordnung stehen zwei wichtige Punkte: 1. die Vollmachterteilung an den Bundesrat für den Fall der Verteidigung bzw. der Bedrohung der Grenzen und 2. die Wahl des verantwortlichen Generals der Armee.
Die Stärke der aufzubietenden Grenzschutztruppen liegt bei 80 000 bis 100 000 Mann. Auch mit Blick auf die Lebensmittelversorgung versucht die Regierung in Bern, Vorsorge zu treffen. Das eidgenössische Volkswirtschaftsdepartement schreibt privaten und kollektiven Haushaltungen vor, von einer Reihe wichtiger haltbarer Nahrungsmittel Vorräte anzulegen, die im Krisenfall für etwa zwei Monate ausreichen sollen. Die Regierung will damit der Hamsterei und Preistreiberei einen Riegel vorschieben. Zugleich verfügt die Bundesregierung die vorläufige Rationierung von flüssigen Kraft- und Brennstoffen.

Den Haag Auch die Regierung der Niederlande will ihre Neutralität wahren, auch sie muß gerüstet sein für einen Krieg. Aus diesem Grund beschließt die Regierung im Haag, die allgemeine Mobilmachung anzukündigen und die Stärke der Armee auf 250 000 bis 300 000 Mann zu erhöhen. Die Mobilmachung betrifft zunächst fünfzehn Jahrgänge. Wer ihnen angehört, muß am nächsten Tag einrücken.
Zugleich fordert die Regierung die Bevölkerung auf, Ruhe zu bewahren. Um äußere Behinderungen der Mobilmachung zu vermeiden, wird der Zivilbevölkerung untersagt, bis zum nächsten Tag um 15 Uhr die Eisenbahn zu benutzen. Auch wird der Bootsverkehr von Hoek van Holland nach dem britischen Harwich eingestellt; ebenso wird der Postverkehr eingeschränkt. Aus dem Deutschen Reich erfahren die Niederländer, daß die Reichsbahn von diesem Montag an den Personen- und Güterverkehr mit den Niederlanden einstellt. Zwischen Deutschland und Holland verkehren jetzt nur noch Lokalzüge.

London Das Londoner Straßenbild ließ den Ernst der Lage nicht sogleich erkennen, dazu waren die Briten wohl zu kaltblütig. Vieles deutete dennoch darauf hin: Vor den großen Banken und Geschäftshäusern in der City standen Transportfahrzeuge, um wichtige Akten an sichere Orte zu befördern. An vielen Plätzen in der Stadt waren unbemannte Sperrballone aufgebaut, die man im Falle eines Luftangriffs sofort aufsteigen lassen konnte. Sie waren auf Militärfahrzeugen verankert, so daß man sie jederzeit verlegen konnte. Die Zugverbindungen zum Festland waren seit heute morgen eingestellt. Trotzdem herrschte auf den Bahnhöfen viel Verkehr: Aus Frankreich trafen immer noch Züge ein, überfüllt mit Fernreisenden, die vom Kontinent flüchteten – am Vortag waren es an die 12 000 gewesen. Private Organisationen schafften Kinder auf dem Land in Sicherheit. Victoria Station traf besonders gründliche Maßnahmen, um die Gepäckaufbewahrung vor Bombenanschlägen der Irisch-Republikanischen Armee zu schützen.
Der Verkehr mit dem Festland versiegte allmählich. Britische Schiffe wurden aufgefordert, italienische und deutsche Häfen zu verlassen. Sie durften weder Gibraltar noch den Suezkanal in Richtung Mittelmeer befahren, das Mittelmeer war für sie gesperrt. Auch die USA stellten ihren Passagierdienst mit Deutschland ein.
Die Bevölkerung wirkt ernst, aber nicht bedrückt. Auf den Londoner Märkten geht es kaum weniger lebhaft zu als an anderen Montagen. Die Verkäufer stehen in kleinen Grüppchen herum und sprechen über die neuesten Nachrichten. In den Markthallen um Covent Garden ist nichts Außergewöhnliches zu beobachten. Auf die Obst- und Gemüsemärkte findet kein Ansturm statt. Die Menschen wissen, daß sie der Information ihrer Regierung trauen dürfen, daß die Vorräte für drei Monate reichen und daß die Rationierung im Kriegsfall erst nach zehn Tagen in Kraft treten werde.
Die großen Londoner Museen sind geschlossen. Im Regierungsviertel, vor allem in der Nähe der Downing Street, sind viele Menschen zu sehen, sie verhalten sich ruhig. Manche warten schon seit Stunden. Sobald eine wichtige Amtsperson erscheint, geht ein Raunen durch die Menge. Dem Premierminister schlägt große Herzlichkeit entgegen. Es heißt, er habe heute zum ersten Mal seit langer Zeit auf seinen Morgenspaziergang verzichtet.

Der Wert des Pfund Sterling ist an der New Yorker Börse stark gefallen. Der britische Diplomat Harold Nicolson fühlt sich stark an die letzten Julitage 1914 erinnert und kann sich des Eindrucks nicht erwehren, ein neuer 1. August stehe bevor. Dabei war damals alles ganz anders, damals war man erregt, fühlte sich gewissermaßen erlöst, die Stimmung war auf jeden Fall gut. Jetzt ist sie es nicht.
Die Regierung hat gerade ein neues Weißbuch mit gut hundert Verordnungen veröffentlicht. Sie warnt vor einem allzu vertrauensseligen Umgang mit Fremden. Das Mitnehmen von Fotoapparaten ist künftig in bestimmten Zonen verboten. Wer Brieftauben fliegen lassen will, braucht dazu eine besondere Genehmigung.
Um 12 Uhr versammelt sich das Kabinett. Der Premierminister wünscht, daß das Parlament am nächsten Tag zusammentritt. Auch Botschafter Henderson wohnt der Kabinettsitzung bei. Nun soll das Antwortschreiben an Hitler fertiggestellt werden, das Henderson nach Berlin mitnehmen will. Punkt für Punkt wird der Brief an Hitler durchgegangen. Erst jetzt erfährt das Kabinett, daß auch Daladier in Briefverkehr mit Hitler steht und daß die Polen bereits die Mobilmachung eingeleitet haben. Harvey hält das für keine gute Idee der Polen.
Sir Cadogan hat ein Telegramm entworfen, in dem die polnische Regierung gebeten wird, direkten Verhandlungen mit Deutschland zuzustimmen. Gerade als Henderson aufbrechen will, trifft Warschaus zustimmende Antwort ein. Um 17 Uhr hebt Hendersons Maschine in Heston ab, den Brief an Hitler hat der Botschafter bei sich. Vor dem Start dankt er den Presseleuten für die guten Wünsche, die sie ihm mit auf den Weg mitgeben. »Glück kann ich brauchen«, sagt er.

Berlin Ulrich von Hassell ging an diesem Abend ins Kino. Vor dem Hauptfilm kam die Wochenschau. Sie zeigte Hitler, ein kleines Kind liebkosend, das ihm die Eltern hinstreckten. Frauen weinten, Kinder schilderten mit tränenerstickter Stimme die Leiden der Deutschen in Polen. Es widerte Hassell an, wie hier menschliches Leid zu propagandistischen Zwecken ausgenutzt wurde. Gleich-

wohl vermeinte er zu spüren, daß die Zuschauer ganz und gar passiv blieben; auch die Bilder der militärischen Aufmärsche fanden nur schwachen Beifall.
Schon früh am Abend war eine Flugabwehrbatterie Unter den Linden aufgefahren; Soldaten standen auf den Lastwagen und winkten laut rufend den Passanten zu, die sich davon nicht beirren ließen. Die Truppen waren alle in voller Kriegsausrüstung. Weitere Aufmärsche folgten später Unter den Linden, wo im Verlauf dieses Abends zwei kleine Kriegsparaden stattfanden, die je etwa eine Viertelstunde dauerten. Ein motorisiertes leichtes Regiment fuhr mit Feldgeschützen, Pontonbrücken und anderer Ausrüstung in großer Geschwindigkeit die Straßen in östlicher Richtung, während der übrige Verkehr aufgehalten wurde. Die Passanten beobachteten das Schauspiel ohne jede Begeisterung.
Gegen 17 Uhr telefonierte Frankreichs Botschafter Coulondre mit Außenminister Bonnet, um ihn über die jüngsten Entwicklungen in Deutschland zu informieren. Die militärischen Vorbereitungen seien derart, sagte er, daß die Wehrmacht jeden Augenblick losschlagen könne. Coulondre hatte aus zwei verschiedenen Quellen erfahren, daß der Angriff auf Polen zunächst auf den gestrigen Sonntag anberaumt gewesen war, jetzt aber auf die Nacht vom 30. auf den 31. August verschoben worden sei.
Später bekam Coulondre noch Besuch von Henderson, der direkt vom Flughafen zu ihm gefahren war. Coulondre sah die Nelke in Hendersons Knopfloch und war beruhigt. Er werde um 22.30 Uhr von Hitler empfangen, sagte der Brite und teilte ihm rasch das Wesentliche der englischen Antwort an Hitler mit.
Bevor Hitler an diesem Abend zu später Stunde den britischen Botschafter empfing, hatte er noch ein Gespräch mit Dahlerus, bei dem auch Göring zugegen war. Hitlers Adjutant Below hatte den Eindruck, die Vermittlung des Schweden wirke sich günstig aus, und es sei seinem Einfluß zuzuschreiben, daß Hitler später Hendersons Schriftstück so freundlich aufnahm.
Es war kurz vor halb elf, als Henderson in den Hof der Neuen Reichskanzlei einbog. Er händigte Hitler den britischen Antwortbrief samt einer deutschen Übersetzung aus. Hitler überflog die Antwort und schien nicht unzufrieden zu sein, bemerkte jedoch, er

müsse den Text gründlich studieren und werde am nächsten Tag eine Antwort geben.
In dem folgenden Gespräch mit Hitler und Göring verwendete Henderson jedes erdenkliche Argument, das für Frieden sprach. Friedliche Verhandlungen würden die Freundschaft Großbritanniens bedeuten, die Hitler seinen eigenen Worten zufolge doch stets gesucht habe – eine Aggression gegen Polen bedeute hingegen Krieg. Dann zitierte Henderson auswendig eine Passage aus einem Buch, von dem er wußte, daß Hitler es gelesen hatte, ein Buch über den gemeinsamen Widerstand Englands und Deutschlands gegen Napoleon. Damit wollte er Hitler die hohe deutsche Auffassung von Ehre vor Augen führen: Als General Blücher Arthur Wellington bei Waterloo zu Hilfe eilte, feuerte er seine Truppen mit den Worten an: »Vorwärts, meine Kinder, vorwärts, ich habe meinem Bruder Wellington mein Wort gegeben, und ihr wollt doch nicht, daß ich es breche!« Henderson erinnerte Hitler an diese Anekdote, und es mochte sein, daß Hitler tatsächlich kurzzeitig beeindruckt war.
An die von Henderson überreichte Note schloß sich eine Diskussion an. Da der Begriff Korridor nicht fest umrissen sei, müsse noch geklärt werden, ob Städte wie Graudenz, Bromberg und Thorn dazu gehörten. Die britische Regierung sei der Auffassung, daß auf dem Verhandlungsweg eine Lösung zu erreichen wäre, wenn nur der militärische Druck nachließe. Die Entscheidungsfreiheit Polens müsse gewährleistet bleiben. Man einigte sich darauf, die Besprechung fortzusetzen, und vereinbarte schon für den folgenden Tag einen neuen Besuch Hendersons. Als der Botschafter sich verabschiedete, war es kurz vor Mitternacht.
Zurück in der Botschaft, rief Henderson in London an und erstattete ausführlich Bericht. Es war das einzige Gespräch mit Hitler, so schien es ihm, bei dem er mehr geredet hatte als der Reichskanzler. Henderson warnte vor voreiligem Optimismus. In Hitlers Überlegungen spiele ein Krieg gegen Polen noch immer eine sehr große Rolle, er versuche ihn nur lokal zu begrenzen. Der Premierminister sah sich in seinem Bestreben bestärkt, direkte Verhandlungen zwischen Berlin und Warschau in die Wege zu leiten, was aber voraussetzte, daß die Polen mit der Preisgabe Danzigs einverstanden waren

und in Gebietsabtretungen einwilligten. Über den Kopf des betroffenen Staates hinweg – wie im Vorjahr in der Tschechoslowakei – werde es diesmal nicht mehr gehen.

Washington Präsident Roosevelt war zurück im Weißen Haus. Er hatte ein Gespräch mit Innenminister Harold Ickes, der als Deutschenfresser bekannt war, und erzählte Ickes amüsiert, was er kurz zuvor erfahren hatte: Hitler, prustete Roosevelt los, soll zu Henderson gesagt haben, sein politischer Ehrgeiz brauche niemandem in England schlaflose Nächte zu bereiten, Deutschland verlange nur, was es schon vor dem Weltkrieg in Europa besessen habe – nur da und dort vielleicht ein bißchen mehr. Auf Kolonien lege es keinen Wert. Wenn er, der Führer, erst einmal seine bescheidenen Ziele erreicht habe, gebe es nur noch eins für ihn: sich aus dem öffentlichen Leben zurückziehen und sich seiner eigentlichen Berufung zu widmen, der Kunst.
Eigentlich wollte Ickes jedoch andere Dinge mit dem Präsidenten besprechen. Aus London hatte gerade Botschafter Kennedy über das Gespräch berichtet, das Henderson an diesem Abend mit Hitler geführt hatte. Ickes war wütend auf Kennedy. Der habe nichts Besseres zu tun, maulte er, als in London dumme Bemerkungen über seinen Präsidenten zu machen. Roosevelt zeigte sich kein bißchen verärgert, dafür kannte er Kennedy zu gut. Kennedy stand mit Chamberlain auf viel besserem Fuß als mit Roosevelt.
Außenminister Hull telegrafierte an diesem Tag an die Botschafter in Paris und Warschau und ließ sie wissen, der Präsident werde durch den polnischen Botschafter Graf Potocki eine Botschaft an Präsident Mościcki senden und ihm seinen tiefempfundenen Dank ausdrücken für die Antwort, die der polnische Präsident ihm gegeben hatte. Von Hitler hatte Roosevelt nach wie vor noch keine Antwort erhalten.
Der Leiter der Europaabteilung im State Department, Moffat, war in diesen Tagen sehr beschäftigt. Er hatte mit Interesse bemerkt, daß die Sowjets den Nichtangriffspakt mit Hitler noch gar nicht ratifiziert hatten, und es war ihm auch nicht entgangen, daß Hitler die

jüngste britische Note nicht sogleich zurückgewiesen hatte. Das machte ihm etwas Mut. Auch die Nachrichten aus Madrid klangen eher positiv: Franco habe wiederholt, hieß es, er werde im Kriegsfall neutral bleiben. Und selbst die Tageszeitung *Arriba*, die durchaus regimefreundlich gesinnt war, schrieb an diesem Morgen, daß Spanien zur Zeit keinen Krieg brauchen könne. Moffat war nicht unzufrieden.

+++ Dienstag, **29. August 1939** +++

Budapest Die Nachricht von der Besetzung Preßburgs durch deutsche Truppen war am Montagabend in Ungarn bekanntgeworden und hinterließ in Budapest einen starken Eindruck. Die enge Zusammenarbeit zwischen Berlin und der Slowakei war kein Geheimnis mehr. Jedem mit der Geographie halbwegs vertrauten Beobachter war somit klar, daß Deutschland Polen jetzt von drei Seiten in der Zange hatte: im Norden von Ostpreußen, im Westen aus dem Reich und neuerdings auch von Süden aus den westlichen Karpaten. In Budapest war an diesem Tag zu vernehmen, die Slowakei sei eigentlich schon eine Provinz des Deutschen Reiches.
Deutsche Truppen waren am Vortag mit Zustimmung der slowakischen Regierung in der Slowakei einmarschiert und bewegten sich im Waagtal nach Osten. Inzwischen hatten sie wohl die Nordgrenze der Slowakei gegen Polen erreicht und sich in den Beskidenpässen festgesetzt. Auch für die slowakischen Truppen schien bereits eine Teilmobilmachung erfolgt zu sein.
An der Grenze zu Ungarn hatte die Slowakei Angehörige der Hlinka-Garde aufgestellt, die in ihrer Ideologie den Nazis sehr nahe stand; daneben waren Teile der regulären slowakischen Armee als Grenzschutz gegen Ungarn eingesetzt. Den ungarischen Beobachtern war klar, daß die Loslösung der Slowakei von der tschechischen Bruderrepublik ein Schachzug der deutschen Regierung war, mit dem sie die Slowakei zu ihrem Juniorpartner machte, dessen Territorium sie als Durchmarschgebiet betrachtete.
Die ungefähre Stärke der polnischen Armee war den Ungarn bekannt. Amtliche Stellen in Budapest schätzten, daß in Polen zwei Millionen Mann unter Waffen standen. Die Grenze zu Ungarn, so hatte man heute den Eindruck, war von polnischer Seite zumindest vorübergehend gesperrt. In Ungarn war auch bekannt, daß Polen als Reaktion auf die deutschen Truppenbewegungen die Mobilmachung angeordnet hatte. Die Truppenmassierungen in diesem

Raum entzogen dem ungarischen Optimismus, der sich vor allem aus dem regen diplomatischen Verkehr der letzten Tage zwischen London und Berlin gespeist hatte, zusehends die Grundlage. In Budapest fürchtete man inzwischen, jede Hoffnung sei unbegründet.

Warschau In Polen kam es dieser Tage zu mehreren Sabotageakten, hinter denen amtliche Stellen Angehörige der deutschen Minderheit vermuteten. Auf dem Bahnhof von Tarnow war in der Nacht eine Bombe explodiert. Der Sprengsatz hatte sich in einem zur Aufbewahrung abgegebenen Koffer befunden. Sieben Personen waren ums Leben gekommen, die meisten von ihnen Eisenbahner. Am Bahnhofsgebäude richtete die Explosion schwere Schäden an. Noch wußten die Polen nicht sicher, wer sich hinter dem Anschlag verbarg. Zwei Personen seien verhaftet worden, hieß es, von denen der eine angeblich deutscher Staatsangehöriger war.
Ein zweiter Anschlag war unweit von Nowy Saçz auf eine Eisenbahnbrücke verübt worden, auch hier sollten die Täter Deutsche gewesen sein. Außerdem hatten polnische Polizeibeamte in Schlesien einige Verdächtige verhaftet, deutsche Staatsbürger, bei denen man Bomben und Zeitzünder gefunden hatte. Einer von ihnen stand im Verdacht, er habe einen Bahnhof im Distrikt Krakau sprengen wollen.
Protestiert hatte die polnische Regierung soeben bei der Regierung der Slowakei in Preßburg, und zwar gegen die Besetzung slowakischen Gebiets durch deutsche Truppen, die dort am Vortag eingerückt waren. Warschau verstand das als weitere Verschärfung der Lage, da die Truppen Polen direkt zu bedrohen schienen. Die polnische Presse hatte sich bislang darauf beschränkt, kurze, kommentarlose Meldungen darüber zu bringen.
Die neuesten Nachrichten aus Danzig stimmten die Polen nachdenklich. Von zuverlässiger Seite war zu erfahren, daß die dortigen Behörden alle polnischen Güterzüge, die sich in der Stadt Danzig oder auf dem Territorium des Freistaats befanden, requirierten. Polen sah darin eine eindeutige Verletzung seiner Rechte, die die Regierung in Warschau nicht hinnehmen konnte.

Hinzu kam, daß die Danziger Behörden am Vortag polnische Zollinspektoren festgenommen und einige polnische Eisenbahnarbeiter mißhandelt hatten. Im Reichsgebiet waren zwei polnische Konsuln verhaftet und nach Breslau und Königsberg mitgenommen worden. Im Gegenzug setzten die Polen die deutschen Konsuln von Teschen und Lemberg fest und ließen sie nach Warschau schaffen.
In der polnischen Hauptstadt äußerte sich an diesem Tag der britische Botschafter Kennard zu den jüngsten Vorfällen. Die deutsche Truppenkonzentration an der Grenze zu Polen und das Einrücken der Wehrmacht in der Slowakei sprachen zweifellos für die kriegerischen Absichten der Deutschen, zumal auch deutsche Aggressionen gegenüber Danzig sichtbar wurden, die auf die Vereinnahmung der Stadt zielten. Dennoch warnte Kennard Außenminister Beck vor der öffentlichen Verwendung des Begriffs »Mobilmachung«, selbst wenn deren Beginn inzwischen de facto auf den morgigen Mittwoch, 14 Uhr, festgesetzt worden war. Allerdings hatte die polnische Regierung vorerst nicht den Ausnahmezustand verhängt, der gewöhnlich die Mobilmachung begleitet.
In Warschau fand an diesem Nachmittag im Haus von Beck eine Besprechung statt, an der einige höhere Beamte des polnischen Außenministeriums teilnahmen. Es ging darum, den polnischen Delegierten und die Örtlichkeit, wo die Gespräche mit deutschen Vertretern stattfinden sollten, zu bestimmen. Während dieses Treffens telefonierte Beck mit Präsident Mościcki und Marschall Smigly-Rydz, um beide Punkte verbindlich festlegen zu können. Keinesfalls sollte Beck selbst nach Berlin oder wohin auch immer fahren in Anbetracht dessen, was dem österreichischen Bundeskanzler Kurt von Schuschnigg und mit dem tschechischen Staatspräsidenten Emil Hácha geschehen war: Beide waren nach Deutschland befohlen und so unter Druck gesetzt worden, daß sie nicht nur für ihr Land, sondern auch um ihre körperliche Unversehrtheit fürchten mußten. Als Ort der Verhandlungen dachte man an eine grenznahe Stadt oder an einen Eisenbahnwagen an der Grenze, um zu vermeiden, daß die Deutschen ihre berüchtigten Druckmethoden einsetzen konnten. Wer aber, wenn nicht Beck, sollte die Verhandlungen von polnischer Seite führen? Mehrere Namen kamen auf, auch der des polnischen Ministers für Handel und Indu-

strie, aber schließlich zog Beck den des polnischen Botschafters in Berlin, Lipski, vor.

Rom In Italiens Hauptstadt war die Stimmung unverändert ernst. Busse und Straßenbahnen richteten sich auf die Verdunkelung ein. Die Korrespondenten der großen Tageszeitungen der Westmächte waren alle noch hier. Trotzdem bemerkte man, daß das internationale Leben nun schwieriger geworden war. So handelten zum Beispiel die Banken nicht mehr mit ausländischen Devisen.
An diesem Dienstag erfuhr der Päpstliche Nuntius in Rom von einem Mitglied der italienischen Regierung, daß der Duce im Augenblick nicht die geringste Absicht habe, in einen Krieg einzutreten, falls es zwischen Deutschland und Polen dazu kommen sollte.
Papst Pius XII. hielt sich in diesen hochsommerlichen Tagen außerhalb der Ewigen Stadt auf, in den Albaner Bergen, in seiner Sommerresidenz Castel Gandolfo. Heute empfing er dort den französischen Botschafter Charles-Roux. Sie sprachen lange über die internationale Lage. Der Papst teilte dem Diplomaten bei dieser Gelegenheit mit, ihm sei von seiten der Regierung im Quirinal zu Ohren gekommen, daß sie sich in einem möglicherweise bevorstehenden Krieg nicht hundertprozentig neutral verhalten werde: Italien werde sich zwar nicht an den Kämpfen beteiligen, werde aber seine Verbündeten in der Presse und der öffentlichen Meinung mit »wohlwollender Neutralität« behandeln. So hatte es der Papst von glaubwürdiger Seite erfahren.
Allerdings wies die Presse gerade an diesem Dienstag immer offener und nachdrücklicher auf die versöhnliche, vermittelnde Haltung Mussolinis hin und hob hervor, daß der italienische Regierungschef in den letzten Tagen stets bemüht gewesen sei, auf Hitler einen mäßigenden und versöhnlichen Einfluß auszuüben.

Breslau In Schlesien begann man sich auf den Krieg einzustellen. Zum Wochenanfang kam es in Breslau zu wahren Anstürmen auf Sparkassen und Banken. Die Menschen wollten sich schnell noch mit Bargeld eindecken. Kriegsbegeisterung vermochte der Breslauer Walter Tausk nicht zu entdecken; allenfalls sehr junge Leute schienen sich über die jüngste politische Entwicklung zu freuen. Er sah deutsche Truppen auf Lastkraftwagen vorbeikommen oder in einzelnen Autos – auf ihn machten sie den Eindruck von Leichenzügen. Soldaten marschierten durch Breslau ohne die geringste Spur von Begeisterung, die Artillerieeinheiten vielleicht ausgenommen – aber die müssen auch nicht so nahe an den Feind ran, dachte er sich. Sie sahen alle eher niedergedrückt, mißmutig, kriegsunlustig aus, und manche zeigten sogar unverhüllt, was für eine Wut sie im Bauch hatten. Die Passanten blickten schweigend, aber offenbar betroffen, auf die Vorbeifahrenden.

An diesem Tag wurde in Breslau der Ausschank von Branntwein verboten – »um die öffentliche Ruhe und Sicherheit nicht zu stören«, wie es hieß. In Wahrheit waren kleine Kneipen und Kaschemmen mit betrunkenen Soldaten überfüllt. Zeugen sahen mehr besoffene Soldaten als im letzten Krieg.

Unter den Vorüberziehenden entdeckte Tausk eine auffallend große Anzahl von jungen SS-Leuten, die auf ihn einen sauberen, ja frischgebügelten Eindruck machten, junge Kerle mit Milchgesichtern, Bübchen eher noch als Männer, keine einheimischen Gesichter. Es fiel ihm schwer, sich diese Knaben als Krieger vorzustellen. Aber offenbar waren sie auf dem Weg ins Feld. Desgleichen die blutjungen Rotkreuzschwestern und die BDM-Mädchen. »Nicht Puppen-, sondern Püppchengesichter«, schrieb er in sein Tagebuch. »Eine ahnungslose, verführte Jugend.«

Berlin Victor Klemperer führt eifrig Tagebuch, fast jeden Tag macht er einen Eintrag. Doch im August 1939 schreibt der von seinem Dresdner Lehrstuhl vertriebene jüdische Romanist weniger denn je, als hätte es ihm die Sprache verschlagen. Zur Monatsmitte berichtet er von den seit Wochen anwachsenden Spannungen mit Polen. Sie machen Victor Klemperer Angst. Er fürchtet das Schlimmste: Krieg. Die Vox populi glaube, Hitler werde im Sep-

tember Polen angreifen und sich die Beute mit Rußland teilen. Hellsichtig schrieb Klemperer das, noch bevor Ribbentrops Moskaureise feststand. »Jüdische Meinung: blutiger Pogrom am ersten Kriegstage.«
Der Vertrag mit Stalin erschüttert ihn. »Das tollste war das Hand-in-Hand-Bild: Ribbentrop-Stalin. Dagegen ist Machiavelli ein schuldloser Säugling.« Und als linguistische Bemerkung fügt er noch hinzu, daß auf dem diesjährigen Parteitag in Nürnberg nicht mehr »Sanitäter« vorgesehen seien, sondern »Feldschere«, und daß nun auch nicht mehr von »Bolschewisten« die Rede sei, sondern vom »russischen Volk«. Den Zeitungen zufolge sei noch nichts entschieden, aber trotzdem: »Es scheint doch, als wenn nun in den nächsten Stunden der Krieg beginnen müsse, alle Maßnahmen in Deutschland, Frankreich und England weisen darauf hin.«
An diesem Dienstag schreibt Klemperer, der protestantische deutsche Jude, der mit einer Christin in »privilegierter Ehe« lebt, von der »Unabsehbarkeit der Gefahr für alle Juden hier. [...] Ich fuhr abends zum Bahnhof, das Publikum sah recht bedrückt aus. [...] Von Stunde zu Stunde scheinen die Aussichten zwischen Krieg und Frieden [...] zu schwanken. [...] Im Augenblick scheint mir das Wahrscheinlichste, daß Hitler noch einmal das Spiel gewinnt, durch bloßen Druck ohne Schlacht.«

In Berlins Straßen fehlen heute die Automobile. Sie erhalten kein Benzin mehr, und die Tanks sind inzwischen leer, deshalb fährt jetzt fast jeder mit öffentlichen Verkehrsmitteln. Die Rationierung der Lebensmittel ist nicht gut angelaufen. Die zugeteilten Mengen sind ungenügend, und die Verteilung funktioniert schlecht; viele Waren sind nicht einmal in den geringen Mengen erhältlich. Auf den Wochenmärkten herrscht Gedränge. Die Lebensmittelkarten bilden das Tagesgespräch. Man holt alte Rezepte aus der Weltkriegszeit hervor und reicht sie an Bekannte weiter. Die Bevölkerung murrt. Hausfrauen müssen für lange Stunden ihren Haushalt sich selbst überlassen und Schlange stehen; für berufstätige Frauen ist das Einkaufen nahezu unmöglich geworden. Viele Läden haben geschlossen, teils infolge Personalmangels. In ärgerlichen Worten macht sich der Verdruß Luft. Es wird lauthals geschimpft. Um unliebsame Störungen

zu verhindern, hat der Wirtschaftsminister angeordnet, daß der Einzelhandel die Läden geöffnet halten muß. Zuvor hatte es oftmals geheißen, die Bevölkerung solle keine Vorräte anlegen, da die Lager ausreichend gefüllt seien. Jetzt zeigt sich, daß dem nicht so ist. Selbst in den Kasernen herrscht miese Stimmung, nicht zuletzt mit Blick auf die schlechte Versorgung. Ein höherer Offizier, Helmuth Groscurth, hat den Eindruck, es werde im Kasino schlecht geputzt. Außerdem gibt es weder Milch noch Zucker.
Neue Einberufungen werden bekanntgegeben, die Jahrgänge 1906, 1907, 1910, 1911 und 1913 für die erste Septemberwoche. Zum Teil waren diese Jahrgänge bereits zu Beginn des zweiten und dritten Quartals 1939 zu einer dreimonatigen Ausbildung einberufen worden. Die Stärke der neu rekrutierten Mannschaften wird auf 400 000 Mann geschätzt.

Ulrich von Hassell hat an diesem Vormittag im Auswärtigen Amt einen Besuch zu machen. Was er dabei erfährt, klingt nicht gut. Die Friedensaussichten seien gering, heißt es. Etwas später trifft er zu einem Frühstück mit einigen Reichstagsabgeordneten zusammen. Sie berichten ihm von Hitlers Ansprache am letzten Sonntag und von seiner Forderung: Danzig *und* den Korridor – nicht weniger.
Über Mittag hat er ein kurzes Gespräch mit dem britischen Botschafter. Henderson wirkt sehr angestrengt, aber keineswegs schwarzseherisch, so daß Hassell den Eindruck bekommt, daß sich die Lage wieder etwas zu entspannen scheint. Nun sind die Mobilmachungsmaßnahmen schon eine ganze Weile im Gang, denkt er sich, da sinkt doch die Wahrscheinlichkeit, daß man die Truppen gegeneinander hetzt! Er fragt sich, ob es Hitler wirklich gelingen wird, auf dem Verhandlungsweg so viel herauszuschlagen, daß er damit zufrieden sein kann.
Per Zufall trifft er im Hotel »Adlon« noch mit Magistrati zusammen, den er aus seiner Zeit in Rom kennt. Auch Magistrati ist guter Dinge, vielleicht aber auch nur deswegen, räsoniert Hassell, weil er sich der Neutralität seines Landes sicher sein kann. Diesen Trost hat er nicht.

Botschafter Coulondre war stark beschäftigt. Es gab viel zu berichten, unzählige Male mußte er zum Hörer greifen und Paris anrufen. Vom Konsulat in Düsseldorf hatte er erfahren, daß die Stimmung in der Stadt keineswegs gut sei, daß zahlreiche Läden geschlossen blieben, während viele Menschen aus Angst vor einer Abwertung der Mark noch rasch groß einkaufen wollten. In den Kasernen warteten die Reservisten angeblich drei Tage auf ihre Uniformen. Etliche Großindustrielle von Rhein und Ruhr seien bereits außer Landes gegangen, vor allem nach Skandinavien oder in die Niederlande. Den Deutschen stehe die Angst ins Gesicht geschrieben. Trotzdem weigere sich die Bevölkerung, zu glauben, daß ihre Führung sie in einen Krieg treibe.
Die französischen Konsuln in Karlsruhe und Königsberg haben soeben ihre Abreise beschlossen; die Kollegen in Dresden, André Boissier und sein Vize Panier, haben diesbezüglich bei Coulondre angefragt. Sie meinen, ihr Bleiben sei nutzlos, und der Botschafter gestattet ihnen, die Konsulate zu schließen und gleichfalls abzureisen. Das könne einen heilsamen Effekt auf die deutsche Bevölkerung haben, schreibt Coulondre.
Was der Botschafter aus der Reichskanzlei erfahren hat, klingt seltsam. Dem französischen Militärattaché zufolge soll General von Brauchitsch Hitler seine Entlassung angeboten haben; auch ein weiterer Zeuge will dies gehört haben. Bei der Unterredung sei es wohl um einen geplanten Angriff der Wehrmacht auf Polen gegangen. Auch solle der Pakt mit Stalin gerade unter den überzeugten Nationalsozialisten viel Unruhe ausgelöst haben – von einer Spaltung der Partei sei die Rede.
Auch mit seinem britischen Kollegen hat Coulondre an diesem Tag gesprochen. Henderson schien nicht unzufrieden zu sein. In seinem Gespräch mit Hitler war von einem Bevölkerungsaustausch im Osten des Reichs die Rede gewesen – und Henderson schien sich davon etwas zu versprechen. Vielleicht würde das die Probleme zwischen Deutschland und Polen bereinigen. Coulondre glaubt, daß die Polen dafür zu gewinnen wären. Allerdings berichtete Henderson, daß das deutsche Volk tief enttäuscht sei von seiner Führung; es ahne wohl auch, daß ein Krieg drohe. Die deutsche Presse verschweige zwar weitgehend die militärischen Vorbereitungen

Englands und Frankreichs, trotzdem aber wisse die Bevölkerung, daß die Westmächte an der Seite Polens stünden.

In der Reichskanzlei geht es heute drunter und drüber. Beobachter haben den Eindruck, daß zeitweise die Kräfte des Friedens, dann wieder Gott Mars die Oberhand gewinnt. Hitler ist gereizt. Er wütet gegen das Heer und seine Führung. Er wisse, wie man im Generalstab denke. Ihm seien Vorkommnisse bekannt geworden, über die er besser gar nicht spreche. Eines sei für ihn klar: Von den Militärs werde er sich nicht raten lassen! Er verstehe die deutschen Soldaten einfach nicht, die einen Waffengang fürchteten. Friedrich der Große würde sich im Grab umdrehen. Es gehe doch darum, nur das Unrecht der Polen gegenüber dem Reich zu strafen. Mit den anderen wolle er gar keinen Krieg.
Sehr viele wichtige Besprechungen finden an diesem Dienstag in der Reichskanzlei statt. Die Stimmung schwankt zwischen größter Englandfreundschaft und Krieg um jeden Preis. Zwischen Deutschland und Italien ist die Atmosphäre allerdings stark abgekühlt.
Spät abends sieht es dann doch wieder nach Krieg aus: In zwei Monaten ist Polen erledigt, dann machen wir mit den Westmächten eine große Friedenskonferenz, heißt es.

Die Hoffnung hat der Dichter Jochen Klepper noch nicht aufgegeben, aber sie wechselt sich ab mit Stunden der Angst. Heute schreibt er in sein Tagebuch: »Der Tag war meist verhüllt, gedämpfte Nachmittagssonne. Truppentransporte zur Grenze; höchste diplomatische Aktivität in den Hauptstädten. Die Rheingrenze von Frankreich gesperrt. Gestern und heute wurde der Luftschutzkeller kontrolliert. Heute holte ich die Ausweiskarten für den Haushalt; eine große Beruhigung liegt in dem Vermerk ›ohne Rücksicht auf Rasse‹.
Nach der Abendpresse, die nur polnischen Terror meldet, zu schließen, hat der nächtliche Besuch des englischen Botschafters Henderson nach seiner Rückkehr aus London bei Hitler keine Entspannung herbeigeführt.«

Den Haag An diesem Morgen rücken in den Niederlanden die aufgebotenen Truppen in ihre Garnisonen ein. Bislang sind fünfzehn Jahrgänge einberufen worden, so daß dem Land noch eine beträchtliche Reserve bleibt: alle Männer über 35 und die vielen Nichtgedienten. Zum Oberbefehlshaber der Land- und Seestreitkräfte wurde Generalleutnant J. H. Reynders ernannt, der bisherige Chef des Generalstabs.

Am Vorabend hat Königin Wilhelmina in sehr einfühlenden, herzlichen Worten zu den Einberufenen und ihren Familien gesprochen. Sie hat die Hoffnung geäußert, daß ein Krieg noch vermieden werden könne.

Die Regierung hat inzwischen ein Gesetz gegen allzu große Lagerhaltung verabschiedet. Wer größere Einkäufe erledigen will, muß künftig einen Zweck dafür angeben. Erlaubt sind Vorratskäufe für eine Woche, Übertretungen sollen streng geahndet werden. Die Versorgungslage des Landes gilt immer noch als gut, was sich allerdings rasch ändern könnte, denn Schiffahrt und Hafenverkehr sind vorerst weitgehend stillgelegt.

Aus Skandinavien ist hier zu erfahren, daß die dänische Regierung bereits einen Evakuierungsplan für Kopenhagen ausgearbeitet hat, und auch in Schweden gibt es ähnliche Planungen.

Marokko/Irak Der französische Gesandte in Rabat, General August Noguès, berichtet an diesem Tag nach Paris, was er in einer arabischsprachigen Sendung von Radio Berlin gehört hat: Es komme nicht darauf an, um welche Frage der nächste Krieg geführt werde – viel wichtiger sei, daß Polen auf jeden Fall von der Weltkarte verschwinde.

Über die Reaktion der arabischen oder berberischen Bewohner Marokkos macht der Gesandte keine Mitteilung. Zwar hat das Deutsche Reich – das keine Kolonialmacht mehr ist und in diesem Teil der Welt auch nie war – in der arabischen Welt im großen und ganzen einen guten Namen, aber die Deutschen überschätzen vermutlich ihre Beliebtheit. Vielleicht trumpfen sie deshalb so auf.

Der amerikanische Gesandte in Bagdad meldet Außenminister Hull, der irakische Außenminister habe ihn soeben über die Position des Irak zu einem etwaigen Konflikt informiert: Der Irak steht als Verbündeter auf seiten Englands. Die Pipelines im Land seien gut geschützt, ebenso die Ölvorräte. Da sei nichts zu befürchten. Vom deutschen Vertreter Fritz Grobba habe man indes vernommen, er werde im Kriegsfall sogleich nach Hause reisen und die Wahrnehmung der deutschen Interessen der iranischen Legation anvertrauen.

Paris In Paris fürchtet man das Schlimmste, wie die heute ergriffenen Maßnahmen zeigen: Die Lichterstadt an der Seine übt die Verdunkelung. Die Museen bringen ihre Kunstwerke in Sicherheit. Die großen Boulevards erinnern am Abend an das Paris von vor zwanzig Jahren, 1919. Allerdings herrscht lebhaftes Treiben auf den Straßen, als wolle man den Frieden bis zuletzt genießen. Die Bevölkerung stößt sich nicht an der Zensur, die eine Störung der Diplomatie zu verhindern sucht und somit der Beruhigung des Volkes dient.

Bonnet hat gerade eine Erklärung abgegeben, daß die französische Regierung einer Vermittlung des Königs der Belgier und der Königin der Niederlande zustimmt. Das läßt hoffen. Wenig erfreulich sind die Nachrichten aus Polen: Dort hat die Regierung die allgemeine Mobilmachung verkündet, sie soll morgen, am Mittwoch, in Kraft treten. Die Botschafter Frankreichs und Großbritanniens haben an Warschau appelliert, die Veröffentlichung dieser Maßnahme zu verzögern, damit Hitler sie nicht zum Vorwand für einen Abbruch der Gespräche nehmen kann.

Sehr spät am Abend erhält Bonnet den Bericht über Hendersons Besuch bei Hitler vom Vortag. Bonnet telegrafiert den Inhalt sogleich seinen Botschaften in London, Berlin und Warschau: »Die Zwischenfälle zwischen deutschen und polnischen Truppen nehmen zu, die Truppen sind an vielen Stellen in Kontakt miteinander. Falls Unterhändler eingesetzt werden könnten, frage ich mich, ob es nicht möglich wäre, den Rückzug dieser Truppen über einige Kilo-

meter ins Augen zu fassen, von beiden Seiten. Bitte untersuchen Sie, ob es möglich ist, einen Vorschlag dieser Art in Deutschland und Polen vorzubringen.« Er hofft darauf, daß es zwischen Berlin und Warschau möglichst bald zu direkten Verhandlungen kommt. Und er hofft, daß sie ein gutes Ende nehmen.
Frankreich setzt seine Ausländerpolitik fort, die es vor wenigen Tagen mit der Registrierung begonnen hat. Alle staatenlosen Ausländer, die zwischen 1891 und 1919 geboren sind, Anspruch auf Anerkennung als Flüchtlinge suchen und außerdem die Absicht haben, weiterhin in Frankreich zu bleiben, müssen sich jetzt zum Polizeikommissariat ihres Aufenthaltsortes begeben, um sich registrieren zu lassen. Heute ist der Buchstabe A an der Reihe, und damit auch der wie viele andere aus Deutschland geflohene Kommunist Abusch, Alexander.

London London schöpft neuen Mut. Die britische Währung hat sich am Morgen erholt, das Pfund ist von 4,10 auf 4,28 Dollar gestiegen und erreicht im Lauf des Vormittags eine Notierung von 4,35 Dollar. Die City ist recht zufrieden.
Die Universität London hat ihre Studenten heute zu einem Tag des Dienstes an der Nation aufgerufen. Sandsäcke werden gefüllt, die Vorlesungen fallen aus. Die Schulen sind geschlossen; sie sollen als Notlazarette eingerichtet werden. Die Regierung plant, große Lager für rund 40 000 Menschen anzulegen: für die Ausländer, die Großbritannien vielleicht internieren wird, bis sich ihre Zuverlässigkeit herausgestellt hat.
Im Regierungsviertel wird die Lage als unverändert ernst eingestuft. Die *Times* erwähnt in einem Leitartikel die Möglichkeit eines Bevölkerungsaustausches zwischen Deutschem Reich und Polen, meint aber, das könne kaum ernstlich in Betracht gezogen werden. Aus der insularen Sicht Englands geht es auf dem Kontinent ziemlich verworren zu.
Eine sehr gute Nachricht ist aus Nordamerika zu hören: Die kanadische Regierung setzt ihre militärische Zusammenarbeit mit der britischen Regierung fort, und die Bevölkerung zeigt großen Eifer

und unterstützt Großbritannien in seinen Maßnahmen. Die Zahl der kanadischen Freiwilligen soll bereits sehr hoch sein. Aber auch in England verlaufen die Bemühungen, die Streitkräfte zu vergrößern, erfolgreich: Die Gesuche von Freiwilligen sind so zahlreich, daß die Zahl der Aufnahmen auf 10 000 beschränkt werden muß.

Für die Abgeordneten ist es ein arbeitsreicher Tag. Das Parlament hat für heute Sondersitzungen anberaumt: Am Morgen findet eine »Parliamentary Executive Session« statt, um 13.45 Uhr eine Fraktionssitzung. Das Unterhaus tagt ab 15 Uhr. Ab 18 Uhr ist nationaler Labour-Rat, der heute eine über Rundfunk zu sendende Botschaft der Labour Party an Deutschland beraten wird.

Chamberlain eröffnet die Sitzung des House of Commons mit den Worten, daß sich seit der letzten Zusammenkunft des Unterhauses an der internationalen Lage nur wenig geändert habe. »Wir sind fest entschlossen, uns nicht um ein Jota von den Richtlinien abbringen zu lassen, die wir uns selbst gezogen haben. [...] Die Meinung Großbritanniens ist einmütiger denn je. [...] Die Luftverteidigung des Landes ist bereit, das Warnsystem kann sofort in Funktion treten. Die Marine kann jederzeit ihre Kriegsposition beziehen. Die Küstenverteidigung ist bemannt und der Schutz einer großen Anzahl von lebenswichtigen Punkten liegt in den Händen der Territorialtruppen. [...] Die Evakuierungspläne für die Kinder, die werdenden Mütter, Blinde und Invalide sind bis ins letzte Detail ausgearbeitet, und das britische Volk geht geschlossen seiner Arbeit nach, von dem Bewußtsein getragen, daß das Land auf das Schlimmste vorbereitet ist.«

»Wir haben auch diesmal nicht gezögert«, fährt er fort, »in Berlin klarzumachen, daß unsere Verpflichtungen [...] Polen gegenüber [...] keinen Interpretationen unterliegen können.« Von der deutschen Antwort auf die gestrigen Mitteilungen werde es abhängen, ob für die Erhaltung des Friedens genügend Zeit bleibe. Hitler habe der britischen Regierung zu verstehen gegeben, daß der deutsch-polnische Konflikt in kürzester Zeit gelöst werden müsse. Aber für Großbritannien, so Chamberlain, »hängt alles davon ab, auf welche Weise Deutschland seine Differenzen mit Polen regeln will«. Die britische Regierung habe mehr als einmal wissen lassen, daß der

deutsch-polnische Gegensatz mit friedlichen Mitteln gelöst werden müsse. Die Voraussetzung dafür sei aber, daß man sich bemühe, die erhitzten Gemüter zu beruhigen. Was die Verhandlungen selbst betreffe, so könnten sie nur auf der Grundlage der Freiwilligkeit geführt werden, und erst dann wären nach Auffassung seiner Regierung die Voraussetzungen für ein weiteres Abkommen gegeben, das ganz Europa und der übrigen Welt zum Vorteil gereichen würde.
Nach Chamberlain spricht Oppositionsführer Greenwood, der die Erklärung des Premierministers bekräftigt, daß die Nation entschlossen sei, sich neuen Drohungen gegenüber zur Wehr zu setzen und zu verhüten, daß Polen den Weg anderer Märtyrernationen gehen müsse. Greenwood legt der Regierung nahe, mit der Evakuierung der großen Städte bald zu beginnen. Auch der Sprecher der Unabhängigen Liberalen, Sir Archibald Sinclair, äußert sich in diesem Sinne. Er bescheinigt der Regierung, sie habe nichts unversucht gelassen, um Hitler den Verhandlungsweg offenzulassen.
Gegen 16 Uhr geht das Unterhaus auseinander. Falls nötig, soll es am nächsten Dienstag wieder zusammentreten. Chamberlains Rede hat im Parlament und in diplomatischen Kreisen einen ausgezeichneten Eindruck gemacht. Sie zeige, so das Urteil aller Beobachter, daß die Regierung sich im klaren sei, was zu tun ist, und daß es für sie kein Zurück mehr geben könne. Die englische Presse spekuliert vor allem darüber, wie es nun weitergehen werde. Alles scheint von Hitler abzuhängen. Bereitet er eine neue Überraschung vor? Wieso verzögert sich die Ratifizierung des Nichtangriffspakts in Moskau? Sollte er sich am Ende als ein Bündnis entpuppen, als Allianz für den Krieg? Und warum zögert Hitler? Spielen innenpolitische Rücksichten eine Rolle? Sind die Rückwirkungen des deutsch-russischen Pakts auf die Stimmung des deutschen Volkes anders als erwartet?
Britische Touristen, die aus der Schweiz zurückkehren, berichten, was deutsche Urlauber dort geäußert hatten: Die Westmächte würden auch diesmal sicherlich nachgeben, wie sie schon in der Vergangenheit nachgegeben und ihre Freunde verraten hätten. Bei den Briten hinterließ es einen fürchterlichen Eindruck, daß man ihrer Regierung solch erbärmliche Beweggründe unterstellte und einfach nicht verstehen wollte, daß Großbritannien Konzessionen gemacht

hatte um des Friedens willen. Die Deutschen erschienen ihnen als Opfer ihrer eigenen Propaganda.

Edinburgh Der 7. Internationale Genetikerkongreß hatte eigentlich erst am 30. August zu Ende gehen sollen. Aber die Leitung beschloß, ihn angesichts der internationalen Spannungen schon an diesem Dienstag zu beenden. Allem anfänglichen Optimismus zum Trotz waren etwa siebzig europäische Delegierte vorzeitig abgereist, die Deutschen, so der Eindruck, mit großem Bedauern.
Am Montagabend waren buchstäblich in letzter Minute noch zwei polnische Genetiker in Edinburgh eingetroffen: Dr. Slizynski, Dozent für Viehzucht an der Universität Krakau, und seine Frau. Die beiden waren über Gdingen ausgereist, von dort mit dem Schiff nach Hull. »Nein, nein«, sagte der Mann gegenüber Presseleuten, die sich auf die beiden Polen stürzten, »als wir aus Polen abreisten, war dort niemand in großer Sorge. Alles schien normal zu sein; und erst nach unserem Eintreffen in England bemerkten wir, wie schlimm man die Situation einschätzt.« Offenbar hatten die beiden ihr Land ohne Schwierigkeiten verlassen können, und selbst in Danzig wollten sie wenig politische Aktivitäten bemerkt haben, abgesehen von ein paar Nazis, die durch die Straßen zogen. Da sei insgesamt wenig Aufregung, meinten sie.
»Wir in Polen sind vorbereitet, aber ruhig, und dieser Nervenkrieg berührt die Deutschen mehr als das polnische Volk«, sagte Dr. Slizynski. »Die meisten Sozialisten auf der Linken und die meisten Konservativen auf der Rechten denken genau das gleiche. Sie mögen sonst verschiedene Anschauungen haben, aber darüber sind sie bei uns alle einer Meinung. Bei uns gibt es keine Anti-Nazi-Demonstrationen, wir wollen niemanden provozieren. Wir wollen Frieden, damit wir den Aufbau unsere Landes weiterbetreiben können. Wir werden uns lediglich verteidigen. Wir werden niemals der Angreifer sein, und persönlich denke ich sogar, daß all diesen Aufregungen zum Trotz Hitler nicht kämpfen wird.«
Befragt nach der Reaktion auf den deutsch-sowjetischen Pakt, entgegneten die beiden, daß viele Polen glaubten, Rußland werde sich

für Deutschland bestimmt als ein »gefährlicher Freund« erweisen. »Man weiß es nicht, aber wenn sie einmal auf unserem Boden stünden, würden sie wohl nicht mehr verschwinden.«

Zum vorzeitigen Abschluß veröffentlichte der Kongreß das »Manifest von Edinburgh«, in dem er gegen die »unwissenschaftliche Doktrin [protestierte], daß gute oder schlechte Gene einzig und allein bei bestimmten Völkern oder Personen« aufträten. »Die Frage, wie man die Weltbevölkerung genetisch am wirkungsvollsten verbessern könnte, wirft weit größere Fragen auf als rein biologische. [...] Die genetische Verbesserung der Menschheit hängt auch von großen Veränderungen in den sozialen Bedingungen und Begleitmaßnahmen im menschlichen Geist ab. Außerdem muß man dabei bedenken, daß es keine verbindliche Grundlage dafür gibt, den inneren Wert von Individuen einzuschätzen und zu vergleichen, ohne auch die wirtschaftlichen und gesellschaftlichen Bedingungen zu vergleichen, welche die ungefähr gleichen Gelegenheiten für alle Mitglieder der Gesellschaft zur Verfügung stellen. [...] Das zweite Hindernis für die genetische Verbesserung besteht darin, daß die wirtschaftlichen und politischen Bedingungen zwischen den Völkern und Nationen Gegensätze schüren.« Unterschrieben war das Manifest von angesehenen Gelehrten wie J. B. S. Haldane, J. S. Huxley, Th. Dobzhansky und vielen anderen.

Jetzt standen viele der Teilnehmer, vor allem die aus Übersee, vor dem Problem, wie sie wieder nach Hause kommen sollten. Die meisten Schiffahrtsgesellschaften hatten inzwischen ihre Transatlantikrouten eingestellt. Die amerikanische Delegation überlegte, ein niederländisches Schiff zu chartern, was sie dann, zusammen mit einigen amerikanischen Urlaubern, die sonst hier ebenfalls festgesessen wären, auch tat: Auf der »Johan Van Olden Barneveldt« verließ sie Edinburgh am Dienstagabend. Die Reise kostete jeden 300 Dollar.

Berlin In der Nacht zum Dienstag rief weit nach Mitternacht ein Oberstleutnant Conrad aus der Reichskanzlei bei Dahlerus an. Der Offizier berichtete dem schwedischen Vermittler in knappen

Worten von Hendersons Unterredung mit Hitler und bat ihn, sich an diesem Dienstag um 10.50 Uhr bei Göring einzufinden. Als Dahlerus nach einem erholsamen Schlaf zu Göring kam, war dieser guter Dinge. »Es bleibt Frieden«, sagte er. »Der Friede ist gesichert.« Anschließend begab sich Dahlerus in die Britische Botschaft. Er wurde Henderson vorgestellt, der ihn freundlich, aber reserviert empfing. Die beiden sprachen in Hendersons Arbeitszimmer unter vier Augen miteinander – nur ein alter Dackel war zugegen, Hendersons Liebling. Der Botschafter machte auf Dahlerus den Eindruck eines müden Mannes; er schien viel älter zu sein als 57 Jahre. Im Gespräch ließ Henderson durchblicken, daß man Hitler nicht immer trauen dürfe, er spiele ein rücksichtsloses und unehrliches Spiel, um seine wahren Absichten zu verschleiern. Der Botschafter äußerte auch Zweifel an Göring, meinte aber, es sei leichter, mit ihm einer Meinung zu sein als mit Hitler oder einem anderen der deutschen Politiker. Er werde noch an diesem Abend mit Hitler zusammenkommen, um dessen Antwort auf ein britisches Schreiben entgegenzunehmen.

Für den Abend war Dahlerus mit schwedischen Freunden zum Essen verabredet. Sie saßen noch beieinander, als gegen 22 Uhr ein Anruf aus der britischen Botschaft kam. Wenig später erschien Forbes im Hotel »Esplanade« und berichtete Dahlerus rasch von der Unterredung, die Henderson soeben mit Hitler gehabt hatte und die unglücklich verlaufen war. Forbes machte zwar äußerlich einen ruhigen Eindruck, schien aber erregt zu sein. Offenbar quälte ihn die Forderung Hitlers, er wolle noch im Laufe dieses Mittwochs einen polnischen Unterhändler in Berlin sehen.

Forbes war noch bei Dahlerus, als Göring anrief. Der Feldmarschall war äußerst aufgeregt und bat Dahlerus, ihn sogleich aufzusuchen. Göring berichtete ihm, er sei soeben bei Hitler gewesen; Briten und Polen bereiteten ihm viel Ärger. »Wir kennen die Polen«, rief er, als Nation seien sie minderwertig, ihr Auftreten gegenüber den Deutschen sei unverschämt, Deutschland könne es sich nicht länger bieten lassen. Dahlerus folgerte, daß die Kriegsgefahr noch längst nicht gebannt war.

Als Henderson an diesem Abend mit dem Wagen in den Hof der

Reichskanzlei einfuhr, bemerkte er, daß nirgendwo Licht brannte. Er hatte den Eindruck, einer Inszenierung beizuwohnen: Gegenüber dem Eingang zum Innenhof stand eine schweigende Menge, sie machte auf den Briten jedoch keinen feindseligen Eindruck. Zur Rechten des Tores sah er eine Ehrenwache, die ihn mit Trommelwirbel empfing. Staatssekretär Dr. Meissner und Hitlers Chefadjudant Wilhelm Brückner warteten schon an der Treppe. Meissner sagte, er freue sich, Henderson zu sehen, und bemerke zu seiner Freude auch, was er da im Knopfloch trage. Es war die berühmte rote Nelke, auf die Henderson bislang nur einmal verzichtet hatte, nämlich zur Zeit der Münchner Konferenz. Damals hatte ihn ein Journalist gefragt, ob er seine Nelke vergessen habe, und Henderson hatte entgegnet, er halte sie angesichts der Spannungen für unpassend.

Die deutsche Regierung hatte ihre Forderungen in sechzehn Punkten niedergelegt, die Henderson jetzt allerdings nicht zu sehen bekam. Hitler forderte von der britischen Regierung, dafür zu sorgen, daß ein polnischer Unterhändler im Laufe des folgenden Tages die deutschen Forderungen in Berlin entgegennehmen müsse. »Das klingt wie ein Ultimatum«, meinte Henderson. »Den Polen wird eine Frist von kaum vierundzwanzig Stunden gewährt.« Hitler bestritt den ultimativen Charakter. »Die Zeit ist kurz«, erklärte er, »weil die Gefahr besteht, daß durch neue Provokationen kriegerische Auseinandersetzungen ins Rollen gebracht werden.«

Das Gespräch dauerte keine halbe Stunde, und Henderson hatte beim Abschied ein ungutes Gefühl. Ursprünglich hatte Hitlers Antwort mit einem Sonderflugzeug nach London gebracht werden sollen, doch Henderson beschloß, sich erst mit Coulondre zu besprechen. Nach der Aussprache zwischen den beiden Botschaftern wurde die deutsche Antwort telegrafisch nach London übermittelt.

Als Henderson die Reichskanzlei verlassen hatte, sprachen die Zurückgebliebenen noch einmal über die weiteren Schritte. Dabei äußerte Hitler gegenüber Ribbentrop, Himmler, General Bodenschatz und anderen, er werde sich diese Nacht etwas Teuflisches ausdenken für die Polen, etwas, an dem sie krepieren würden. Oberstleutnant Groscurth bezog das auf die sechzehn Punkte, deren Ablehnung Hitler sicherstellen wollte.

+++ Mittwoch, **30. August 1939** +++

Danzig Seit die Reichsregierung den Status Danzigs einseitig verändert hatte, bestanden zwischen Danzig und Warschau schwere Spannungen. Polen hatte daraufhin verfügt, daß Reisende nach Danzig höchstens 40 Zloty in Noten mitnehmen durften. Der Autobusdienst zwischen Gdingen und Zoppot war unterbrochen, und die durch Polen fahrenden Züge in Richtung Danzig wurden angehalten.
Die Beziehungen zwischen dem Danziger Senat und Polen verschlechtern sich im Laufe des heutigen Tages noch weiter. Polen beantwortet das Anhalten polnischer Eisen- und Getreidelieferungen in Danzig mit der Sperrung des Personenverkehrs. Beide Parteien beschuldigen sich nun gegenseitig, die guten Lokomotiven behalten und minderwertige zurückgesandt zu haben. Offiziöse Kreise in Danzig – wie auch in Polen – erklären, man werde die »Vergeltungsmaßnahmen« fortsetzen.
Der Danziger Hafen ist seit dem gestrigen Nachmittag wie ausgestorben. Die am Freitag eingetroffene »Schleswig-Holstein« liegt noch immer vor Anker. Im Nachbarhafen Gdingen hingegen, der zu Polen gehört, geht es sehr lebhaft zu – nicht wenige unter den Reisenden sind flüchtende Danziger Bürger, die einem Krieg entgehen möchten. Erst am Vortag hat die Danziger Polizei einen der größten Reeder der Stadt, Boselmann, verhaftet, als er gerade Danzig an Bord eines Schiffes verlassen wollte.

Berlin Angst, Hoffnung, Verzweiflung – sie hausen dicht beieinander. Heute morgen ist plötzlich wieder von Entspannung die Rede. Alle Gerüchte »wollen von politischer Entspannung wissen«, schreibt Jochen Klepper. Wo er auch hinhört, ob beim Redakteur oder beim Kolonialwarenhändler an der Ecke, bei der NSV-Block-

verwalterin oder bei befreundeten Ausländern, in Berlin hält sich das Gerücht: Entspannung.
Am Vormittag bestellt das Auswärtige Amt einige Sachverständige in die Reichskanzlei und erteilt ihnen den Auftrag, zu prüfen, wo bei einer Abstimmung in Polen mit einer deutschen Mehrheit zu rechnen sei. Auf dieser Grundlage sollen dann Vorschläge für eine Neufestsetzung der Grenze entlang der Gebiete nördlich der Linie Marienwerder–Kulm–Bromberg–Schönlanke gemacht werden.
Die britische Regierung gibt heute einen Zwischenbescheid ab. Er drückt große Zweifel aus: Es sei unvernünftig, zu erwarten, daß noch am gleichen Tag – also an diesem Mittwoch – ein polnischer Vertreter mit allen Vollmachten herbeigeschafft werden könnte. Im übrigen seien die Verantwortlichen in London gerade dabei, die deutsche Note sorgfältig zu prüfen. Einige Stunden später heißt es dann, die Antwort werde noch an diesem Abend in Berlin sein.
Coulondre hat an diesem Vormittag keinen ganz schlechten Eindruck von der Entwicklung der Dinge. In diplomatischen Kreisen sei »sichtlich Entspannung« eingetreten, meint er. Vor allem bei den Italienern glaubt er dies zu spüren. Und die haben doch einen guten Draht zu den Deutschen! Der Botschafter kann sich nun selbst entspannen und beschließt, den Nachmittag zu einem langen Plausch mit Friedrich Sieburg zu nutzen, dessen Schilderungen seiner Ostasienreise gerade in der *Frankfurter Zeitung* erschienen sind.
Der Korrespondent der *Neuen Zürcher Zeitung* erfährt heute in Berlin interessante Neuigkeiten, die er noch am selben Tag telefonisch weitergibt an die Redaktion nach Zürich. Er sagt: »Die militärischen Vorbereitungen, die Rußland an der polnischen Grenze trifft, finden in Berlin das größte Interesse. Ob die Meldung des Moskauer TASS-Büros über russische Truppenverstärkungen nur als Schreckschuß gedacht ist oder tatsächlich den Auftakt zu einem Angriff auf Polen darstellt, der einer deutschen Kriegserklärung auf dem Fuß folgen würde, das läßt sich schwer unterscheiden. Immerhin muß man sich aber vor Augen halten, daß bei dem stürmischen Tempo, in dem sich die Freundschaft zwischen Berlin und Moskau entwickelt hat, im Augenblick nichts unmöglich erscheint. Die Einkreisung Polens liegt ganz in der Linie der deutschen Außenpolitik. Einen Versuch, die zwischen den drohenden Kolossen liegende

Weichselrepublik einzuschüchtern und die Lage als hoffnungslos erscheinen zu lassen, unternimmt die offiziöse *Deutsche diplomatische politische Korrespondenz*. Sie erklärt heute, daß die im Pakt zwischen Moskau und Berlin vorgesehene Konsultation schon zur Anwendung gekommen sei, und zwar im Hinblick auf das deutsch-polnische Problem. Das Organ in der Wilhelmstraße erklärt ferner, Deutschland und Rußland seien entschlossen, aus ihrem Abkommen alle Konsequenzen zu ziehen. Dieser Beitrag erscheint in der Morgenausgabe des folgenden Tages auf der zweiten Seite.

London Die *Times* schreibt heute, die britisch-deutschen Beziehungen hingen einzig und allein davon ab, ob Deutschland auf Gewaltandrohung verzichte, und zwar nicht nur gegenüber England, sondern auch gegenüber seinen anderen Nachbarn. Das Blatt rät, das Verhalten Deutschlands gegenüber Polen als Prüfstein dafür zu betrachten, ob die Deutschen ihre Beziehungen zu anderen Völkern auf eine Grundlage bringen wollten, die vertrauenswürdige internationale Abkommen möglich mache. Der *Daily Telegraph* stellt fest, wenn Hitlers Wunsch nach Frieden größer sei als sein Wunsch nach Expansion, dann brauche er die ganze Angelegenheit nur einer Konferenz gleichberechtigter Nationen zu unterbreiten, und schon werde der Schatten des Krieges verschwinden. *Daily Herald* und *Daily Express* erklären, Großbritannien sei zum Kampf entschlossen, falls die Verhandlungen mit Hitler scheiterten.

Dahlerus hatte sein Hotel um 4 Uhr verlassen. Er traf um 9.20 Uhr am Flughafen Heston ein. Trotz strengster Geheimhaltung brachten einige britische Tageszeitungen die Schlagzeile »Mysterious plane left Berlin 5 o'clock«. Er wurde abgeholt und in die Innenstadt chauffiert.
Im Foreign Office herrschte rege Betriebsamkeit. Cadogan saß in seinem Büro, als Kirkpatrick um 9.15 Uhr bei ihm hereinschaute. Er brachte ihm den Entwurf eines Antwortschreibens an Hitler. Gemeinsam gingen sie zu Halifax und dann zu dritt weiter in die Downing Street. Dort traf kurz nach 11 Uhr Dahlerus ein und be-

richtete von dem Telefongespräch mit Göring. Dieser sei guter Dinge, zumal Hitler nun mit der Abstimmung einverstanden sei. Allerdings würden die Deutschen wohl auf besondere Bedingungen pochen, die sie selbst festlegen wollten. Die Anwesenden nickten zweifelnd. Um 11.30 Uhr begann die Kabinettssitzung, und so verabschiedeten sie sich von Dahlerus.
Dieser sprach anschließend mit Chamberlain, Halifax und Horace Wilson. Chamberlain war über Hitler verärgert. Dahlerus riet dringend, auf die Polen dämpfend einzuwirken, damit sie die Deutschen nicht auch noch provozierten, was die Briten auch zu tun versprachen. Doch sie nahmen den unmittelbaren deutsch-polnischen Meinungsaustausch ebenso skeptisch auf wie Görings Ankündigung, Hitler bereite gerade ein großzügiges Angebot vor. Halifax gab zu verstehen, daß die Reichsregierung doch nur auf Zeitgewinn spiele. Auch daß die Gespräche mit Polen in Berlin stattfinden mußten, wollte ihnen nicht einleuchten.

Paris Der französische Außenminister hatte an diesem Nachmittag ein langes Gespräch mit dem polnischen Botschafter. Bonnet verlangte, daß Warschau in einen unmittelbaren Meinungsaustausch mit Berlin eintrete, und zwar möglichst bald. Lukasiewicz verstand die Dringlichkeit. Er telegrafierte sogleich nach Warschau, um von dem Gespräch mit Bonnet zu berichten.
Bonnet erschien der direkte deutsch-polnische Kontakt so wichtig, daß er auch den amerikanischen Botschafter bat, in dieser Richtung tätig zu werden. Er wußte, daß Bullitt sich mit Lukasiewicz gut verstand. Seit Bonnet die für diesen Tag geplante polnische Mobilmachung bekannt war, fürchtete er, dieser Schritt könne einen Krieg auslösen. Seit diesem Morgen hatte er nur noch eine Hoffnung, und auch sie war klein. Hitler schien zwar grundsätzlich bereit zu sein, mit Polen zu sprechen – aber in welchem Ton! Bonnet zweifelte, daß die Polen sich darauf einlassen würden. Außerdem verlangte Hitler neuerdings neben dem Korridor und Danzig auch noch territoriale Veränderungen in Oberschlesien und vielleicht sogar einen Bevölkerungsaustausch. Da hatte Bonnet die größten Zweifel.

Berlin Hitlers Adjutant von Below hatte den Eindruck, es herrsche etwas weniger Unruhe in der Reichskanzlei. Die Führung war damit beschäftigt, das Gespräch mit dem polnischen Unterhändler vorzubereiten. Auch Erich Kordt, ein ranghoher Mitarbeiter im Auswärtigen Amt, kann sich am Abend des Eindrucks nicht erwehren, die Situation sei nun wieder etwas entkrampfter.
In diese Vorbereitungen dringt die Kunde von der polnischen Generalmobilmachung. Hitler läßt Brauchitsch und Keitel kommen. Am Nachmittag legt er den Angriffstermin fest: Freitag, 1. September, 4.45 Uhr. Gegenüber dem Termin vom 26. August hat er ihn nun auf Wunsch der Luftwaffe wegen des etwas späteren Tagesbeginns eine Viertelstunde später angesetzt.

Ernst Jünger hielt sich in seinem Haus im niedersächsischen Kirchhorst auf. Er mußte heute einrücken. Bevor er das Haus verließ, warf er noch einen Blick in den Spiegel. Seine Leutnantsuniform hatte er schon damals in Flandern getragen, als junger Mensch vor so vielen Jahren. Er betrachtete sich noch einmal von Kopf bis Fuß, nicht ohne einen Schuß Ironie. Mehr als zwanzig Jahre war das her. Und jetzt wieder Krieg.
Erst vor vier Tagen, am Samstag, war ihm der Einberufungsbescheid zugestellt worden. Er hatte noch im Bett gelegen und gerade im Herodot gelesen, als man ihm den Gestellungsbefehl brachte: Am 30. August mußte er sich in Celle einfinden. Jünger nahm ihn ohne Überraschung entgegen, da sich der Krieg für ihn schon seit Monaten abgezeichnet hatte.
Dann im Haus die Treppe hinunter. Da wurde unten gerade ein Telegramm für ihn abgegeben. Es kam von Brauchitsch vom Oberkommando der Wehrmacht, der ihm, dem Altgedienten, seine Beförderung zum Hauptmann mitteilte. Jünger nahm es als ein Zeichen, daß der Gott des Krieges ihm nicht abhold geworden war.

Kurz vor 24 Uhr erhielt das Auswärtige Amt einen Anruf der Britischen Botschaft. Es war Henderson, er meldete seinen Besuch an, um Ribbentrop die Antwort seiner Regierung auf das ultimative deutsche Memorandum zu übergeben. Die nun folgende Bespre-

chung war die stürmischste, die Chefdolmetscher Dr. Schmidt in seiner langen Zeit als Dolmetscher je erlebt hatte.
Schon als Ribbentrop aus der Reichskanzlei herüberkam, befand er sich in einem Zustand hochgradiger Erregung. Was mag da drüben wieder beschlossen worden sein, ging es dem Dolmetscher durch den Kopf, als er Ribbentrop sah, bleich, mit zusammengekniffenen Lippen und flackernden Augen. Mit eisigem Gesichtsausdruck und noch viel steiferer Förmlichkeit, als er sie normalerweise schon an sich hatte, begrüßte er Henderson und bot ihm gerade noch an, Platz zu nehmen. Die beiden unterhielten sich zum größten Teil auf deutsch. Henderson hatte dies auch bei anderen Gelegenheiten so gehalten; an diesem Abend erschien es Schmidt als bewußt freundliche Geste.
Henderson wiederholte zunächst, was ihm London im Laufe des Tages übermittelt hatte, angefangen von der Erklärung, es sei »unvernünftig«, einen polnischen Vertreter so schnell zu erwarten. Schon an dieser Stelle fuhr Ribbentrop auf. »Die Frist ist abgelaufen«, sagte er, »wo bleibt der Pole, den Ihre Regierung herbeischaffen wollte?«
Außerdem überbrachte der britische Diplomat eine persönliche Note Chamberlains an Hitler, wonach die Engländer in Warschau darauf hingewirkt hätten, Grenzzwischenfälle unbedingt zu vermeiden. Als Henderson dann die Anregung seiner Regierung vorlegte, das Deutsche Reich möge in den Verhandlungen mit Polen dem üblichen Prozedere folgen und den polnischen Botschafter Lipski zur Übermittlung der Vorschläge einschalten, verlor Ribbentrop zum erstenmal die Fassung. »Das kommt jetzt, nach dem, was vorgefallen ist, überhaupt nicht mehr in Frage«, brüllte er den Diplomaten an. »Wir verlangen, daß ein bevollmächtigter Unterhändler hier nach Berlin kommt, der verantwortlich im Namen seiner Regierung mit uns verhandeln kann.«
Nun begann auch Henderson langsam seine ruhige englische Art zu verlieren. Er war ein bißchen rot geworden, seine Hände zitterten, als er die offizielle Antwort auf Hitlers Schreiben vorzulesen begann. Die Note konzentrierte sich auf den polnischen Streitfall. Sie forderte beide Seiten auf, während der anstehenden Verhandlungen auf Truppenbewegungen zu verzichten. Wiederholt unterbrach

Ribbentrop den britischen Botschafter in seinem Vortrag. »Das ist eine unerhörte Zumutung«, lautete sein Kommentar zu dem Vorschlag, Truppenbewegungen zu unterlassen. Er hatte jetzt die Arme über der Brust gekreuzt und blickte Henderson wild und herausfordernd an. »Haben Sie sonst noch etwas zu sagen?« brüllte er an einer Stelle. Nach Verlesung der britischen Antwort fügte Henderson noch hinzu, seine Regierung sei im Besitz von Nachrichten, denen zufolge Deutsche in Polen Sabotageakte verübt hätten. »Das ist eine unverschämte Lüge der polnischen Regierung«, platzte Ribbentrop in höchster Wut heraus. »Ich kann Ihnen nur sagen, Herr Henderson, die Lage ist verdammt ernst!«

Henderson hob tadelnd den Zeigefinger und fuhr Ribbentrop an: »Sie haben soeben ›verdammt‹ gesagt! Das ist nicht die Sprache eines Staatsmannes in einer so ernsten Situation!«

Einen Augenblick lang, so schien es, blieb Ribbentrop die Luft weg. Ein britischer Diplomat hatte es gewagt, ihn wie einen Schuljungen zurechtzuweisen. Er sprang auf. »Was haben Sie da eben gesagt?« brüllte er los. Auch Henderson war aufgestanden, und die beiden gifteten sich jetzt mit funkelnden Augen an. Nur der Dolmetscher blieb sitzen. Er hatte Derartiges noch nie erlebt und wußte nicht, wie er sich verhalten sollte.

Dann beruhigte sich das Gespräch wieder ein wenig. Ribbentrop zog ein Papier heraus, das Hitlers Vorschläge zur Regelung des Streitfalls enthielt. Der Dolmetscher kannte die sechzehn Punkte, auf ihn hatten sie einen unaufrichtigen Eindruck gemacht. Ribbentrop las sie Henderson auf deutsch vor. Der Brite nahm an, daß ihm der Text am Ende ausgehändigt würde, daher bemühte er sich – seinen eigenen Worten zufolge – nicht sehr, alles im einzelnen zu verstehen und sich zu merken. Als Ribbentrop geendigt hatte und keine Anstalten machte, ihm das Papier zu überlassen, bat Henderson darum, damit er es seiner Regierung zuleiten könne. Doch Ribbentrop entgegnete mit verlegenem Lächeln: »Nein, diese Vorschläge kann ich Ihnen nicht übergeben.« Henderson war nicht wenig erstaunt ob dieser Abfuhr, ungläubig wiederholte er seine Bitte. Doch Ribbentrop verweigerte sie ihm zum zweitenmal – nein. Er warf das Papier auf den Tisch und erklärte: »Es ist ja sowieso überholt, da der polnische Unterhändler nicht erschienen ist.«

Schmidt holte tief Luft. Er glaubte das Spiel zu durchschauen: Hitler und Ribbentrop wollten dieses Papier nicht der britischen Regierung übergeben, die es dann an die Polen weitergereicht hätte, die dann womöglich auf Hitlers Forderungen eingegangen wären. Schmidt bedauerte, daß es ihm verboten war, einzugreifen. Nur eines erlaubte er sich an dieser Stelle: Er blickte Henderson scharf an, als wollte er ihn auffordern, ihn um eine Übersetzung der Vorschläge zu bitten, was Ribbentrop kaum hätte abschlagen können. Schmidt war entschlossen, dann so langsam zu übersetzen, daß er mitschreiben konnte. Aber Henderson reagierte nicht auf die Blicke, und so machte Schmidt am Ende seiner Notizen einen dicken roten Strich.

Es war spät, als Dahlerus in Tempelhof eintraf, 23 Uhr. In Görings Sonderzug traf er erst nach Mitternacht ein. Die beiden sprachen über die unglückliche Begegnung zwischen Ribbentrop und Henderson, die eben zu Ende gegangen war, wie Göring berichtete. Als Dahlerus erfuhr, daß dem Botschafter nicht einmal Hitlers sechzehn Punkte ausgehändigt worden waren, verlangte er diese von Göring zu erhalten, um sie der Botschaft weiterleiten zu können. Nach langem Zögern war Göring einverstanden. Nun rief Dahlerus bei Forbes an und gab ihm die deutschen Forderungen telefonisch durch. Während der Schwede vorlas, drängte Göring zur Eile, derweil Forbes darum bat, langsamer zu lesen. Inzwischen war es 2.30 Uhr, und da Göring ihn so freundlich einlud, doch gleich hier zu übernachten, nahm Dahlerus an.

+++ Donnerstag, **31. August 1939** +++

Moskau Im Obersten Sowjet findet heute ein Staatsakt statt: Die Sowjetregierung wird den Delegierten des Sowjetvolkes den Nichtangriffspakt mit dem Deutschen Reich zur Ratifikation vorlegen, obwohl der Vertrag auch ohne diese Formalie als zwischen beiden Staaten in Kraft befindlich betrachtet werden kann. Um eine Mehrheit braucht sich die Regierung kein Kopfzerbrechen zu machen.
Molotow, der sowjetische Volkskommissar für Auswärtige Angelegenheiten, wirbt um die Zustimmung der Delegierten für diesen Pakt. Er ist sich der Bedeutung der Stunde bewußt. Der Nichtangriffspakt mit Deutschland bedeutet »einen Umschwung in der Geschichte Europas und nicht nur Europas allein; mit ihm hat sich die Lage geändert, und wir haben aufgehört, Feinde zu sein«, erklärte er. »Die Interessen der Sowjetunion und Deutschlands liegen nicht in der Feindschaft, im Gegenteil, die Sowjets und das deutsche Volk brauchen friedliche Beziehungen zueinander. [...] Dieser Nichtangriffspakt setzt der Feindschaft zwischen Deutschland und der Sowjetunion ein Ende, und dies liegt im Interesse beider Länder.«
Erwartungsgemäß stimmen die Delegierten dem Vertragswerk zu.

Riga Riga ist die Hauptstadt von Lettland, der mittleren der drei baltischen Republiken: im Norden grenzt es an Estland und im Süden an Litauen. Das Baltikum ist seit nunmehr zwanzig Jahren unabhängig vom russischen Vielvölkerreich; doch neuerdings sorgt man sich hier um seine junge Freiheit.
Seit Juni 1939 besteht zwischen Deutschland auf der einen Seite sowie Estland und Lettland auf der anderen ein Nichtangriffspakt. Seit dem Vertrag zwischen Molotow und Ribbentrop sorgen sich baltische Politiker – und nicht wenige Bürger – um den Bestand ihrer

Staaten. Sie fühlen sich, ähnlich wie Polen, von den beiden Riesen bedroht.
An diesem Donnerstag kommt es im Außenministerium in Riga zu einer Begegnung zwischen dem lettischen Außenminister Munters und dem deutschen Gesandten Kotze. Der Außenminister ist guten Mutes und erklärt dem Deutschen, daß seine Regierung sich durch den Nichtangriffspakt zwischen Moskau und Berlin in keiner Weise bedroht fühle, sondern sich davon sogar eine friedliche Entwicklung verspreche. Der deutsche Gesandte nimmt dies ungerührt zur Kenntnis.
Die Erklärung des lettischen Außenministers vermag allerdings die Sorgen der Bevölkerung nicht zu beschwichtigen, die weiterhin Angst vor dieser deutsch-sowjetischen Annäherung hat.

Warschau Der polnische Gesandtschaftsrat in Berlin, Fürst Stefan Lubomirski, hat heute eine Reise vor. Er verläßt die Botschaft gegen 6 Uhr morgens und fährt mit dem Auto von Berlin nach Osten, in Richtung polnische Grenze. Entlang seiner Route sieht er auf deutschem Gebiet sehr viele deutsche Truppen; er hat fast den Eindruck, man lasse sie hier seinetwegen marschieren, um ihn zu beeindrucken. An der deutsch-polnischen Grenze passiert er die Stacheldrahtverhaue; er weist sich als Diplomat aus und wird von den deutschen Militärs höflich und korrekt abgefertigt. Danach fährt er weiter bis nach Posen, wo er eine Maschine nach Warschau besteigt. Er muß in die Hauptstadt, um dem stellvertretenden Außenminister Szembek über die jüngste Entwicklung zu berichten.
In den Kreisen der polnischen Außenpolitik weiß man von den Truppenbewegungen in Deutschland wie auch von Truppenkonzentrationen im Osten auf der sowjetischen Seite der Grenze. Ein paar Tage zuvor war wiederholt eine TASS-Meldung gesendet worden, der zufolge die Sowjetunion angesichts der sich zuspitzenden internationalen Lage Truppen an ihrer Westgrenze zusammenziehe. Zuvor hatten westliche Sender berichtet, die sowjetische Heeresleitung habe 200 000 oder gar 300 000 Mann in den Osten

verlegt, um an der Grenze zu China, wo japanische Truppen standen, ihre Verteidigungslinien zu stärken. TASS teilte nun mit, daß dies nicht den Tatsachen entspreche – die Truppen würden nach Westen verlegt.
In Polen gab es noch einen anderen Grund zur Besorgnis. An mehreren Orten im Land war die Polizei in den letzten Tagen weiteren Terrororganisationen auf die Spur gekommen. Eine davon bereitete in der Nähe von Kattowitz in Oberschlesien Anschläge vor. An der Spitze dieser Organisation stand ein polnischer Staatsangehöriger namens Hans Thien. Nachdem die Polizei ihn festgenommen hatte, fanden die Beamten in seiner Wohnung einen Koffer mit allerlei Sprenggerätschaften. Zwei weitere Organisationen flogen in Posen und in Lódź auf; hier fand die Polizei Waffenlager mit automatischen Gewehren, Revolvern und Sprengstoff. Und an einem Ort unweit von Krakau nahm die Polizei fünfzehn Personen unter dem Verdacht fest, einen Spionagering gebildet zu haben. All dies flößte der Bevölkerung Angst ein.

Leon Wells war 1939 gerade vierzehn Jahre alt geworden. Seine Familie war jüdisch. Sie lebten in Stojanow, einem Städtchen mit knapp zweitausend Einwohnern, rund hundert Kilometer östlich von Lemberg gelegen. Der Ort verfügte über eine siebenklassige Volksschule, eine römisch-katholische und eine griechisch-katholische Kirche, eine Synagoge sowie eine Gendarmeriestation. In Leons Schule waren fünfzig Schüler in einer Klasse, davon ein halbes Dutzend Juden.
Es war ein armes Städtchen, wie es sie in Polen in großer Zahl gab. Polen war ein armes Land; die meisten seiner Bewohner waren nach wie vor in der Landwirtschaft tätig. Viele Häuser am Ort waren nur mit Stroh gedeckt. In Stojanow lebten nicht wenige Juden, und die meisten von ihnen waren so arm, daß sie sich selbst für den Sabbat kein Fleisch kaufen konnten. Bei vielen reichte das Geld nicht einmal für das Petroleum in den Lampen. Die Wells waren Chassidim, fromme, konservative Juden, wie sie im südlichen Polen häufig anzutreffen waren.
Leon hatte letztes Jahr die Aufnahmeprüfung fürs Gymnasium gemacht und sie mühelos bestanden. Im August 1939 hatte er sein

erstes Jahr auf dem Gymnasium gerade hinter sich. Jetzt, mitten in den Ferien, war gestern, um 17 Uhr am Mittwochnachmittag, eine furchtbare Meldung hereingeplatzt: die Anordnung der allgemeinen Mobilmachung, erster Mobilmachungstag war heute. General Orlik Ruckermann war zum Oberbefehlshaber in der Region ernannt worden.
Noch in der gleichen Nacht war ein Probealarm veranstaltet worden, der das Städtchen in völlige Dunkelheit gehüllt hatte. Als die Sirene erklang, rannten alle in die Keller. Für die Kinder, vor allem für die Knaben, war das neu und aufregend. Gemeindemitglieder klärten die Bewohner auf, daß für sie fortan eine Gasmaske das Wichtigste sei, weil mit Gasbomben und Gasvergiftungen zu rechnen wäre. Die Deutschen, sagten sie, hätten im Weltkrieg solche Gasbomben an der französischen Front zum erstenmal eingesetzt.
An diesem Donnerstag marschierten polnische Soldaten durch die Stadt, Kolonne auf Kolonne. Alle hatten Gasmasken in ihrem Marschgepäck. Die Straßen waren voller Menschen. Mütter, Frauen und Bräute weinten und warfen Blumen. Von Zeit zu Zeit schrie jemand: »Auf nach Berlin!« Aber es klang nicht sehr überzeugend.

Stockholm In Schweden herrschte während der letzten Augusttage ungewöhnlich warmes Wetter für die Jahreszeit. Thomas Mann und die Seinen hielten sich viel im Freien auf. Bei einem ausgedehnten Frühstück in der Loggia hatten sie am Vortag die »läppisch vexatorische politische Lage« besprochen. Thomas Mann war hin und her gerissen, bisweilen glaubte er, der Krieg sei unabwendbar; dann wieder konnte er nicht fassen, daß die Menschheit sich wirklich auf dieses Abenteuer einlassen wollte. Die ganze Situation, meinte er heute, »neigt durchaus und zweifellos zum Frieden, da Hitler, wie ich immer wußte, den Krieg nicht führen will und kann«. Er hatte den Eindruck, die Diktaturen wichen vor der Entschlossenheit der Westmächte zurück.
Begierig las er ausländische Tageszeitungen, auch Blätter aus Deutschland, und bemerkte den Umschwung in der deutschen Presse zugunsten der Sowjetunion. Er gewahrte auch, wie die glei-

che Presse, die stets gegen das verräterische Albion gewettert hatte, nun »das eben pöbelhaft beschimpfte England umwirbt«. Den Pakt mit Stalin hielt er für ein schweres Versagen der deutschen Politik; für die Nazis hätte er nur »schädliche Wirkungen«, weil den Deutschen nun niemand mehr glauben werde. Ihr politischer Opportunismus liege vor aller Augen bloß.
Das Telefonieren wurde auch im schwedischen Exil schwierig, mußte er am letzten Augusttag bemerken. Er versuchte, Bekannte in England anzurufen, doch die Telefonverbindung war unterbrochen, man kam nicht mehr durch. Die politischen Spannungen hatten noch weiter zugenommen. »Nicht ersichtlich, wie man dem Krieg noch ausweichen will«, schrieb er an diesem Donnerstag in sein Tagebuch. »Der Russenpakt übrigens ratifiziert. Einberufungen auch dort. Voll-Mobilisation überall. Ist man entschlossen, den Menschen nicht mehr herauszulassen und dem unerträglichen Zustand um jeden Preis ein Ende zu machen?«

Berlin Kurz vor 7.30 Uhr rief Staatssekretär von Weizsäcker bei Ulrich von Hassell an und erbat dessen Besuch so bald wie möglich. Es gehe um folgendes, sagte er, als Hassell zu ihm kam: Da die Polen sich bisher in Schweigen gehüllt hätten, habe Ribbentrop am Abend zuvor Henderson zu sich kommen lassen und ihn angebrüllt, diese Verzögerungstaktik sei unwürdig. Die deutsche Regierung sei zu einem Entgegenkommen bereit gewesen; aber damit sei es nun vorbei. Ob Hassell nicht noch einmal privat mit Henderson sprechen und durch Göring Hitler von einem voreiligen Schritt abhalten könne? Hassell wollte Weizsäcker diesen Gefallen gern tun.
Er begab sich gegen 9.30 Uhr zu Olga Rigele, Görings Schwester, und berichtete ihr vom Ernst der Lage. Sie begann zu weinen und griff zum Telefonhörer, um Göring anzurufen. Hassell legte dem Feldmarschall dann dar, wie sein Freund Henderson sich unablässig um den Frieden bemühe. Warum Henderson dann heute nacht so »patzig« gewesen sei, wollte Göring wissen. Hassell entgegnete, er verstehe sich offenbar mit Ribbentrop nicht. Er hatte den Eindruck, daß Göring gleichfalls Frieden wollte.

Irgendwann an diesem Vormittag hatte Hassell noch ein Frühstück mit Moltke, dem deutschen Botschafter in Warschau, der auf Urlaub war. Moltke war außer sich, daß ihm die Rückkehr nach Warschau verboten worden war. Am Nachmittag traf Hassell mit Henderson zusammen. Der Botschafter, der erst um 4 Uhr morgens ins Bett gekommen war, war noch immer erschüttert über Ribbentrops rüde Art. Vor allem das rasche Herunterschnurren der sechzehn Punkte hatte ihn verärgert. Hassell versicherte ihm, wie wichtig es nun sei, daß Lipski sich unverzüglich ins Auswärtige Amt bemühe und eine Erklärung der polnischen Verhandlungsbereitschaft überbringe.

Tatsächlich hatte Henderson ziemlich früh an diesem Morgen mit Lipski telefoniert, um ihm mitzuteilen, daß die deutsche Regierung geneigt sei, bis 12 Uhr mittags abzuwarten. Er bat seinen polnischen Kollegen zu sich. Da Lipski jedoch auf neue Anweisungen aus Warschau wartete, schickte er den Ersten Sekretär der Botschaft, Malhomme, zu Henderson.

Göring und Dahlerus hatten nur ein paar Stunden geschlafen, um 8 Uhr waren sie wieder auf den Beinen. Dahlerus drängte Göring, den Briten die sechzehn Punkte auszuhändigen, und sie machten sich gemeinsam auf den Weg zur Botschaft. Dort trafen sie Henderson, der einen zermürbten Eindruck machte. Henderson kannte Göring bereits und schätzte ihn. Er bat nun darum, Dahlerus bei den Polen vermitteln zu lassen.

Zusammen mit Forbes fuhr Dahlerus in dessen zweisitzigem Wagen zur Polnischen Botschaft. Dort standen in der Eingangshalle schon Kisten aufgereiht, das Personal bereitete die Abreise vor. Aus Lipskis Arbeitszimmer war ein Teil des Mobiliars entfernt. Der Botschafter war kreidebleich, er machte einen nervösen, niedergeschlagenen Eindruck. Forbes machte ihn mit Dahlerus bekannt, der ihm die sechzehn Punkte vortrug. Lipski wirkte vollkommen geistesabwesend. Er verstehe kein Wort, sagte er, stark zitternd, als ihm Dahlerus das Papier in die Hand drückte. Daraufhin diktierte Dahlerus Lipskis Sekretärin die sechzehn Punkte in die Maschine. Lipski bemerkte unterdessen, zu Forbes gewandt, er habe sich jetzt nicht mehr für Noten oder Angebote von deutscher Seite zu interessie-

ren, mehr noch, er sei überzeugt, »daß im Falle eines Krieges Unruhen [in Deutschland] ausbrechen und die polnischen Truppen erfolgreich gegen Berlin marschieren würden«. Vielleicht war Lipski auch nur verärgert darüber, daß ein ihm völlig fremder Mensch sich in das Schicksal Polens einzumischen versuchte. Damit begaben sich die beiden zurück zur Britischen Botschaft.
Um 12.30 Uhr ging Dahlerus zu Fuß zu Görings Wohnung in der Leipziger Straße, der Residenz des preußischen Landtagspräsidenten. Auch hier war man dabei, Kunstgegenstände vor Luftangriffen zu sichern. Der Hausherr empfing ihn. Kurz nach 13 Uhr brachte ein Eilkurier Göring einen roten Umschlag, »dringende Staatsangelegenheit«. Göring erklärte Dahlerus nach Lektüre des Schreibens, die Polen sabotierten die Verhandlungen: Eine von den Deutschen abgefangene Note laute, Lipski solle sich auf keine sachlichen Verhandlungen einlassen – allerdings hätte dies auch erst nachträglich in die Note hineingeschrieben worden sein können.
Um die Stimmung zu heben, schlug Göring vor, erst einmal zu Mittag zu essen. Sie fuhren zu Dahlerus' Hotel, dem »Esplanade«. Göring war bester Stimmung. Dahlerus spielte den Gastgeber. Sie begannen mit Hummer, Görings Lieblingsgericht. Der Cognac war so gut, daß sich Göring gleich zwei Flaschen davon bringen ließ. Seine Stimmung war ausgezeichnet – alles war erstklassig, nur die Zigarren schmeckten ihm nicht. Doch gottlob hatte er eigene dabei. Dahlerus hingegen war vergrätzt. Er mochte es nicht, daß die Deutschen ihm bei seinen Bemühungen Knüppel zwischen die Beine warfen, und von Hitler hatte er inzwischen ohnehin den Eindruck, er sei »nicht normal«. Trotzdem begleitete er Göring kurz vor 17 Uhr noch einmal zur Britischen Botschaft. Sie setzten sich in einen der großen Salons, wo auf einem niedrigen runden Tisch Tee, Zigarren und Zigaretten bereitstanden, und Henderson und Göring tauschten Höflichkeiten aus. Nach einer Weile wurden die beiden richtig herzlich miteinander. Göring schlug deutsch-britische Verhandlungen vor, wobei Großbritannien gleichsam Polen vertreten sollte. Er glaubte nicht an die Verhandlungsbereitschaft Warschaus und legte wie zum Beweis das abgefangene Schriftstück vor. Sie sprachen an die zwei Stunden miteinander, kamen aber zu keinem verbindlichen Ergebnis.

Rom Der Heilige Stuhl arbeitet in diesen Tagen nur halbherzig an einer Lösung zwischen Berlin und Warschau. Liegt es daran, daß Pius XII. an Polenliebe eingebüßt hatte, seit das katholische Polen sich nicht gescheut hatte, bei der Vergewaltigung der Tschechoslowakei mit dem heidnischen Deutschland gemeinsame Sache zu machen? Oder daran, daß der Papst in allzu großer Liebe an Deutschland hängt? Oder hält er die Aktivitäten der italienischen Regierung, über die er gut informiert war, für ausreichend?
An diesem Tag findet eine Unterredung zwischen dem italienischen Außenminister und einem päpstlichen Vertreter statt, Monsignore Borgingini Duca. Ciano setzt den Vertreter des Heiligen Stuhls davon in Kenntnis, daß eine Reihe von Maßnahmen, allesamt im Quirinal erdacht, deutlich zeigten, daß die Regierung in Rom den Frieden wünsche.
Am späten Vormittag dieses Tages empfängt Graf Ciano den französischen Botschafter François-Poncet. Ciano informiert den Diplomaten gründlich über die Maßnahmen seiner Regierung zur Erhaltung des Friedens. Die Spannungen hätten nun ihren Höhepunkt erreicht. Sein Botschafter in Berlin, Attolico, habe noch heute morgen nach Rom telegrafiert, daß der deutsche Führer und Reichskanzler in dieser Nacht vergeblich auf einen polnischen Bevollmächtigten gewartet habe. Er, Ciano, fürchte nun, ein Krieg könne jeden Augenblick ausbrechen. Die Stille aus Warschau deutet Ciano als ein Nein, was vielleicht dazu führen werde, daß die Deutschen zuschlügen. Ganz ohne Hoffnung sei er dennoch nicht: Wenn die polnische Regierung – vielleicht nach einer Vermittlung des Duce – mit einer Abtretung Danzigs einverstanden sei, ließe sich ein Krieg am Ende doch noch vermeiden.
Tatsächlich hat sich Mussolini soeben erboten, Großbritannien und Frankreich zusammen mit Deutschland und Italien für den 5. September zu einer Konferenz einzuladen, ähnlich wie vor einem Jahr in München. Ziel sollte es sein, die Artikel des Versailler Friedens einzeln durchzugehen, da sie die Ursache der gegenwärtigen Störungen seien. Mussolini will mit diesem Vorschlag zuerst an die Westmächte herantreten und dann – sobald sie ihre Zustimmung gegeben haben – an Berlin. Die gleiche Mitteilung macht Ciano auch dem britischen Botschafter in Rom, Sir Percy Loraine. Ciano

bittet ihn um eine rasche Antwort, weil im östlichen Mitteleuropa jederzeit Feindseligkeiten ausbrechen könnten.
Dann ruft Ciano bei Halifax an und bittet darum, die Polen zu ermuntern, der Abtretung Danzigs zuzustimmen und dann in Verhandlungen einzutreten. Dies sei Mussolinis Wunsch. Gegen 11 Uhr ruft er ein zweites Mal bei Halifax an und läßt ihn wissen, daß Mussolini seinen Einfluß auf Hitler geltend machen werde, einer Konferenz zuzustimmen, vorausgesetzt, den Briten gelänge es, die Polen zur Abtretung Danzigs zu bewegen. Zum dritten Mal ruft Ciano dann gegen 12.30 Uhr an, während Halifax gerade mit Chamberlain spricht. Diesmal sagt er, Mussolini wolle für den 5. September eine Konferenz vorschlagen, auf der der gesamte Versailler Vertrag revidiert werden solle.
Lord Halifax hat die Anregung einer neuerlichen Konferenz zunächst günstig aufgenommen. Als das Foreign Office um 20.20 Uhr von London nach Rom telegrafieren will, ist der Kontakt unterbrochen. Das hat auch Rom bemerkt. Ciano fürchtet nun Maßnahmen der Briten, die sein Land gleichsam aus Versehen in einen Krieg hineinziehen könnten. Mit Mussolinis Einverständnis bittet er noch zu später Stunde den britischen Botschafter Sir Percy Loraine zu sich. In dem folgenden Gespräch läßt Ciano durchblicken, daß Italien sich nicht an einem deutschen Krieg gegen die Westmächte beteiligen werde. Sir Percy nimmt diese Erklärung dankbar entgegen – mit Tränen in den Augen, wie Ciano meint –, offenbar hat der Engländer eine solche Reaktion nach all den kriegerischen Vorbereitungen der letzten Tage nicht mehr erwartet.

Paris Außenminister Bonnet kommt heute kaum vom Telefon los. Kurz nach 12 Uhr führt er ein langes Gespräch mit François-Poncet in Rom, der ihm den Ernst der Lage eindringlich vor Augen führt. Bonnet hat noch eine kleine Hoffnung: Hitler hatte den Polen zur Entsendung eines Sonderbotschafters ein bis Mittwoch nacht, 24 Uhr, befristetes Ultimatum gestellt. Inzwischen ist die Frist seit gut zwölf Stunden abgelaufen, und Bonnet fragt sich, was an der deutsch-polnischen Grenze passiert ist. Aber offenbar ist nichts vorgefallen. Die ganze Sache könnte also auch nur ein Bluff gewesen sein, denkt Bonnet. Wenn Hitler freilich zu hoch gepokert hat und sein Bluff auffliegt, dann wird es bald um ihn geschehen sein.

Um 12.30 Uhr spricht Bonnet mit Coulondre, es ist der zweite Anruf heute. Er teilt ihm mit, was Noël gerade aus Warschau berichtet hat, nämlich, daß die polnische Regierung direkte Verhandlungen mit Deutschland akzeptiere. Die Antwort der Polen werde bald nach Berlin übermittelt werden und zugleich auch nach London.

Dann ruft Bonnet in London an und spricht mit Botschafter Charles Corbin. Er drängt ihn, auf die britische Regierung einzuwirken, damit sie Henderson in Berlin anruft und ihn von der polnischen Antwort in Kenntnis setzt. Und Henderson solle dies unbedingt auch Hitler wissen lassen. Bonnet drängt, weil er den Eindruck hat, der polnische Außenminister sei sich des möglicherweise tragischen Ausgangs der Situation überhaupt nicht bewußt. Bonnet kann darüber nur den Kopf schütteln.

Zur Mittagsstunde ist Bonnet mit Daladier verabredet, der ihn zu einem Arbeitsessen zu sich nach Hause eingeladen hat. Natürlich geht es in erster Linie um die Außenpolitik. Daladier ist sich inzwischen sicher, daß der Krieg unausweichlich ist und daß man bezüglich Danzigs und des Korridors nicht mehr zu einer Regelung kommen wird. Bonnet ist längst nicht so pessimistisch. Die französischen Militärs nähmen an, erklärt er, daß die Armee zu einem Waffengang bereit sei. Es sollte Frankreich also möglich sein, den überzogenen Ansprüchen Hitlers entgegenzutreten. Auch die wirtschaftliche Situation Frankreichs habe sich im letzten Jahr stark verbessert, seine Goldbestände seien hoch. Bonnet erwähnt Mussolinis jüngsten Vermittlungsvorschlag. »Ich werde den Ministerrat für 18 Uhr einberufen. Sie haben recht!« sagt Daladier am Ende ihres Gesprächs. »Wir können diesen Vorschlag nicht zurückweisen.«

Als Bonnet ins Quai d'Orsay zurückkommt, erfährt er, daß man in diplomatischen Kreisen bereits Mussolinis Vorschlag erörtert. Bonnet bereitet eine zustimmende Antwort vor. Er will, daß die Konferenz zu einer Lösung der allgemeineren Probleme kommt, die dem ganzen Konflikt vorausgehen, und zu einer umfassenden Befriedung. Vielleicht läßt sich damit der Friede retten.

London Hektische Betriebsamkeit im Foreign Office. Um 9 Uhr trifft ein Telegramm von Henderson ein. Er habe aus sehr zuverlässiger Quelle erfahren, daß Deutschland Polen den Krieg erklären werde, falls bis Mittag nichts geschehen sei.
Später ruft Ciano mehrmals an und unterbreitet Mussolinis Konferenzvorschlag. Chamberlain hält nicht viel davon, er wittert eine Falle. Man dürfe nicht sogleich verneinen, nur sei eine Vorbedingung notwendig: nämlich die Demobilisierung aller aufgebotenen Armeen. Wahrscheinlich werde sich Hitler dem widersetzen. Chamberlain fordert nun die Franzosen auf, sich so rasch wie möglich zu Mussolinis Vorschlag zu äußern. Ihm ist wichtig, daß die beiden Regierungen ihre Antworten an Rom abstimmen.
In britischen Regierungskreisen kursieren zu dieser Stunde seltsame Gerüchte: Aus Berlin will man erfahren haben, um die Kampfmoral der Deutschen stehe es schlecht; die große Mehrheit – 70 Prozent – sei gegen Hitler; Partei und Militär seien gespalten. Deutsche Kreise hofften nun, heißt es, daß Großbritannien nicht nachgebe, dann werde Hitlers Regime zerbrechen. Aus anderen Quellen ist Ähnliches zu hören. Hitler habe seinen Generalstab gezwungen, in letzter Minute die Pläne gegen Polen zu ändern. Der Generalstab fürchte den Krieg an zwei Fronten.
Um 13 Uhr bringt BBC die Nachricht, daß die britische Regierung sich entschlossen habe, morgen drei Millionen Mütter mit ihren Kindern aus bedrohten Gegenden zu evakuieren. Sie sollen in weniger gefährdete Städte gebracht werden – von Rochester, Chatham und Southwark ist die Rede.
Oppositionsführer Greenwood spricht an diesem Tag, zusammen mit dem Labour-Abgeordneten Dalton, mit dem polnischen Botschafter Graf Raczynski. Ihm mache die Entwicklung des Briefwechsels zwischen London und Berlin langsam Sorgen, sagt Greenwood, der fürchtet, die britische Regierung könne die Schalmeienklänge aus Berlin für bare Münze nehmen. Dalton meint, es sei besser, vorsichtige Töne anzuschlagen. Der polnische Botschafter entgegnet, er befürchte, im Falle eines Scheiterns der Diplomatie werde man seinem Land die Schuld daran geben.
Einen deutschen Botschafter gibt es derzeit in London nicht, er wird vertreten durch den zweiten Mann in der Botschaft, Theo Kordt.

Dieser trifft sich heute mit Lord Vansittart. Kordt hat vor kurzem per Draht aus Berlin einen Vorschlag zur Regelung der Korridorfrage erhalten, der die Unterschrift von Staatssekretär Weizsäcker trägt. Der Vorschlag erscheint Kordt vernünftig. Er fragt sich jetzt, ob Hitler und Ribbentrop sich inzwischen vom Ernst der Lage überzeugt haben und nun nach einem Ausweg suchen, indem sie von ihren alten Forderungen abrücken.
Er nimmt das Kabel zu der Besprechung mit, die um 21 Uhr im Hause Cornwall Gardens angesetzt ist, um es Vansittart zu zeigen. Über die stürmische Unterredung zwischen Henderson und Ribbentrop ist letzterer bereits unterrichtet. Aber der Vorschlag, den Kordt mitbringt, ist ihm neu. Während Vansittart liest, erhält Kordt aus Berlin einen Anruf. Der Deutsche Rundfunk habe soeben verkündet, erfährt er, Hitler habe Polen ein großzügiges Angebot gemacht, für das es aber nun zu spät sei, da der polnische Unterhändler die gesetzte Frist ungenutzt habe verstreichen lassen. Kordt ist empört über diesen Gaunertrick.

Berlin An diesem Donnerstag sind in der Reichskanzlei mehr Uniformen zu sehen als je zuvor. Militärs und Parteifunktionäre kommen und gehen. Aus Rom ist die Anregung zu einer Konferenz eingegangen. Skepsis herrscht besonders in den allerhöchsten Rängen. Mittags wird in der Reichskanzlei bekannt, daß Hitler für morgen früh 10 Uhr den Reichstag einbestellt hat.
Der Besucherstrom schwillt im Laufe des Tages noch mehr an. Es sind dieselben Leute, die in den Tagen zuvor hier ein und aus gegangen sind, also Heß, Goebbels, Himmler, Bormann, Bouhler, Dietrich, Lutze, Frick, dann noch General Bodenschatz und Hewel vom Auswärtigen Amt. Die meisten haben noch einen Begleiter dabei, Brauchitsch und Keitel ihre ersten Adjutanten. Hitler spricht mit vielen alten Parteigenossen, sofern er sich nicht mit einem ausländischen Diplomaten oder einem deutschen General in den Wintergarten oder in den Musiksalon zurückzieht. Er ist nicht sonderlich auf Zurückhaltung bedacht – morgen gehe es los, hört man. Manch einem ist offensichtlich mulmig zumute, wie Göring; aber es

fällt kein Wort der Widerrede! Er sei heilfroh, hört Meissner, der Chef der Reichskanzlei, Hitler sagen, daß die Polen sein großzügiges Angebot nicht angenommen hätten, er habe es gegen seine innere Überzeugung gemacht, hätte aber doch dabei bleiben müssen, falls sie darauf eingegangen wären.
Hitlers Adjutanten von Below prägt sich eine Szene unvergeßlich ein: Hitler in einem größeren Kreis stehend, darunter auch Göring und Ribbentrop. Göring: Er könne nicht an eine Kriegserklärung der Engländer glauben. Daraufhin klopft ihm Hitler auf die Schulter und sagt: »Mein lieber Göring, wenn der Engländer an einem Tag ein Abkommen ratifiziert, dann bricht er es nach vierundzwanzig Stunden!« Und dann noch ein verbaler Hieb gegen die britische Scheinheiligkeit.
Vorläufig ist nur den höchsten Militärs zuverlässig bekannt, was am nächsten Tag geschehen soll. Um 16 Uhr ist der letztmögliche Zeitpunkt, den gestrigen Angriffsbefehl – für den morgigen Tag – zurückzunehmen. Die Gelegenheit verstreicht ungenutzt.
Genau zur gleichen Zeit, um 16 Uhr, gibt an anderer Stelle in Berlin Heydrich, der Chef der Sicherheitspolizei und des SD, das Codewort aus: »Großmutter gestorben.«
Zu später Stunde brechen heftige antibritische Vorwürfe aus Hitler hervor. Jetzt dient ihm die Ratifizierung des britisch-polnischen Beistandspakts als Beleg, daß die Briten ihn herausfordern wollten. Der Ablauf des gestrigen Tages sei ein weiterer Beweis, daß die Engländer einfach nur lügen würden. Göring ist trotzdem dafür, Dahlerus noch einmal mit London sprechen zu lassen.

Warschau In der polnischen Hauptstadt hat Außenminister Beck dem britischen Botschafter Kennard mittags eine schriftliche Erklärung übergeben, Polen sei zu direkten Verhandlungen mit Berlin bereit. Um 12.40 Uhr bittet er den Berliner Botschafter Lipski, um eine Audienz im Auswärtigen Amt nachzusuchen. Dies geschieht, fernmündlich, um 13 Uhr. Staatssekretär Weizsäcker ruft zwei Stunden später zurück, um zu erfahren, in welcher Eigenschaft Lipski erscheinen werde, als Botschafter oder als Unterhändler. Als

Botschafter, entgegnet Lipski. Die Audienz wird für 18.30 Uhr angesetzt.
Am Nachmittag stellt sich der italienische Botschafter Attolico bei Ribbentrop ein, um ihm noch einmal die Vermittlerdienste des Duce anzubieten. Da Ribbentrop nicht bevollmächtigt ist, darauf einzugehen, entgegnet er Attolico, er müsse Hitler erst um dessen Einverständnis bitten. Als Attolico eine halbe Stunde später noch einmal erscheint, lautet die Antwort nein. Die Initiative für eine solche Vermittlung liege bei England und Frankreich, heißt es, beiden Ländern seien die deutschen Forderungen bekannt. Von Hitler ist in bezug auf das Angebot des Duce lediglich zu hören, er wolle sich von den Polen nicht immer wieder neue Ohrfeigen holen und den Duce nicht in eine unangenehme Lage bringen.
Zur festgesetzten Stunde erscheint Lipski bei Ribbentrop. Der Reichsaußenminister fragt den Botschafter: »Haben Sie eine Vollmacht, mit uns sofort über die deutschen Vorschläge zu verhandeln?« Das muß Lipski verneinen. »Dann hat es keinen Zweck, daß wir uns weiter unterhalten«, entgegnet Ribbentrop kühl. Damit ist die Unterredung beendet.
Am Abend teilt der Deutsche Rundfunk die wesentlichen Ergebnisse der letzten drei Tage mit, auch den Inhalt der sechzehn Punkte. Sie klingen ganz moderat. Am Ende der Sendung heißt es, die polnische Regierung sei auf die »loyalen, fairen und erfüllbaren« deutschen Forderungen nicht eingegangen.
In der deutschen Öffentlichkeit ist man von amtlicher Seite bislang wenig gut unterrichtet. Aber man ahnt die künftige Entwicklung. Je größer die Nähe zu den Entscheidungszentren, desto besser die Sicht. Aus einer Redaktion heißt es: Katastrophenstimmung. »Ab morgen sprechen die eisernen Rohre«, sagt der Redakteur Hollner. Eine Friedens-Abschieds-Cognakflasche macht die Runde. Erich Tuch, ein anderer Redakteur, kommt aus der Reichskanzlei fast nicht mehr heraus. Er erfährt bei dieser Gelegenheit, wann es losgeht: »Heute zwischen vier und fünf Uhr nachts.«

Gleiwitz Das Codewort »Großmutter gestorben« ist gefallen, das Kommando Naujocks weiß, was zu tun ist. Der Kriminalbeamte Karl Nowak fährt gegen 19 Uhr vor dem Polizeigefängnis von Gleiwitz vor. Dort wartet eine schwarze Limousine mit einigen Zivilisten, die Nowak flüchtig kennt. Nach einer Weile erscheint Naujocks mit einem weiteren Mann, sie führen einen benommen wirkenden Mann mit sich und nehmen in Nowaks Wagen Platz. Der Benommene rührt sich nicht; das ist offenbar die »Konserve«, von der die Rede war. Nowak nimmt an, daß er eine Betäubungsspritze erhalten hat. Dann fahren sie los, mit zwei Autos, Richtung Hindenburg. Die schwarze Limousine biegt unvermittelt links ab, Nowak folgt ihr. Bald sehen sie vor sich den Sender Gleiwitz. Es ist deutlich vor 20 Uhr, als sie in den Senderaum eindringen. Sie geben ein paar Schüsse ab, um die Leute zu erschrecken, und fesseln das Personal, das um diese Zeit noch da ist. Es ist nicht einfach für sie, auf Sendung zu gehen, denn das Kommando hat darin wenig Erfahrung. Schließlich schaffen sie es. »Uwaga, uwaga«, beginnt einer von ihnen auf polnisch, Achtung, Achtung. Dann weiter, auf polnisch: »Hier ist der polnische Sender Gleiwitz. Der Sender befindet sich in polnischer Hand. Die Stunde der Freiheit ist gekommen.« Knapp vier Minuten dauert das Verlesen des Aufrufs, er endet mit den Worten: »Hoch lebe Polen!« Dann machen sie sich davon. Nowak sieht noch, daß der Benommene aus dem Wagen geschafft wurde und jetzt mit blutverschmiertem Gesicht leblos vor dem Gebäude liegt. Nach der Rückkehr hört Nowak in Oppeln im Radio, der Sender Gleiwitz sei von polnischen Freischärlern überfallen worden.

Paris Um 18 Uhr spricht Außenminister Bonnet vor dem Ministerrat. Er hält die Lage für sehr ernst und befürwortet Mussolinis Konferenz-Vorschlag. Der Krieg müsse hinausgezögert werden, meint er, die Zeit arbeite für den Westen; Frankreich riskiere nichts, wenn es sich auf eine Konferenz einlasse. Die Militärs schütteln den Kopf. Hinauszögern nützt nichts, meinen sie, man könne in Polen bis Mitte Oktober Krieg führen. Bonnet wird im Ministerrat überstimmt.

Gegen 22 Uhr telefoniert Bonnet mit der Französischen Botschaft in London. Corbin ist gerade im Foreign Office, man verspricht einen Rückruf. Eine Viertelstunde später erfährt Bonnet von der Konfrontation zwischen Ribbentrop und Lipski. Die direkten Gespräche zwischen Berlin und Warschau sind damit wohl vom Tisch. Die Deutschen spielen jetzt die Beleidigten. Damit ist auch Mussolinis Konferenz gescheitert.

London Es war eine Stunde vor Mitternacht. Corbin ist aus dem Foreign Office, wo er die französische Auffassung vorgetragen hat, in seine Botschaft zurückgekehrt. Er hat nicht versäumt, darauf hinzuweisen, wie eilig alles ist. Aber die englische Regierung ist entschlossen, erst im Laufe des nächsten Vormittags eine Antwort nach Rom zu senden. Halifax hat das Foreign Office verlassen, und Corbin meldet nach Paris, der britische Außenminister sei heute nicht mehr zu erreichen.

Paris Gegen Mitternacht empfängt Bonnet nacheinander noch mehrere Botschafter. Der polnische Botschafter hat die deutschen Forderungen im Rundfunk gehört. Sie seien so ungeheuerlich, sagt er, daß die deutsche Regierung entweder verrückt sein müsse oder sich einer echten Provokation bediene, um die Polen zu erregen. Anschließend kommt der britische Botschafter Eric Phipps; er ist wie immer ruhig und gleichmütig und versichert, daß die englische Antwort auf die italienische Note am Vormittag hinausgehen werde.
Eine Flut von Telegrammen aus aller Welt überschwemmt das Quai d'Orsay. Sie müssen sogleich dechiffriert und gelesen werden. Inzwischen ist es lange nach Mitternacht, und noch immer treffen neue ein. Immer wieder dreht man im Quai d'Orsay in dieser Nacht das Radio an und hört die allerneuesten Meldungen. So erfährt auch Bonnet von den deutschen Forderungen und der Zunahme der deutsch-polnischen Grenzzwischenfälle. In dieser Nacht geht er nicht nach Hause.

Danzig Carl Burckhardt rechnet mit dem Schlimmsten. Er hat für den Abend den britischen Konsul F. Shepherd zu sich nach Hause eingeladen. Die beiden erzählen einander, was sie in den letzten Tagen gemacht haben, nämlich eine Vielzahl von Berichten und privaten Aufzeichnungen verbrannt, weil sie fürchten, diese könnten bald in die falschen Hände fallen. Gegen 22.30 Uhr verabschiedet sich der Engländer und geht nach Hause.
Burckhardt ist allein im Haus – seine Frau ist bereits abgereist –, als plötzlich die innere Türglocke läutet. Er ist erstaunt, daß die äußere Tür um diese Zeit offen ist. Da niemand dem Besucher öffnet, geht der Hausherr selbst an die Tür. Zwei Männer stehen vor ihm, sie weisen sich ziemlich barsch als Vertreter der Geheimen Staatspolizei aus. Sie erklären Burckhardt, er dürfe das Haus nicht verlassen, die Telefonleitung sei unterbrochen, und er müsse sich bereithalten, der Danziger Gauleiter habe ihm eine Mitteilung zu machen.

Es ist spät in dieser Nacht, als Burckhardt sich zu Bett begibt. Als er erwacht, ist es noch dunkel, 4 Uhr vorbei. Er vernimmt laute Geräusche, Detonationen – es sind Explosionen, die ihn geweckt haben. Deutsche Sturzkampfbomber jagen über die Stadt, und von ferne hört er die Geschütze der »Schleswig-Holstein« donnern.

+++ Anhang +++

Verzeichnis der verwendeten Literatur

Akten

Akten zur Deutschen Auswärtigen Politik. 1939. Reihe D. Bd. 5–7
Documenti Diplomatici Italiani. 8. Reihe. 1935-1939. Bd. 12–13
Documents on British Foreign Policy. 1939. 3. Reihe. 1938–1939, Bd. 5–9
Documents Diplomatiques Français. 1939. 2. Reihe. Bd. 17–20
Papers Relating to the Foreign Relations of the United States. 1939. Bd. 1–5

Zeitungen

Deutschland:
Berliner Börsenzeitung
Deutsche Allgemeine Zeitung
Fränkischer Anzeiger
Frankfurter Zeitung
Münchner Neueste Nachrichten
Völkischer Beobachter
Wiener Tageblatt

Frankreich:
Ce Soir
Epoque
L'Humanité
Temps

Polen:
Gazeta polski

Spanien:
Arriba

Großbritannien:
Manchester Guardian
The Daily Express
The Daily Herald
The Daily Telegraph
The Glasgow Herald
The Scotsman
The Times

Italien:
Il Popolo
Corriere della Sera

Schweiz:
Neue Zürcher Zeitung

Vereinigte Staaten von Amerika:
The New York Times
Washington Post

Danzig:
Danziger Vorposten

Jugoslawien:
Politika

Japan:
Asahishimbu

Rußland:
Prawda

Selbstzeugnisse und Literatur

O. Abetz: Das offene Problem. 1951
K. Abshagen: Canaris. 1949
A. Abusch: Der Irrweg einer Nation. 1951
Ders.: Der Deckname. 1981
D. Acheson: Present at the Creation. 1969
A. Adamthwaite: France and the Coming of the Second World War, 1936-1939. 1977
H. Allardt: Moskauer Tagebuch. 1980
H. Alphand: L'Étonnement d'Être. 1977
J. Alsop/R. Kintner: American White Paper. 1940
H. Altrichter/J. Becker: Kriegsausbruch 1939. 1989
S. Ambrose: Eisenhower. 1983
J. Amery: Approach March. 1973
The Leo Amery Diaries. 1980
R. Andreas-Friedrich: Der Schattenmann. 1971
P. Anfuso: Roma-Berlin-Salò. 1950
L. Aschoff: Ein Gelehrtenleben in Briefen an die Familie. 1966
J.-P. Azéma: De Munich à la Libération 1938–1944. 1979

D. Bavendamm: Roosevelts Weg zum Krieg. 1983
J. Beck: Dernier Rapport. 1951
L. Beck: Studien, 1955
N. v. Below: Als Hitlers Adjutant 1937–1945. 1980
N. Bentwich: Jewish Youth Comes Home. 1944
W. Benz/H. Graml, Hg.: Sommer 1939. 1979
V. Bereschew: Ich war Stalins Dolmetscher. 1991
C. Bielenberg: Als ich Deutsche war 1934–1945. 1969
H. Bienek: Die erste Polka. [5]1987
Die Tagebücher der Elisabeth Block. 1993
W. v. Blücher: Gesandter in Diktatur und Demokratie. 1951
H. Boberach, Hg.: Meldungen aus dem Reich. 1984
C. Bohlen: Witness to History. 1973
P. Boncour: Entre deux guerres. III. 1943
G. Bonnet: De Munich à la guerre. 1967

Ders.: Sous trois républiques. 1951
P. Bor: Gespräche mit Halder. 1950
K.-D. Bracher u. a., Hg.: Deutschland 1933–1945. 1992
O. Bräutigam: So hat es sich zugetragen. 1968
G. Brennan: The Face of Spain. 1950
R. Breyer: Das Deutsche Reich und Polen 1932-1937. 1955
M. Buber-Neumann: Als Gefangene bei Stalin und Hitler. 1949
R. Buell: Poland. Key to Europe. 1939
O. Bullitt, Hg.: For the President. 1972
A. Bullock: Hitler und Stalin. 1991
C. J. Burckhardt: Meine Danziger Mission 1937–1939. 1962
Ders.: Memorabilien. 1977

The Diaries of Sir Alexander Cadogan. 1971
E. Cameron: Prologue to Appeasement. 1942
E. Cerutti: Visiti di vicino. 1951
F. Charles-Roux: Huit ans au Vatican 1932–1940. 1947
J. R. Child: American Foreign Service. 1948
W. Churchill: The Gathering Storm. 1964
G. Ciano: Tagebücher 1939–1943. 1946
D. Clark: 3 Days to Catastrophe. 1966
J. Colvin: The Chamberlain Cabinet. 1971
J. Colville: Downing Street Tagebücher 1939–1945. 1988
D. Cooper: Old Men Forget. 1954
R. Coulondre: De Staline à Hitler. 1950
G. Cox: Countdown to War. 1988
G. Craig/F. Gilbert, Hg.: The Diplomats. 1953

B. Dahlerus: Der letzte Versuch. 1948
H. G. Dahms: Die Geschichte des Zweiten Weltkriegs. 1989
H. Dalton: The Fateful Years. 1957
J. E. Davies: Mission to Moscow. 1941
J. Davignon: Berlin 1936–1939. 1951
S. Delmer: Sinister Trail. 1951
L. Denne: Das Danzig-Problem in der deutschen Außenpolitik 1934-39. 1959
I. Deutschkron: Ich trug den gelben Stern. 1978
Deutschland-Berichte der Sozialdemokratischen Partei Deutschlands 1934–1940. 1–7. 1934ff.
Das Deutsche Reich und der Zweite Weltkrieg. 1–6. 1979 ff.
O. Dietrich: 12 Jahre mit Hitler. 1955
H. von Dirksen: Moskau, Tokio, London. 1950
M. Dodd: Through Embassy Eyes. 1939
W. Dodd Jr., Hg.: Ambassador Dodd's Diary 1933–1938. 1941
K. Dönitz: Zehn Jahre und zwanzig Tage. 1958

H.-J. Döscher: Das Auswärtige Amt im Dritten Reich. 1987
S. G. Duff: Fünf Jahre bis zum Krieg (1934–1939). 1978
J.-B. Duroselle: Politique étrangère de la France. 1979

F. Eckart: Ein unordentliches Leben. 1967
A. Eden: Freedom and Order. 1947
I. Ehrenburg: Menschen, Jahre, Leben. 2. 1962
D. Eisenhower: At Ease. 1967
J. Eisenhower: Strictly Personal. 1974

M. Faber du Faur: Macht und Ohnmacht. 1953
A. v. Falkenhausen: Mémoires d'outre-Guerre. o. J.
J. A. Farley: Jim Farley's Story. 1948
L. Fisher: Men and Politics. 1941
O. Flake: Es wird Abend. 1960
E. J. Flynn: You're the Boss. 1947
H. Forman: Report from Red China. 1946
A. François-Poncet: Au Palais Farnèse. 1961
H. Frank: Im Angesicht des Galgens. ²1955
F. Freidel: Roosevelt. 1990
S. Freud: Briefe. 1960
A. v. Freytagh-Loringhoven: Deutschlands Außenpolitik 1933-1940. ⁶1940
F. Friedensburg: Lebenserinnerungen. 1969
S. Friedländer: Wenn die Erinnerung kommt. 1978
H. Fritzsche: Krieg den Kriegshetzern. 1940
B. Fromm: Blood and Banquets. 1942
M. Funke, Hg.: Hitler, Deutschland und die Mächte. 1978

G. Gafencu: Vorspiel zum Krieg im Osten. 1941
Ders.: Europas letzte Tage. 1946
M. Gamelin: Servir. II. 1946
R.-C. Gersdorff: Soldat im Untergang. 1979
M. Gilbert: The Appeasers. 1963
Ders.: The Wilderness Years. 1981
J. Giono: Journal. o. J.
H. B. Gisevius: Bis zum bitteren Ende. 1946
Joseph Goebbels' Tagebücher 1924–1945. 3: 1935–1939. 1992
W. Görlitz: Kleine Geschichte des deutschen Generalstabes. 1967
H. Graml: Europas Weg in den Krieg. 1990
D. Grandi: Il mio paese. 1985
J. C. Grew: Ten Years in Japan. 1944
F. Grobba: Männer und Mächte im Orient. 1967
A. Gromyko: Erinnerungen. 1989
H. Groscurth: Tagebücher eines Abwehroffiziers 1938–1940. 1970

J. Gross: Und wehe, du hoffst ... 1988
K. Grossmann: Emigration. 1969
L. Gruchmann: Johann Georg Elser. 1989
R. Guariglia: Ricordi 1922–1946. 1949
A. Guéraud: The Gravediggers of France. 1940
G. Gülzow: Kirchenkampf in Danzig, 1934–1945. 1968

H. Habe: Ich stelle mich. 1954
W. Hagen: Die geheime Front. o. J.
F. Halder: Kriegstagebuch I. 1962
Earl of Halifax: Fullness of Days. 1957
The Diplomatic Papers of Oliver Harvey 1937–1940. 1970
U. v. Hassell: Vom anderen Deutschland. 1946
Ders.: Die Hassell-Tagebücher 1938–1944. 1988
S. Hedin: Ohne Auftrag in Berlin. 1950
E. Heinkel: Stürmisches Leben. 1953
E. Helfferich: 1932–1946. Tatsachen. 1969
J. Hellbeck: Tagebuch aus Moskau 1931–1939. 1996
F. Heller: Das Leben beginnt noch einmal. 1945
N. Henderson: Failure of a Mission. Berlin 1937–1939. 1940
Ders.: Under the Bridges. 1945
W. O. v. Hentig: Mein Leben eine Dienstreise. 1962
G. Herlitz: Mein Weg nach Jerusalem. 1964
H. von Herwarth: Zwischen Hitler und Stalin. 1985
W. Herzog: Menschen, denen ich begegnete. 1959
F. Hesse: Das Vorspiel zum Kriege. 1979
A. Heusinger: Befehl im Widerstreit. 1950
K. Hildebrand: Deutsche Außenpolitik. ^{2}1973
Ders.: Das vergangene Reich. 1995
G. Hilger: Wir und der Kreml. 1956
A. Hillgruber: Deutschlands Rolle in der Vorgeschichte der beiden Weltkriege. 1967
Ders.: Die gescheiterte Großmacht. 1980
Hitlers Zweites Buch. Hg. G. L. Weinberg. 1961
S. Hoare: The Unbroken Thread. 1949
E. Hobsbawm: Das Zeitalter der Extreme. 1994
K. Höffkes, Hg.: Deutsch-sowjetische Geheimverbindungen. 1988
W. Hofer: Die Entfesselung des Zweiten Weltkrieges. 1984
H. Holldack: Was wirklich geschah. 1949
The Private Papers of Hore-Belisha. 1960
F. Hossbach: Zwischen Wehrmacht und Hitler. 1949
R. Huch: Briefe an die Freunde. 1955
C. Hull: The Memoirs of Cordell Hull. 1. 1948

H. L. Ickes: The Secret Diary of Harold L. Ickes. Bd. II. 1955
The Ironside Diaries 1937-1940. 1962
D. Irving: The War Path. 1978
Ders.: Göring. 1987
H. Jacob: Kind meiner Zeit. 1962
H. Jacoby: Davongekommen. o. J.
W. Jaksch und E. Beneš: Briefe und Dokumente aus dem Londoner Exil.
R. James: Anthony Eden. 1980
W. Joost: Botschafter bei den roten Zaren. 1967
E. Jünger: Strahlungen I. 1979
F. Jung: Der Weg nach unten. 1961

A. Kantorowicz: Exil in Frankreich. 1971
W. Keitel: Verbrecher oder Offizier. 1951
H. Kehrl: Krisenmanager im Dritten Reich. ²1973
D. M. Kelley: 22 Cells in Nuremberg. 1947
A. Kemp: The Maginot Line, 1981
G. F. Kennan: From Prague After Munich. 1968
Ders.: Memoirs. 1969
F. Kersten: Totenkopf und Treue. 1954
H. Keyserling: Reise durch die Zeit. 1948
I. Kirkpatrick: The Inner Circle. 1959
B. Kisch: Wanderungen und Wandlungen. 1966
H. A. Kissinger: Die Vernunft der Nationen. 1994
P. Kleist: Zwischen Hitler und Stalin, 1939–1945. 1950
V. Klemperer: Ich will Zeugnis ablegen bis zum letzten. 2. 1995
J. Klepper: Unter dem Schatten deiner Flügel. 1955
Ders.: Briefwechsel 1925–1942. 1973
H. Knatchbull-Hugessen: Diplomat in Peace and War. ²1949
A. Kolb: Memento. 1960
J. Korbel: Poland between East and West. 1963
E. Kordt: Wahn und Wirklichkeit. 1947
Ders.: Nicht aus den Akten. 1949
H. v. Kotze: Heeresadjutant bei Hitler 1938-1943. 1974
A. Krock: Memoirs. 1970
R. v. Kühlmann: Die Diplomaten. 1939
Ders.: Erinnerungen. 1948

H. Lange: Tagebücher aus dem Zweiten Weltkrieg. 1979
W. Laqueur: A History of Zionism. 1972
W. v. Leeb: Tagebuchaufzeichnungen und Lagebeurteilungen aus zwei Weltkriegen. 1976
W. Leonhard: Der Schock des Hitler-Stalin-Pakts. 1986
H. S. Levine: Hitler's Free City. 1973

The Wartime Journal of Charles A. Lindbergh. 1970
J. Lipski: Papers and Memoirs of Józef Lipski. 1968
B. v. Lossberg: Im Wehrmachtsführungsstab. 1949
Papers and Memoirs of Juliusz Lukasiewicz. Hg. W. Jedrzejewicz. 1970

H. Macmillan: Winds of Change 1934–1939. 1966
M. Magistrati: L'Italia a Berlino. 1956
I. M. Maiski: Memoiren eines sowjetischen Botschafters. 1975
H. de Man: Gegen den Strom. 1953
H. Mann. Ein Zeitalter wird besichtigt. 1973
K. Mann: Der Wendepunkt. 1984
T. Mann: Tagebücher 1937-1939. 1980
C. G. Mannerheim: Erinnerungen. 1952
E. Manstein: Verlorene Siege. 1955
H. Martin: Danzig. 1937
L. Marum: Briefe aus dem Konzentrationslager. o. J.
V. Mastny: The Czechs under Nazi Rule. 1971
O. Meissner: Staatssekretär unter Ebert, Hindenburg, Hitler. 1950
The Diary of H. L. Mencken. 1990
E. Mende: Das verdammte Gewissen. 1982
W. Michalka: Ribbentrop und die deutsche Weltpolitik, 1938-1944. 1980
Ders., Hg.: Der Zweite Weltkrieg. 1989
Ders., Hg.: Deutsche Geschichte 1933-1945. 1993
The Moffat Papers. 1956
A. de Monzie: Çi-devant. 1949
Ders.: La Pace, la Guerra e la Sconfitta. 1940
H. J. Muller: The Selected Papers of H. J. Muller. 1962
R. Musil: Tagebücher. 1976
Ders.: Briefe 1901–1942. 1957
F. Muth: Gepanzerter Westen. 1939

L. Namier: Diplomatic Prelude 1938–1939. 1948
H. Nicolson: Diaries and Letters 1930–1964. 1980
E. Niekisch: Erinnerungen eines deutschen Revolutionärs. I. 1974
W. Niemöller: Aus dem Leben eines Bekenntnispfarrers. 1961
L. Noël: L'agression allemande contre la Pologne. 1947
E. Noth: Erinnerungen eines Deutschen. 1971

F. von Papen: Der Wahrheit eine Gasse. 1952
R. A. C. Parker: Chamberlain and Appeasement. 1993
F. Paulus: Ich stehe hier auf Befehl! 1960
A. Polgar: Taschenspiegel. 1979
P. Preston: Franco. 1994
F. W. Prittwitz und Gaffron: Zwischen Petersburg und Washington. 1952

H. Pünder: Von Preußen nach Europa. 1968
W. Ganz Edler von Putzlitz: Unterwegs nach Deutschland. 1956

E. Raczynski: In Allied London. 1962
E. Raeder: Mein Leben. 1956
W. Rahn: Ruheloses Leben. 1949
W. Rahn/Hg.: Kriegstagebuch der Seekriegsleitung 1939–1945. 1988
F. Reck-Malleczewen: Tagebuch eines Verzweifelten. 1981
R. G. Reuth: Goebbels. [3]1995
P. Reynaud: La France a sauvé l'Europe. 1947
Ders.: Au Cœur de la Melée. 1951
W. v. Rheinbaben: Viermal Deutschland. 1954
A. v. Ribbentrop: Verschwörung gegen den Frieden. 1962
Dies.: Deutsch-Englische Geheimverbindungen. 1967
Dies.: Die Kriegsschuld des Widerstandes. [2]1975
J. v. Ribbentrop: Zwischen London und Moskau. 1953
H. Riesser: Von Versailles zur UNO. 1962
E. v. Rintelen: Mussolini als Bundesgenosse. 1971
C. Rist: Une saison gatée. 1983
J. Romains: Les Sept Mystères du Destin de l'Europe. o. J.
H. Roos: Geschichte der Polnischen Nation 1916–1960. [2]1964
Das politische Tagebuch Alfred Rosenbergs. 1964

A. Sakharov: Memoirs. 1990
H. Schacht: 76 Jahre meines Lebens. 1958
J. Schechtman: The Mufti and the Fuehrer. 1965
W. Schellenberg: Aufzeichnungen. 1956
H. Schindler: Mosty und Dirschau 1939. 1971
M. Schlesinger: Erinnerungen eines Außenseiters im diplomatischen Dienst. 1977
P. Schmidt: Statist auf diplomatischer Bühne. [14]1986
G. Scholem: Von Berlin nach Jerusalem. 1978
Ders.: Briefwechsel mit Walter Benjamin. 1980
G. Schreiber: Balkan aus erster Hand. 1950
L. Schwarz: Je veux vivre jusqu'à ma mort. 1979
P. Schwarz: This Man Ribbentrop. 1943
G. v. Schweppenburg: Erinnerungen eines Militärattachés. 1949
L. Schwerin von Krosigk: Persönliche Erinnerungen. 1977
P. Seabury: The Wilhelmstrasse. 1954
R. Serrano Suñer: Zwischen Hendaye und Gibraltar. 1961
W. S. Shirer: Berlin diary. 1941
Ders.: The Collapse of the Third Republic. 1969
F. Siebert: Italiens Weg in den Zweiten Weltkrieg. 1962
A. Simone: J'accuse. 1940
N. Sombart: Jugend in Berlin 1933-1943. 1984

T. Sommer: Deutschland und Japan zwischen den Mächten 1935 bis 1940. 1962
A. Speer: Erinnerungen. 1969
M. Sperber: All das Vergangene. 1977
R. Spitzy: So haben wir das Reich verspielt. ³1988
H. Springer: Es sprach Hans Fritzsche. 1949
A. Stahlberg: Die verdammte Pflicht. 1987
P. Stehlin: Témoignage pour l'Histoire. 1964
M. Steinert: Hitlers Kriegführung und die Deutschen. 1970
Dies.: Hitler. 1994
A. Stern: In bewegter Zeit. 1968
H. Stief: Briefe. 1991
W. Strang: At Home and Abroad. 1956
J. Szembek: Journal 1933-1939. 1952

W. Tausk: Breslauer Tagebuch 1933–1940. 1977
A. J. P. Taylor: The Origins of the Second World War. 1961
V. Templewood: Nine Troubled Years. 1954
H.-U. Thamer: Verführung und Gewalt. 1986
G. Thompson: Frontline Diplomat. 1959
J. Toland: Hitler. 1977

J. Vahrenkamp: Einsatz am Westwall. (unveröff. Manuskript) o. J.
N. v. Vormann: So begann der Zweite Weltkrieg. 1988

V. Walters: Silent Missions. 1978
W. Warlimont: Im Hauptquartier der deutschen Wehrmacht 1933–1945. 1962
D. C. Watt: How War Came. 1989
G. L. Weinberg: Eine Welt in Waffen. 1995
E. v. Weizsäcker: Erinnerungen. 1950
Die Weizsäcker-Papiere 1933–1950. 1974
S. Welles: The Time for Decision, New York-London 1944
Ders.: Seven Decisions that Shaped History, New York 1950
L. Wells: Ein Sohn Hiobs. 1963
B.-J. Wendt: Großdeutschland. ²1993
A.Werth: The Twilight of France, 1933–1940. 1943
S. Westphal: Erinnerungen. 1975
H. D. White: In Search of History. 1978
E. Wickert: Dramatische Tage in Hitlers Reich. 1952
H. Wilde: Die Reichskanzlei 1933–1945. 1978
H. Wilson: Lebensjahre eines Diplomaten. 1938
H. L. Wuermeling: August '39. ³1989
Th. Wurm: Erinnerungen aus meinem Leben. 1953

D. Yergin: The Prize. 1991

Les Carnet Secrets de Jean Zay. Hg. P. Herriot. 1942
Marshal Zhukov's Greatest Battles. 1969
W. Ziegler: Großdeutschlands Kampf. 1941
A. Zoller: Hitler privat. 1949
S. Zweig: Die Welt von gestern. 1970

Register

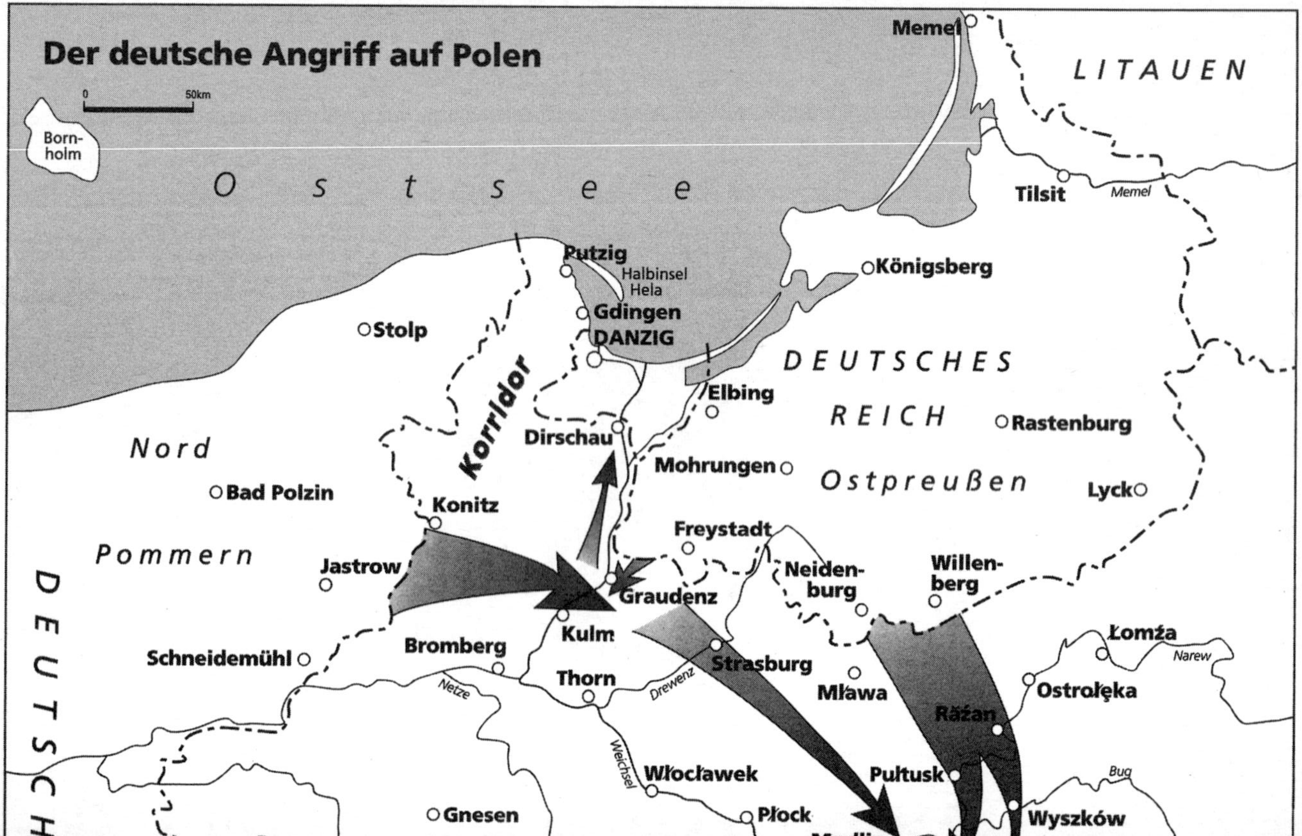
Der deutsche Angriff auf Polen
0
50km
Born-
holm
Ostsee
Memel
LITAUEN
Tilsit
Memel
Königsberg
Putzig
Halbinsel
Hela
Gdingen
DANZIG
Stolp
DEUTSCHES
REICH
Elbing
Rastenburg
Dirschau
Korridor
Nord
Mohrungen
Ostpreußen
Lyck
Bad Polzin
Konitz
Freystadt
Pommern
Jastrow
Neiden-
burg
Willen-
berg
Graudenz
Kulm
Łomża
Narew
Bromberg
Schneidemühl
Strasburg
Thorn
Drewenz
Mława
Ostrołęka
Netze
Różan
Weichsel
Włocławek
Pułtusk
Bug
Gnesen
Płock
Wyszków
DEUTSCH

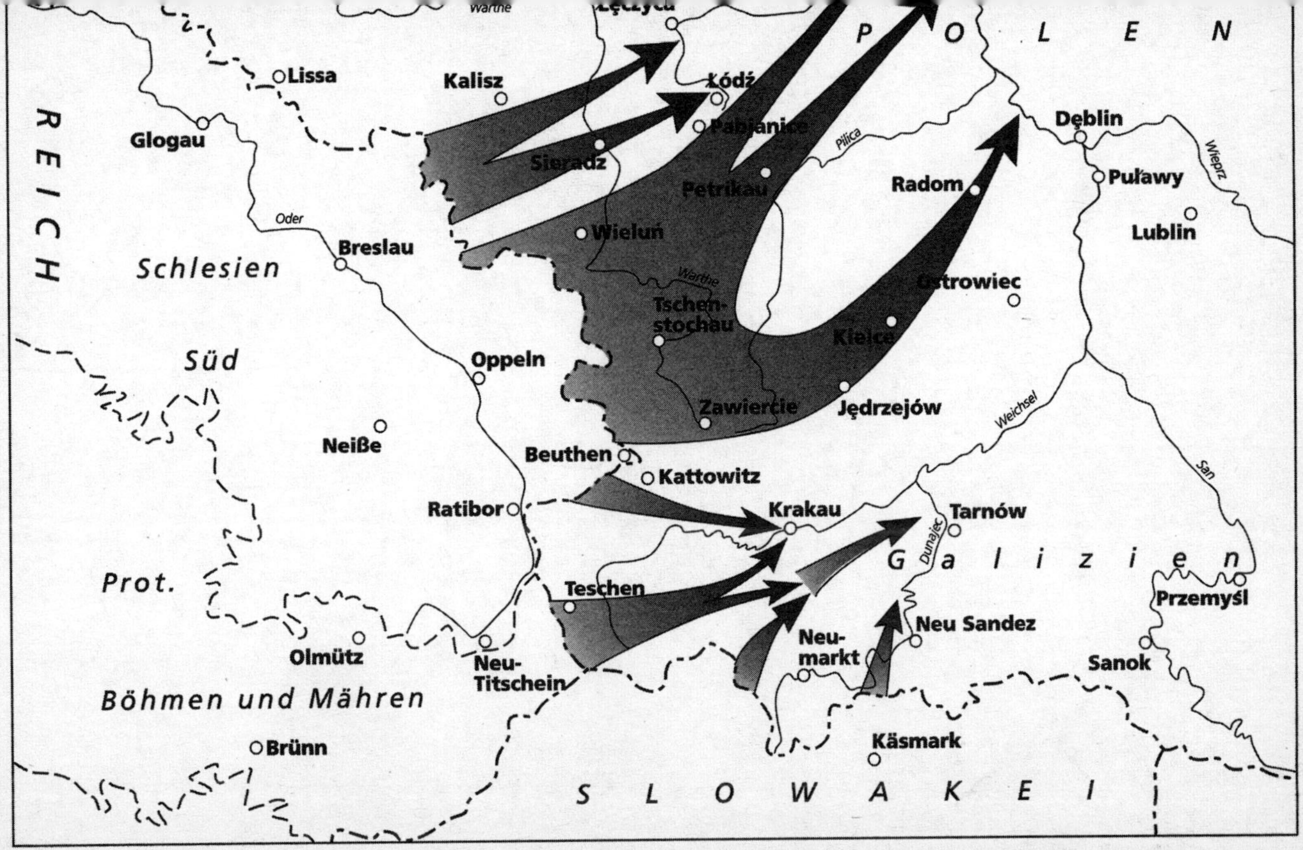
P O L E N
REICH
Schlesien
Süd
Prot.
Böhmen und Mähren
S L O W A K E I
G a l i z i e n
Lissa
Glogau
Kalisz
Łódź
Pabjanice
Sieradz
Petrikau
Wieluń
Breslau
Oder
Warthe
Pilica
Dęblin
Puławy
Wieprz
Radom
Lublin
Ostrowiec
Tschen-
stochau
Kielce
Oppeln
Zawiercie
Jędrzejów
Weichsel
Neiße
Beuthen
Kattowitz
San
Ratibor
Krakau
Tarnów
Dunajec
Teschen
Przemyśl
Neu Sandez
Neu-
markt
Olmütz
Neu-
Titschein
Sanok
Brünn
Käsmark

Nationalsozialismus

Wehrmachtsausstellung, «Schindlers Liste», Goldhagen-Debatte: Bücher, die den Hintergrund beleuchten:

Omer Bartov
Hitlers Wehrmacht *Soldaten, Faschismus und die Brutalisierung des Krieges*
(rororo sachbuch 60793)

Christopher R. Browning
Ganz normale Männer *Das Reserve-Polizeibataillon 101 und die «Endlösung» in Polen*
(rororo sachbuch 60800)
Der Autor versucht nicht zu erklären, aber doch Gründe und beeinflussende Umstände dafür zu finden, wie «ganz normale Männer» zu Massenmördern gemacht werden konnten.

Jürgen Engert (Hg.)
Soldaten für Hitler
(rororo sachbuch 60794)

Peter Finkelgruen
Erlkönigs Reich *Die Geschichte einer Täuschung*
(rororo sachbuch 60792)

Helga Hirsch
Die Rache der Opfer *Deutsche in polnischen Lagern 1944 – 1950*
(rororo sachbuch 60774)
Über 100 000 deutsche Zivilisten, vor allem Frauen, Kinder und Alte, waren zwischen 1944 und 1950 in polnischen Lagern interniert, Zehntausende kamen um. Das Leid dieser vergessenen Opfer war tabuisiert, erst langsam brechen sie ihr Schweigen.

rororo sachbuch

Hilde Kammer / Elisabet Bartsch
Lexikon Nationalsozialismus
Begriffe, Organisationen und Institutionen 1933 – 45
(rororo sachbuch 60795)
Dieses Lexikon erklärt nicht allein die Grundbegriffe der nationalsozialistischen Ideologie, sondern erläutert auch Namen und Funktionen der zahlreichen Einrichtungen und Organisationen des «Dritten Reichs».

Ian Kershaw
Der NS-Staat *Geschichtsinterpretationen und Kontroversen im Überblick. Erweiterte Neuausgabe*
(rororo sachbuch 60796)
Die Literatur über den Nationalsozialismus füllt ganze Bibliotheken, und es fällt schwer, sich einen Überblick zu verschaffen. Ian Kershaw, Autor der großen Hitler-Biographie, hat daher diesen Wegweiser durch das Bücherdickicht zum Ursprung und Wesen des Nationalsozialismus geschrieben. Diese Neuausgabe enthält ein Kapitel zur Goldhagen- und zur Wehrmachtsdebatte.

Geschichte / Politik

rowohlts monographien
Begründet von Kurt Kusenberg, herausgegeben von Wolfgang Müller und Uwe Naumann.

Eine Auswahl:

Konrad Adenauer
dargestellt von Gösta von Uexküll
(50234)

Kemal Atatürk
dargestellt von Bernd Rill
(50346)

Augustus
dargestellt von Marion Giebel
(50327)

Willy Brandt
dargestellt von Carola Stern
(50232)

Heinrich VIII.
dargestellt von Uwe Baumann
(50446)

Adolf Hitler
dargestellt von Harald Steffahn
(50316)

Thomas Jefferson
dargestellt von Peter Nicolaisen
(50405)

Karl der Große
dargestellt von Wolfgang Braunfels
(50187)

Nelson Mandela
dargestellt von Albrecht Hagemann
(50580)

rowohlts monographien

Mao Tse-tung
dargestellt von Tilemann Grimm
(50141)

Franklin Delano Roosevelt
dargestellt von Alan Posener
(50589)

Helmut Schmidt
dargestellt von Harald Steffahn
(50444)

Claus Schenk Graf von Stauffenberg
dargestellt von Harald Steffahn
(50520)

Richard von Weizsäcker
dargestellt von Harald Steffahn
(50479)

Weitere Informationen in der **Rowohlt Revue**, kostenlos in Ihrer Buchhandlung, und im **Internet: www.rororo.de**

4504/9